प्रेम में सर्वस्व बसता है

महाराज जी के विज्ञान की खोज में

जय राम रैनसम

नीलम बोहरा सिंह और उर्वशी भाटिया द्वारा अनुवादित

"जब आपने परमेश्वर के पथ पर चलना आरम्भ कर दिया है, तो आगे बढ़ें, रुकें नहीं। वे आपका ख्याल रखेंगे।"

प्रेम में सर्वस्व बसता है
महाराजजी नीब करौरी बाबा

©2017 Taos Music & Art, सभी अधिकार अंतर्राष्ट्रीय और पैन-अमेरिकन कॉपीराइट कॉन्वेंशन्स के तहत सुरक्षित । इस किताब के किसी भी हिस्से का, भंडारण और पुनर्प्राप्ति प्रणाली में, किसी भी रूप में या किसी भी तरह से, चाहे वह इलेक्ट्रॉनिक हो या यांत्रिक, अब ज्ञात हो या बाद में आविष्कार, ताओस म्यूजिक एंड आर्ट, इनकॉर्पोरेशन की लिखित अनुमति के बिना विघटन, संचरण, डाउनलोड, अभियांत्रीकरण और पुनरूत्पादन नहीं किया जा सकता ।

Version 1.0h 5"x8"
Taos Music & Art, Inc.
संयुक्त राज्य अमरीका
taosmusicandart.com
maharajji.com

ISBN-10: 0990718247
ISBN-13: 978-0-9907182-4-6

First published in English under the title:
"It All Abides in Love - Maharajji Neem Karoli Baba" by Jai Ram Ransom.
Available from Amazon Kindle or Paperback & iBooks

हम पुनर्जन्म में विश्वास करते हैं
हम चमत्कारों में विश्वास करते हैं
हम समर्पण में विश्वास करते हैं
हम सेवा में विश्वास करते हैं

विषय तालिका

परिचय 9

महाराजजी का अर्थ है प्रेम 14

लीला - देवताओं का खेल 15
लीला ही शिक्षा हैं 18
दिव्य त्यागी 20
चमत्कारी बाबा 21
महाराजजी ने सभी सिद्धियों को प्रदर्शित किया 22
महान सम्राट 23
लक्ष्मी नारायण शर्मा 24
एक योग्य अनुकरणीय व्यक्ति 26
महाराजजी मूल रूप से रहस्य हैं 28
महाराजजी "हम" जैसे नहीं थे 30
तस्वीर देखती है 32
एक पूर्णतः साधित जीव के आदर्श 33
महाराजजी स्वामी हैं 35

सभी धर्म समान हैं 37

सरलीकृत दृष्टिकोण 37
भगवान एक प्राणी नहीं हैं 39

आत्मसमर्पण सब कुछ है 41

सब केवल आपके बारे में है 44
जीवन आपकी अपनी फिल्म है 46
संसार क्या है ? 47
केवल "अब" है 48
नाम रूप सत चित आनंद 49
भक्ति 49
अपने गुरु से मिलना 51
आपके पास अपने जीवन के लिए योजना है 53

4

आप कभी अकेले नहीं होते 54
चेतना 56
   जहाँ से मानव चेतना आती है   56
   पहली धारणा :   56
   दूसरी धारणा :   58
   व्यक्तिगत चेतना 58
   होलोग्राम ही है सब 61
   चेतना डीएनए का हेर फेर करती है   61
   आप भगवान हैं   62
   जीवात्मा अधीन नहीं है   64
   कर्म और पुनर्जन्म (आत्माओं के स्थानांतरगमन) 65
   कर्म आपके अध्ययन का पाठ्यक्रम हैं 67
   अवतार   68
   देहांतरण विस्मरण स्मृति लोप 72
   क्षणभंगुर सांसारिक आसक्ति 74
   प्रत्येक जीवन का "स्कोर" एक है 75
   हम जन्म क्यों लेते हैं ?   76
   जीवन अनुभवात्मक है   77
   चेतना का खुलना 78
   क्या एलएसडी ने दरवाजा खोला ?   80
   मानव मस्तिष्क 83
   सत्य   86
   यहाँ स्पष्ट अव्यवस्था है   87
सब महाराजजी हैं 89
   महाराजजी ने मृतकों को उठाया   89
   महाराजजी अचानक दो स्थानों पर थे   91
   महाराजजी से याचना   93
   महाराजजी की बात मानना   99
   आप थिएटर में एक भूमिका निभा रहे हैं 100
   साठ का दशक   101

आपको जागृत करने के लिए 103
महाराज जी आपके माध्यम से बात कर सकते हैं   105
चरण स्पर्श 108
भरमाने का एक अलग रूप   110
भक्तों के लिए असंभव अनुभव 112
महाराजजी एक अभिव्यक्ति हैं 117

प्रेम एक बल है 120

मान्यताओं का चक्र   123
भक्त – सत्संग   125
संतों के चमत्कार 132

सेवा 135

एक तरह का पागलपन 137
तपस्या   138
मानवीय इच्छाओं से कोई फर्क नहीं पड़ता 140
महाराजजी क्षमा कर देते हैं   142
राम राम   143
एक नया आदर्श / आदर्शरूप 146
खूबसूरत दुनिया 148
देवता बहरे हैं   153

समय के साथ खेलना 160

जो मानते हैं कि महाराजजी परिस्थितियाँ रचते हैं, वे कृपा के पात्र होते हैं   162
महाराजजी अपने भक्तों को चुनते हैं   165

अभ्यास 172

कीर्तन 173
हनुमान चालीसा   177
विनय चालीसा 179
पूजा   179
महाराजजी को स्मरण करना   181

गुरु - गुरु धर्म - गुरु भक्त 183

गुरुओं के गुरु 184
महाराजजी की भक्तियाँ 186
सब कुछ भगवान के दर्शन 188

महाराजजी का भारत 189

भारत यात्रा 190
महाराजजी भारत में क्यों थे ? 192
अशोक महान 193
मैं सुन्दर मंदिरों का निर्माण करता हूँ 195
महाराजजी के कई नियम थे 196
परमपावन परंपरा 198
मंदिर सब के लिए हैं 200
प्रत्येक व्यक्ति को भोजन कराओ 202
भंडारा 203
वृंदावन आश्रम 206
कैंची आश्रम 207
भूमियाधर आश्रम 208
अकबरपुर जन्म भूमि मंदिर 208
अन्य आश्रम 209
ताओस - हर जगह सुन्दर लोग 209

दो के बीच में नाच 212

गोचर और अगोचर 215
महाराजजी आंतरिक रूप से बोलते हैं 217
अब तुम मेरे लिए इसे चलाओ 219
महाराजजी को ढूँढना 221
नियम कौन बनाता है ? 224
महाराजजी संयुक्त राज्य अमेरिका में देखे गए 225
अमरकंटक में महाराजजी 227
मैं सीधे उनके पीछे भागता 229
महाराजजी सब जानते हैं 234

कोई और अनियमितता नहीं है 237
अहंकाररहित लोग पृथ्वी के उत्तराधिकारी होंगे 240
अगली पीढ़ियों के लिए 241

पुष्पांजलि 245

श्री गुरु वंदना 248

विनय चालीसा 249

इस पुस्तक के बारे में 253

इस अनुवाद के बारे में 254

समर्पण 255

आभारोक्ति 255

अंतिम टिप्पणियाँ 258

परिचय

महाराजजी की हर एक लीला को हर बार विधि पूर्वक और पक्के तौर पर दोहराना शायद आवश्यक नहीं है। यही एक महत्वपूर्ण कारण है कि महाराजजी की किताबों तथा कहानियों को मुद्रित तथा वितरित किया गया है, और महाराजजी की वेबसाइट को विकसित किया गया है। ये कहानियाँ पत्थरों पर उत्कीर्ण हैं क्योंकि ये बहुत महत्वपूर्ण हैं । लेकिन महाराजजी इतिहास के बारे में नहीं हैं । ये इतिहास का सबक बिलकुल भी नहीं हैं । यह उस आदमी की कहानी नहीं है जो भारत में पैदा हुआ, एक जीवन जिया और फिर उसका निधन हो गया। वास्तव में ऐसा दूर-दूर तक भी नहीं हुआ, अथवा हो रहा है।

महाराजजी की लीला एक बहुत लम्बे समय से चल रही है । यह केवल अब है कि इन लीलाओं का एक बेहद व्यापक पैमाने पर खुलासा हो रहा है । सच तो यह है कि महाराजजी के बारे में सबसे महत्वपूर्ण बात यह है कि अब हम सब यह जानते हैं कि महाराजजी अस्तित्व में हैं । आप सोच सकते हैं कि "अस्तित्व में हैं" भूतकाल में कहा जाना चाहिए। यह गलत होगा। इन लीलाओं की कहानियाँ बस ऐतिहासिक घटनाएँ नहीं हैं। ये एक नए साकार हुए तथ्य का उदहारण हैं जिसका आख़िरकार पता चल ही गया ।

जो लोग महाराजजी की लीलाओं पर गहन शोध करते हैं वे महसूस करते हैं कि हमारे बीच महाराज जी जैसे ऊर्जा वाले व्यक्तित्व की गतिविधियों का रुकना असम्भव है। संसार में सब अच्छाइयों के पीछे महाराजजी ही प्रत्यक्ष शक्ति हैं। उनकी लीलाएँ जारी रहेंगी। इसका कारण यह है कि ये लीलाएँ वे ऊर्जाएँ हैं जिनकी पृथ्वी पर मनुष्यों द्वारा महसूस किये जाने की शुरुआत हो चुकी है।

महाराजजी ने यह सब नहीं किया। जो महाराजजी कर सकते हैं वो कोई मनुष्य नहीं कर सकता। हमें यह समझना है कि महाराजजी जैसे जीवात्मा का पृथ्वी पर आविर्भाव उन अति मतिभ्रष्ट पाश्विक मानसिकता वाले असंवेदी मनुष्यों से जुड़ी हुई लालची, भक्षक, ईर्ष्यालु, भयंकर,दमनकारी और युद्ध जैसी प्रवृत्तियों से दूर करवाने की पूर्ण क्षमता का एहसास करवाने वाला अगला चरण है।

महाराजजी एक ऐसे व्यक्तिव का उदाहरण हैं जो संसार की अस्तव्यस्तता के बीच चलता है फिर भी वह हमारी उस पुरातन समझ से अलग अथवा ऊपर है कि किस प्रकार हर मनुष्य को संसार में जीना चाहिए। महाराजजी इस जगत में एक नयी वास्तविकता का प्रतिनिधित्व करते हैं। जो महाराजजी ने इस संसार में किया वह कैसे संभव हो सकता है। उनके लिए ऐसी लीलाएँ कर पाना लेश मात्र भी कैसे संभव है? सीमित बुद्धि वालों के लिए ही इस पर विश्वास न कर पाना आसान होगा। यह सही ही होगा क्योंकि मानव जाति अभी विकसित हो रही है।

नयी सहस्राब्दी के बच्चे पिछली पीढ़ियों से कहीं ज़्यादा विकसित हैं। वास्तव में यह एक नयी दुनिया है तथा अधिकाँश युवाओं की चेतना आध्यात्मिक रूप से कहीं ज़्यादा सचेत है। वे महाराजजी को खुले मन से समझना चाहते हैं, अपना ध्यान अपने भीतर के महाराजजी पर केंद्रित करना चाहते हैं, परन्तु महाराजजी की लीलाओं को बाहर की दुनिया में प्रकट होते देखना चाहते हैं। सभी लोग यह करने में सक्षम नहीं होते। परन्तु यदि आप उन कुछ लोगों में से एक हैं जो यह समझने में सक्षम हैं कि महाराज जी कौन हैं और वे किस चीज़ का प्रतिनिधित्व करते हैं, तो यह केवल इसलिए है कि आप सच्चे परमेश्वर के निकट रहने की अपनी लालसा के द्वारा, प्रेम, समझ, दया, करुणा तथा सहानिभूति की कमी वाले छल-कपट के बीहड़ में खो जाने

के बजाय, ईश्वर के सौम्य, शांतिपूर्ण प्रेम में जीने के लिए तैयार हो जाते हैं।

मात्र इसलिए कि महाराजजी नीम करौली बाबा जैसे शक्तिशाली, विचित्र, विनम्र, असम्बद्ध रूप में स्वयं ईश्वर, एक सीमित समय के लिए हम सबके सामने प्रकट हुए यह किसी भी तरह से यह नहीं दर्शाता कि पृथ्वी पर ईश्वर की हाल की उपस्थिति सीमित है। परमेश्वर अभी भी यहाँ हैं। कोई पृथक्कीकरण नहीं है। ईश्वर चलायमान नहीं हैं। वे हमारे बीच में ही हैं। अब हम ईश्वर के बारे में अधिक जानते हैं। अब उस परम चेतना की लीलाओं के विषय में विश्व को अधिकाधिक जानकारी मिलने लगी है।

चियांग माई, थाईलैंड से एक घंटा दूर, उत्तर में स्थित इस मनोहर भवन में महाराजजी के बारे में यह पुस्तक मैं जन उपभोग के लिए नहीं लिख रहा हूँ। यह पुस्तक बेस्ट सेलर की सूची में प्रकाशित किए जाने के लिए नहीं लिखी जा रही है। मैं यह पुस्तक इसलिए लिख रहा हूँ क्योंकि नीब करौरी बाबा महाराज के विषय में 30 वर्षों के अध्ययन तथा अनुसन्धान के पश्चात मुझे कुछ बातें पता हैं। अब मैं महाराजजी के बारे में और उनके आस-पास के दृश्यों की सब जानकारियों के अंशों का तलकर्षण कर लिख रहा हूँ। शायद मेरे लिए इसे भाव-विरेचक (मनोवैज्ञानिक राहत प्रदान करने वाला) कहा जा सकता है लेकिन इससे अधिक और भी है। महाराजजी के सन्दर्भ में सदा और भी बहुत कुछ होता है। मुझे लगता है कि मेरे पास कहने के लिए बहुत सामग्री है, और क्योंकि अब मेरी उम्र भी बढ़ रही है, तो अब यह सब सत्संग के साथ बाँटने का समय आ गया है।

कृपया ऐसा न समझा जाए कि इस खण्ड की रचनाएँ धर्म-प्रचार, विपणन अथवा महाराजजी को बढ़ावा देने के लिए लिखी गयी हैं। जैसा पहले कहा गया है, महाराजजी को इसकी आवश्यकता नहीं है। इस खण्ड के लिए सबसे उपयुक्त वर्णन होगा – "सहभाजन"।

महाराजजी अनिवार्य रूप से "रहस्यमय" हैं। महाराजजी केवल उन्हीं का चयन करते हैं जो उनके भक्त बनने के लिए तैयार हैं। लोगों को महाराजजी के अस्तित्व की सच्चाई को समझाना संभव नहीं है। महाराजजी किस व्यक्ति के साथ कैसा व्यवहार करते हैं केवल वह महत्वपूर्ण है। जब तक महाराजजी ने आपको पहले से ही चयनित न किया हो और आपको अपने विषय में यह पुस्तक पढ़ने के लिए आकर्षित या निर्देशित न किया हो, तब तक इस बात की बहुत कम सम्भावना है कि महाराज जी के बारे में जो कुछ भी इसमें समावेशित है वह पढ़ने के लिए आप आकर्षित हों।

यह संभव है कि इस लेखन सेवा के समय मैं भक्ति में इतना तल्लीन हो जाऊँ कि कभी कभी मेरा लेखन भटक जाए। मेरा आपसे आग्रह है कि इस चर्चा के मर्म को समझें और विषय के बारे में अधिक जानने के लिए समाप्ति नोट का प्रयोग करें। महाराजजी की सेवा की तरफ़ खिंच जाने के बाद उनके कारण मैंने इतना कुछ सीखा, देखा तथा अनुभव किया कि मूक रहना संभव नहीं है। इसलिए एक योग्य लेखक न होते हुए भी मैंने आपके लिए ये सब लिखा है। महाराजजी!!! यह कैसे संभव है? क्या आप विश्वास कर सकते हैं? खैर, मेरे मामले में, सबसे पहले - मैं नहीं जानता कि यह कैसे संभव है। दूसरा, हाँ। मैं इस बात पर विश्वास कर सकता हूँ।

यह उस सबसे अनमोल कमल अलंकार, प्रकाश और प्रेम से परिपूर्ण अद्भुत विभूति की खोज के विषय में है। यदि रिपोर्टों पर विश्वास किया जाए तो महाराजजी एक छोटी सी दुनिया में एक छोटे से आदमी थे जो कि वास्तव में पूरे ब्रह्माण्ड से भी बड़े थे। महाराजजी के चित्र एवं कहानियाँ गहरे चिंतन के योग्य हैं। हम सब इतने सक्षम हैं कि महाराजजी से संसार में अच्छाई का प्रसार करना सीख सकें। दरअसल, शायद आप अपने खुद के चमत्कार करना सीख सकते हैं।

महाराजजी ने इस खेल को बहुत कुशलता से परिचालित किया तो भी वे हमेशा अप्रत्यक्ष रहे और अभी भी अप्रत्यक्ष हैं।

यह लेखन महाराजजी के विषय में किसी को कुछ भी साबित करने के लिए नहीं है। बल्कि यह लेखन उनके लिए है जो महाराजजी की लीला को अनुभव कर रहे हैं या उनकी ओर सामान्यतः आकर्षित हैं क्योंकि महाराजजी ने किसी तरह उनका ध्यान आकर्षित किया है। इस पुस्तक का उद्देश्य आपको महाराजजी की उन लीलाओं के विषय में जानकारी देना है जो कि आज तक जारी हैं। महाराज जी इसमें लिखे शब्दों को साबित करेंगे या नहीं करेंगे, यह उन्हीं के हाथों में है।

प्रेम रहे।

महाराजजी का अर्थ है प्रेम

यदि आप आंशिक रूप से भी नीम करौली बाबा की कहानियों पर विश्वास करते हैं तो आप महसूस करेंगे कि महाराजजी आज भी उतने ही जीवित हैं जितने पहले कभी थे। महाराजजी की कहानियों में जिनका वर्णन है उन्हें मृत्यु नहीं आ सकती। वे किसी न किसी शरीर में, हमेशा यहाँ पृथ्वी पर हैं। महाराजजी जीवात्मा हैं। मुझे यह कुछ वर्षों पहले बताया गया था कि महाराजजी 2000 से भी अधिक वर्षों से पृथ्वी पर हैं। जब उनका शरीर बूढ़ा हो जाता है तब वे इसे छोड़ देते हैं और एक नया शरीर धारण कर लेते हैं।

महाराजजी ने एक बार कहा था, "शरीर तो ख़त्म होगा ही।" उषा बहादुर ने वर्णन किया है कि- शरीर छोडने से कुछ समय पहले महाराज जी ने ऊषा बहादुर से कहा, "जल्द ही मुझे एक नया शरीर मिल जायेगा। यह शरीर बहुत बूढ़ा हो चुका।" उषा हँस पड़ीं। उन्होंने बताया कि उन्हें ऐसा कभी नहीं लगा कि महाराजजी वास्तव में ही शरीर छोड़ देंगे।

सिर्फ इसलिए कि आप महाराजजी को देख नहीं सकते इसका अर्थ यह नहीं है कि महाराजजी हैं नहीं। जिन लोगों के लिए महाराजजी उनके गुरु हैं, उन लोगों ने हमेशा उन्हें महसूस किया है। एक बार जब वे आपका हाथ पकड़ लेते हैं तो वे हमेशा आपके साथ रहते हैं। यदि किसी भी समय आप उन्हें महसूस नहीं करते तो बस शांत हो जाइए, अपने मन को बिलकुल शांत कर लीजिये, सभी गतिविधियों को रोक दीजिये, अपने आप को अपने दिन के भ्रम से बाहर खींचिए, उन्हें खुले मन से महसूस कीजिये और आप पाएँगे कि वे यहीं हैं।

महाराजजी केवल एक व्यक्ति नहीं थे। महाराजजी एक ऊर्जा हैं, प्रेम तथा कल्याण की अविनाशी ऊर्जा। महाराजजी मानव जाति

की सबसे बड़ी पहेली हैं। ऐसा लगता है वे वभिनि्न नकिायों में प्रकट होते हैं या वास्तव में वभिनि्न युगों में एक ही शरीर में प्रकट होते हैं। ऐसा भी कई बार देखा गया है क िवे एक ही समय में अनेक स्थानों पर मौजूद हैं। मैं एक बार कबीर दास और शवािय बाबा के साथ महाराज जी के वृंदावन आश्रम [1] में पीछे की तरफ दूसरी मंजलि पर खड़ा था। वे हँसे और कहने लगे, "यह बहुत अजीब बात है क िमहासमाध िमंदरि, उस स्थल पर बना है जहाँ महाराजजी के अंतमि ज्ञात शरीर का अंतमि संस्कार कयिा गया था, जबक िइस बात के पर्याप्त प्रमाण हैं क िमहाराजजी के अनेक शरीर थे।

राम राम राम राम राम राम राम राम राम राम राम राम

लीला - देवताओं का खेल

हिंदी में "लीला" का अर्थ है "देवताओं के खेल"। जो व्यक्ति महाराजजी की लीला में प्रवेश कर लेता है उसे एहसास हो जाता है कि कु छ और हो रहा है --- कि उसके जीवन में कोई अप्रत्याशित शक्ति काम कर रही है। वह जान लेता है कि अब उसके लिए एक मसीहा है जो उसके साथ उसके जीवन का अनुभव करेगा तथा उसके लिए जीवन के अनुभव का सृजन भी करेगा। जब वह महाराजजी के स्नेह की लीला के प्रति समर्पित हो जाता है तब वह अपने दैनिक जीवन को बिलकुल पृथक पाता है। जब आप महाराजजी को समझ लेते हैं, तब यह विचार बिलकुल नहीं आता कि आप केवल एक पशु मात्र हैं जो आत्मभोग का यह सीमित नाटक खेल रहा है। परन्तु आप एक अजर-अमर जीव भी हैं जो कई अन्य प्राणियों के साथ जिन्होंने स्वयं भी ऐसा अनुभव किया है (या नहीं किया है), अस्तित्व का अविरत बहु-जीवन नाटक भी खेल रहे हैं।

महाराजजी आपको जानते हैं। महाराजजी आपके बारे में सब जानते हैं। महाराजजी के पास आपके लिए एक योजना है। महाराजजी वास्तव में आप ही हैं। ये कैसे हो सकता है? महाराजजी ने कहा था, " सब वस्तुओं के आकलन के बजाय परमेश्वर को प्रत्येक वस्तु में देखना बेहतर है।" यह कहा गया है कि आध्यात्मिक पथ पर पहला कदम यह जानना है कि आप वास्तव में कौन हैं। मैं कौन हूँ ? मैं सच में कौन हूँ ? खैर, जैसा आपकी बुद्धि आपके बारे में सोचती है आप उससे कहीं अधिक हैं।

महाराजजी वे शिक्षक हैं जिन्होंने परंपरागत साधनों से कभी शिक्षा नहीं दी। महाराजजी आपको सिर में मारते थे, या आपकी दाढ़ी खींचते थे, या आपके बालों को झटके से खींच देते थे, या आपके बारे में अजीब बातें कहते थे, या आपको भर पेट खाना खिला कर सुला देते थे। महाराजजी अपनी लीला के माध्यम से शिक्षा देते थे। जब कुछ हो रहा है तो यह महाराजजी की लीला है। जब कुछ भी नहीं हो रहा है, यह महाराजजी की लीला है। आप स्वस्थ महसूस कर रहे हैं यह महाराजजी की लीला है। आप बीमार महसूस कर रहे हैं, यह महाराज जी की लीला है। जब आप अमीर हैं या जब आप गरीब हैं, यह महाराज जी की लीला है।

महाराजजी की लीलाओं की हज़ारों कहानियाँ हैं। जो इन सब कहानियों का सार संग्रह कर लेता है उसके भीतर एक बोध विकसित होने लगता है कि जीवन बिलकुल वैसा नहीं है जैसा उसने सोचा था। यही कारण है कि पहले यह थोड़ा डरावना है। आपको यह एहसास होता है कि आपने वास्तविकता से हिसाब-किताब समय से पूर्व ही बंद कर दिए हैं ....,कि वास्तविकता क्या है। लेकिन गुरु की इन सब बातों के बीच और इस तथ्य के रहते कि महाराजजी "गुरुओं का गुरु" के रूप में जाने जाते हैं, यह कहा जाना चाहिए कि महाराजजी वास्तव में एक गुरु नहीं हैं। महाराजजी इस युग के अवतार [2] हैं।

महाराजजी मनुष्य रूप में ईश्वर की अभिव्यक्ति हैं - ईश्वर की एक पूर्ण साधित दिव्य अभिव्यक्ति। दूसरी ओर, यह कैसे हो सकता है ? कोई नहीं जानता।

इस युग के अवतार के रूप में महाराजजी की लीला भगवान् विष्णु के दूसरे अवतारों, जैसे भगवान कृष्ण, भगवान राम तथा भगवान बुद्ध की तुलना में काफ़ी अलग हैं। महाराजजी ईश्वर की अभिव्यक्ति हैं जो एक पूर्ण त्यागी है और जिसमें समस्त देवताओं की सभी शक्तियाँ हैं। महाराजजी के भीतर जीवात्मा (जीवतमन) (एक व्यक्ति की आत्मा) नहीं अपितु आत्मा (आत्मन) (अर्थात हम सब और सब कुछ) थी। महाराजजी राम, कृष्ण और बुद्ध की तरह मात्र विष्णु के अवतार नहीं हैं। महाराजजी विष्णु, शिव, ब्रह्मा, तथा हनुमानजी सभी का एक साथ एक भव्य अवतार हैं।

महाराजजी अपनी लीला, ध्यान आकर्षित करने के लिए करते हैं, भक्त को अपने पथ पर आकर्षित करने के लिए करते हैं। वे उनको और जानने के लिए निर्देशित करते हैं तथा उन लीलाओं से उत्पन्न हुए प्रश्नों के उत्तर ढूँढने के लिए प्रेरित हैं। लीला बहुत छोटी अथवा काफ़ी बड़ी हो सकती है। लीलाएँ अल्पकालिक घटनाओं के रूप में प्रकट हो सकती हैं अथवा कई वरषों तक चल सकती हैं। दीर्घकालिक लीलाओं को लम्बा समय बीतने के कारण समझना आसान नहीं है। ये लीलाएँ "दिमाग में आने के बजाय" निश्चित रूप से "सुलझती " हैं।

हो सकता है कमिहाराजजी यहाँ "आनंद" के लिए हों। शायद यह आनंद ही महाराजजी के भक्तों का ध्यान रख रहा है, जसि समय वे अलग-अलग शारीरकि अवतारमिं रहते हैं। महाराजजी के भक्तों द्वारा बताई गई ऐसी बहुत सी कहानयिाँ हैं जनिमें वे बताते हैं कमिहाराजजी के साथ बने रहने में कतिना आनंद आता था और महाराजजी कैसे उन्हें इतना

हँसाते थे। भक्तों को महाराजजी के साथ रहना बहुत अच्छा लगता था। चूंकि लीला का अर्थ है "देवताओं के खेल," लीलाओं का प्रदर्शन करना बहुत आनंदमयी रहा होगा।

राम राम राम राम राम राम राम राम राम राम राम राम

लीला ही शिक्षा हैं

महाराजजी ने शक्षिा देने ले लिए बहुत सी लीलाएँ कीं जोकि उदाहरण के तौर पर उनके बारे में कहानियों की पुस्तकों में सम्मलिति हुईं। महाराजजी ने कभी सीधे शक्षिा नहीं

दी। उन्होंने कभी बैठकर सबक नहीं दिए। उनकी शिक्षा में वे उदाहरण थे जिनका अनुभव करके लोग उनसे सीख पाते थे। यह कहा गया है कि महाराजजी ने कभी औपचारिक रूप से शिक्षा नहीं दी क्योंकि वास्तव में उन्हें कोई सुन नहीं पाता था क्योंकि उन्हें कोई सही माने में समझता नहीं था।

किसी ने महाराजजी से पूछा कि वे शक्षिा क्यों नहीं देते (मेरा मानना है कि वह पूछना चाहता था कि महाराजजी ने कभी भाषण क्यों नहीं दिए)। महाराजजी ने अपने तख़्त के आस पास बैठे विभिन्न लोगों से पूछा कि वे अगले दिन क्या करने जा रहे थे। उन्होंने अपने जवाब में अपने सामान्य दिन की सांसारिक गतिविधियों आदि का वर्णन किया। महाराजजी ने फिर ध्यान दिलाया कि प्रत्येक व्यक्ति ने पहले से ही अपने जीवन की योजना बनाई हुई है और उनके कुछ भी कहने से उसमें कोई परिवर्तन नहीं होगा। महाराजजी एक स्पष्ट विधि से भक्तों को सबक देने की बजाय निश्चित रूप से अपने ही तरीके से काम कर रहे हैं। फिर भी, महाराजजी अपने भक्तों की तकदीर बदल सकते थे और

वास्तव में बदल देते थे। कुछ भी सखिाने की अपनी क्षमता का खंडन करने की यह उनकी लीला है। महाराजजी ने कई शक्षिाओं को सीधे ही अपने भक्तों के लिए व्यक्त कयिा। महाराजजी पहले भी अपने भक्तों को सखिा रहे थे, तथा अब भी, बहुत वर्ष पहले अपने अंतमि ज्ञात शरीर का वृंदावन में अंतमि संस्कार कयि जाने के बाद भी, सखिा रहे हैं।

जवाब महाराजजी की लीला की हज़ारों व्यक्तगित कहानयिों में दिए गए हैं। वही शक्षिा हैं - उदाहरण के द्वारा। महाराजजी की लीला की प्रत्येक कहानी ज़ेन कोआन [3] की तरह चतिन के योग्य है। प्रत्येक कहानी में उनके भक्त के लिए एक सन्देश है। महाराजजी इस तरह से सखिाया करते थे। इन कहानयिों से सीखने के लिए बहुत है और बहुत ऐसी हैं जो गहरे चतिन के योग्य हैं और इन्हें लम्बे समय तक तथा अक्सर याद कयिा जाना चाहिए। महाराजजी के भक्त अपने जीवन के आध्यात्मकि पथ पर चलते हुए इन कहानयिों के अंशों का मार्ग-पट्ट तथा कोमल अनुस्मारक के रूप में अक्सर प्रयोग करना बहुत सहायक पाएँगे। महाराजजी का प्रत्येक उद्धरण नश्चिति रूप से चतिन के योग्य है।

बेशक, महाराजजी ने इस प्रकार की लीलाओं का एक शक्षिण उपकरण के रूप में इस्तेमाल कयिा। महाराजजी कार की पीछे वाली सीट पर सवार थे। गुरुदत्त शर्मा उनकी बगल में बैठे थे। सामने एक ड्राइवर था, और एक अन्य आदमी भी था। शर्मा जी एक समुचति ब्राह्मण हैं। वे हमेशा मौन रहकर मन में अपनी साधना करते हैं। परन्तु इस बार वे अचानक "श्री राम जय राम जय जय राम" बहुत ही ऊंचे स्वर में गाने लगे। महाराजजी तुरंत उन पर चल्लिाए और बोले, "अपनी साधना मन में करो"। गुरुदत्त ने दावा कयिा क महाराजजी ने उनसे इस तरह इसलिए गवाया ताक वे सामने वाले यात्री को नर्दिेश दे सकें। इस प्रकार एक

छोटे से नाटक के माध्यम से महाराजजी इस आदमी को हदियत देने में सक्षम हुए।

महाराजजी की धारणा का सार-भाग, लीलाएँ हैं। लीलाओं द्वारा महाराजजी भौतकि तथा अभौतकि शक्तयिों को भौतकि तल पर प्रकट करने के लिए इस्तेमाल करते हैं। महाराज जी के बारे में जो कुछ भी है सब लीला है। यदआिप महाराजजी की लीला में प्रवेश कर चुके हैं और इससे भज्ञि हैं तब आप यथार्थ रूप से जानते हैं कि इसका अर्थ क्या है।

राम राम राम राम राम राम राम राम राम राम राम राम

दिव्य त्यागी

नीम करौली बाबा को एक घुमक्कड़ साधु के रूप में वर्णति कयिा जा सकता है। वे नश्चिति रूप से एक दव्यि त्यागी थे। महाराजजी एक साधु हैं। महाराजजी के पास कुछ भी नहीं था और महाराजजी के पास सब कुछ था। महाराजजी एक ऐसे व्यक्ति की तरह रहते थे जो बहुत गरीब था परंतु वह जो कुछ भी चाहते थे वह आवश्यक रूप से प्रकट हो जाता

था। महाराजजी को यह कहते हुए उद्धृत किया गया था, "संसार में जितना भी धन है वह मेरा है, यहाँ तक कि अमेरिका में जो धन है वह भी मेरा है।"

भारत में भक्तों का यह मानना है कि महाराजजी हन्दिू भगवान हनुमान की प्रत्यक्ष अभव्यिक्ति हैं। एक सन्दर्भ है महाराजजी के बारे में, जसिमें वह दादा को हनुमान के रूप में इस तरह दर्शन देते हैं कि कुछ समय के लिए उनके होश उड़ा देते हैं। एक बार महाराजजी हनुमान

जी का उल्लेख कर रहे थे और उन्होंने हनुमान के स्थान पर "मैं" सर्वनाम का प्रयोग कयिा। एक कहानी में महाराजजी की हथेलयिाँ और पैरों के तलवे हनुमान की तरह लाल हुए बताए गए हैं। इसके अलावा कहानयिों में यह भी उद्धृत है क महाराजजी को पेड़ पर चढ़ना बहुत पसंद था। वास्तव में अकबरपुर [4] में एक पेड़ शेष है जसि पर गाँव वाले कहते हैं क महाराजजी अक्सर चढ़ा करते थे।

मुकुंदा ने प्रेम अवतार में लखिा है, "श्री बाबा नीम करौली महाराज भगवान की अभव्यिक्त थे या स्वयं भगवान के अवतार थे।" वे परम गुरु थे। वे परमेश्वर थे। वे पूर्ण सत्व थे। वे कृपा, दया तथा क्षमा का भंडार थे। वे ईश्वर के प्रत आनंदमय प्रेम का सोता थे। वे दूसरों के लए, ईश्वर के प्रत आनंदमय प्रेम के दाता भी थे।" [5]

राम राम राम राम राम राम राम राम राम राम राम राम

चमत्कारी बाबा

महाराजजी "चमत्कारी बाबा" के नाम से जाने जाते थे। कई कथाओं से महाराजजी द्वारा बड़ी संख्या में कयि गए चमत्कारों का पता चलता है। इन चमत्कारों में से कुछ पूर्णतः स्पष्ट हैं, और कुछ नतिांत जटलि या गूढ़ हैं। महाराजजी ने मृत लोगों को जीवति कयिा। महाराजजी ने पानी को दूध में और पेट्रोल में बदल दयिा। महाराज जी एक ही समय में दो या दो से अधकि स्थानों में दखिाई दए। महाराजजी ने अदृश्य रूप से ऊँची इमारतों से गरिते हुए बच्चों को थाम लयिा। महाराजजी अदृश्य हुए और साथ में अपने भक्तों को भी अदृश्य बनाया। जहाँ कोई भोजन नहीं था वहाँ महाराजजी ने भोजन प्रस्तुत कयिा। महाराजजी ने रोगों का उपचार कयिा और दूसरों से भी करवाया।

महाराजजी के वस्त्र भक्तों के साथ चलते चलते एकाएक बदल जाते थे। महाराजजी को हर कसिी के बारे में सब पता था - उनका अतीत, वर्तमान तथा भवषि्य। महाराजजी कसिी के भी हृदय को खोल सकते थे और उन्हें एक दृष्टमित्र से ही गहन प्रेम की अवस्था में पहुँचा सकते थे।

लेकिन महाराजजी कोई चमत्कार नहीं कर रहे थे । महाराजजी विज्ञान कर रहे थे। यह एक विज्ञान है जो मानव जाति को नहीं पता। मानव जाति ने इसकी खोज नहीं की। महाराजजी का विज्ञान कोई भी सीख सकता है क्योंकि हम भी अपनी सामूहिक आत्मा की गहराई में महाराजजी का ही रूप हैं । महाराजजी ने हमारे सामने यह उदाहरण रखा है हमें यह बताने के लिए कि इस प्रकार का कार्य संभव है, और इन संभावनाओं की सीमाओं का एहसास करवाने के लिए भी कि इन चमत्कारों में विज्ञान किस तरह से अनदेखे तरीकों से काम करता है।

राम राम राम राम राम राम राम राम राम राम राम राम

महाराजजी ने सभी सिद्धियों को प्रदर्शित किया

"सिद्धियाँ ध्यान और योग जैसी साधनाओं (आध्यात्मिक साधनाओं) से अर्जित की गई आध्यात्मिक, मायावी, अधिसामान्य, अपसामान्य, या अलौकिक शक्तियाँ हैं। वे लोग जिन्होंने इस स्थिति को साध लिया वे औपचारिक रूप से सिद्ध कहलाते हैं। हिन्दुत्व में आठ सिद्धियाँ (अष्ट सिद्धि) ज्ञात हैं। अणिमाः अपने शरीर को सूक्ष्म बनाकर एक अणु के आकार में परिवर्तित हो जाना, महिमाः अपने शरीर को विस्तार देकर विशालकाय रूप ले लेना, गरिमाः अपने

शरीर को जितना चाहे उतना भारी बना लेना, लघिमाः स्वयं को हल्का बनाकर लगभग भारहीन बना लेना, प्राप्तिः अबाधित रूप से सभी स्थानों में अभिगमन करना, प्राकाम्यः मनुष्य जिस वस्तु की इच्छा करे उसे पाने में सफल होना, ईशित्वः समस्त प्रभुत्व व अधिकार प्राप्त करने में सक्षम होना, वशित्वः जड़, चेतन, जीव-जन्तु, पदार्थ प्रकृति सभी को अपने वश में कर लेने की शक्ति।" [6]

मूझे लगता है कि महाराजजी के सत्संग के सभी भक्तों में रहस्यमयी सिद्धियाँ विकसित हो गई हैं। वे कभी भी इस बात को स्वीकार नहीं करेंगे क्योंकि तब वे शक्तियाँ लुप्त हो जाएँगी। तथापि, सिद्धियाँ तो हैं। महाराजजी ये हमें छोटे-बड़े तरीकों से प्रदान करते रहते हैं। कभी-कभी वे अस्थाई होती हैं। कुछ को उपार्जित करना पड़ता है। कुछ "सर्वथा" उपहार होती हैं। कई सालों से मैंने देखा है कि महाराजजी के भक्तों के बीच इन सिद्धियों में एक असाधारण स्तर की दूरानुभूति (telepathy) है।

राम राम राम राम राम राम राम राम राम राम राम राम

महान सम्राट

भारत में महाराजजी शब्द बहुत व्यापक है। अनिवार्य रूप से इसका मतलब "महान सम्राट" है। यह अक्सर कई प्रकार के लोगों के लिए प्रयुक्त होता है। हालाँकि यहाँ हम उन महाराजजी के विषय में बात कर रहे हैं जो भारत में कई नामों से प्रकट हुए, जैसे नीम करौली बाबा, नीम करौली वाले बाबा, नीब करौरी बाबा, लक्ष्मण दास बाबा, तलैया वाले बाबा (झील वाले बाबा), हाँडी वाले बाबा (मिट्टी के बर्तन के टूटे हुए टुकड़े वाले बाबा) तथा कई अन्य नामों से। महाराजजी में

सच्चे बाबाओं से ऊपर और परे ईश्वर की हर एक वशिषता थी। फरि भी यहाँ इतने सारे झूठे नबी, इतने सारे झूठे महाराजजी, झूठे बाबा तथा पागल बाबा हैं जो लालच, सत्ता, यहाँ तक कि क्रोध द्वारा संचालति हैं। यह हमेशा ही मानव जाति की समस्या रही है।

महाराजजी ने ईश्वर के कई रूपों को मानवीय दृष्टकिोण से पुनर्परभिाषति कयिा है। एक मायने में महाराजजी एक नए भगवान हैं। महाराजजी सब महाराजाओं के महाराज हैं।

राम राम राम राम राम राम राम राम राम राम राम राम

लक्ष्मी नारायण शर्मा

ऐसा लगता है नीम करौली बाबा ने अकबरपुर में लक्ष्मी नारायण शर्मा के रूप में जन्म लयिा था। फरि भी उनके जीवन के घटनाक्रम के बारे में इतने सारे रहस्य हैं कि हम नश्चिति रूप से नहीं जान सकते कि क्या घटति हुआ होगा। एक महत्वपूर्ण पहलू यह है कि महाराजजी माताजी राम बाई, पश्चमिी भारत में बवानयिा (गुजरात) की एक महलिा संत को अपना पहला गुरु बताते हैं। जब वे काफ़ी छोटे थे तब महाराजजी राम बाई के आश्रम में रहते थे। महाराजजी ने यह प्रत्यक्ष रूप से स्वीकार कयिा है। फरि भी पश्चमिी शोधकर्ता राज अग्नि के अनुसार, राम बाई ने लक्ष्मी नारायण शर्मा के जन्म से पहले 1897 में अपना शरीर छोड़ दयिा। यह कैसे संभव है ? महाराजजी ने अन्य संकेत दिए हैं कि लिक्ष्मी नारायण शर्मा से संबद्ध घटनाक्रम ज़रूरी नहीं है कि उन्हीं का घटनाक्रम हो। और यह कैसे संभव है कि महाराजजी एक समय में अनेक स्थानों पर मौजूद हों। मुझे बताया गया है कि ऐसा लगता है कि महाराजजी "समय यात्री" थे। इसका तात्पर्य अपने आप ही यह

नकिलता है कि महाराजजी एक अलौककि हस्ती हैं। क्या यह राम बाई के अपवाद को स्पष्ट करता है ?

महाराजजी ने अपने पीछे दो नाम छोड़े जनिसे वे दुनयिा भर में जाने जाते हैं। ये दो नाम हैं "बाबा नीब करौरी" और "नीम करौली बाबा"। भारत में अक्सर समान शब्दों का कई तरीकों से उच्चारण कयिा जाता है। नीब करौरी गाँव, जहाँ महाराजजी 1930 के दशक में कुछ समय के लिए रहे, उनके नाम का प्रमुख स्रोत है। संक्षेप में, इसका अर्थ है "नीब करौरी के बाबा"। तथापि गाँव के नाम का उच्चारण बारी बारी से आम दैनकि बोल-चाल कि भाषा में "नीब करौरी" या "नीम करौली" कयिा जाता है। तो आप देख सकते हैं कि यह जटलि है। राम दास और पश्चिमी सत्संग ने "नीम करौली बाबा" संस्करण चुना और वह नाम पश्चिम में लाया गया था और वैश्विक रूप से फैल गया। "बाबा नीब करौरी" महाराजजी के नाम का उचति उच्चारण (व लखिति रूप होगा। यह भी कहा जाता है कि जब महाराजजी नीब करौरी गाँव में रहते थे वह लक्ष्मण दास कहलाते थे। महाराजजी के जन्म का नाम लक्ष्मी नारायण शर्मा है। इस प्रकार से, महाराजजी ने नामों का एक बड़ा क्षेत्र समेट लयिा है। इस प्रकार से, उनके भक्तों को उन्हें खोजने के और रास्ते मलिते हैं। महाराजजी के सच्चे भक्तों के लिए उनके नामों की लीला एक छोटी सी बात है। जब महाराजजी के कसिी एक या सभी नामों को लयिा जाता है तब ये भक्त शांत और प्रसन्न होते हैं।[7]

राम राम राम राम राम राम राम राम राम राम राम राम

क्या नीम करौली बाबा "यूँ ही चले आए" ? क्या वे एक सामान्य व्यक्ति थे और अपनी साधना[8] के दौरान उनमें एक महान

हस्ती समावषि्ट हो गई जोकि पूरी तरह से सचेत, अनंत तथा अलौककि थी ? नहीं। महाराजजी इससे कहीं अधकि हैं।

मैंने आज तक महाराजजी से अधकि अद्भुत जीव के बारे में नहीं सुना है। हर फलि्म स्टार, हर अरबपति उद्योगपति, हर शानदार रचनात्मक कलाकार, हर राष्ट्रपति, हर प्रधानमंत्री, हर राजा, हर रानी, सभी तुलना में फीके पड़ जाते हैं। वे सब बल्कि इसी भ्रम में फंसे रहते हैं कि वे जो हैं स्वयं उसके बारे में वे क्या सोचते हैं और दूसरे उनके वैसे होने के बारे में क्या सोचते हैं। फरि भी, यह इसके बारे में नहीं है कि "वे कौन हैं, यह इसके बारे में है कि वे क्या बन रहे हैं, वे इस जीवन में क्या भूमकि नभिा रहे हैं। यहाँ उन लोगों का श्रेय छीन लेने का उद्देश्य बलिकुल नहीं है जो दुनयिा में महानता का कार्य करते हैं। आप जानते हैं कौन। पूरी तरह से अद्भुत, पूरी तरह मनमोहक जीवनयिाँ, मीडयिा के द्वारा सरि्फ पछिले 100 वर्षों में तथा इतहिास में उससे हज़ारों वर्ष पूर्व, हमारे सामने आयी हैं। कई लोग अपनी जीवात्मा से जुड़ गए हैं और इस जुड़ाव को दुनयिा में प्रकट कयिा है। फरि भी, महाराजजी ने कोई भूमकि नहीं नभिाई। वहाँ कोई एक घर नहीं था। वे वहाँ सरि्फ एक अहम् के रूप में नहीं थे।

राम राम राम राम राम राम राम राम राम राम राम राम

एक योग्य अनुकरणीय व्यक्ति

महाराजजी ने रोगयिों को ठीक कयिा, क्रोधयिों को शांत कयिा, वक्षिप्ति लोगों को ठीक कयिा, ज़रूरतमंदों की मदद की, पानी को दूध में बदल दयिा, खाद्य सामग्री शून्य में से प्रकट की, मृत लोगों को जीवन दान दयिा, अपने भक्तों के आध्यात्मकि वकिास में मदद की तथा

और भी बहुत कुछ कयिा। क्या वे एक योग्य अनुकरणीय व्यक्त नहीं हैं ?

महाराजजी को अपने बाहर देखना बहुत आसान है, फरि भी उनका हर एक भक्त, और वास्तव में सब लोग संभवतः ये सब कर सकते हैं। महाराजजी हमसे दूर नहीं हैं। महाराजजी हमारे नकिट हैं। महाराजजी सहिासन पर बैठे हुए कसिी वजिेता वलियिम की तरह नहीं हैं जो बनिा कसिी कारण या कसिी अच्छे कारण से प्रतशिोध लेने के लएि तैयार रहता हो।

आप महाराजजी को चोट नहीं पहुँचा सकते हैं। ऐसा कुछ भी नहीं कयिा जा सकता जसिसे महाराजजी को चोट पहुँच सके। कोई शब्द या कर्म महाराजजी को प्रभावति नहीं कर सकते। महाराजजी को अपने अस्तत्वि के लएि "जनसंपर्क" की आवश्यकता नहीं है न ही महाराजजी का "वपिणन" संभव है। महाराजजी "बाहर" से देखने पर "आंतरकि रूप से" काम करते हैं, फरि भी वे अपने भक्तों को रास्ता दखिाने के लएि तथा उनका मार्गदर्शन करने के लएि, दुनयिा में "बाह्य" पर भी काम करते हैं।

महाराजजी ने कहा है, "अपने गुरु को शारीरकि तल पर मलिने की आवश्यकता नहीं है। गुरु बाहरी नहीं है।"

राम राम राम राम राम राम राम राम राम राम राम राम

महाराजजी मूल रूप से रहस्य हैं

महाराजजी मूल रूप से रहस्य हैं । महाराजजी सभी जन साधारण के लिए नहीं हैं। यह बात बहुत बाद में सामने आ सकती है । महाराजजी परविार के मुखयिा हैं। यह परविार सत्संग कहलाता है । सत्संग में शामलि होने का कोई तरीका नहीं है । केवल महाराजजी आमंत्रति करते हैं ।

महाराजजी बहुत जटलि हैं और रहस्यमयी हैं। स्टीव जॉब्स ने भी कहा, " नीम करौली बाबा तथा कार्ल मार्क्स के काम को मलिा दयिा जाए तो भी थॉमस एडसिन ने दुनयिा को बेहतर बनाने के लिए उनसे कहीं अधकि काम कयिा है ।" ये महाराजजी ही हैं जनि्होंने स्टीव जॉब्स से ऐसा कहलवाया है । महाराजजी ने अपने आप को हमेशा छुपाया है तथा अपने कयि को कभी उजागर नहीं होने दयिा। नःिसंदेह यह बात कतिनी अनूठी है । भारत में एक चकित्सिक थे जनिके पास महाराजजी बीमार लोगों को भेजा करते थे । डॉक्टर से इस बारे में कुछ सालों के बाद पूछा गया और उन्होंने कहा कि वे कभी बीमार लोगों को सामान्य दवाओं से कुछ भी अधकि नहीं देते थे, फरि भी गंभीर बीमारयिों से भी लोग ठीक हो जाते थे। वे कभी महाराजजी से नहीं मलि थे पर आश्चर्य करते थे कि यह कौन कर रहा है। जब महाराजजी से पूछा गया तब उन्होंने कहा कि डॉक्टर ऐसा करता था क्योंकि वह एक महान डॉक्टर था । मुझे लगता है कि स्टीव जॉब्स उन लोगों में से एक और था जनिका ध्यान महाराजजी को इसलिए आया क्योंकि वह एलएसडी लेता था और बेशक महाराजजी की लीलाओं के माध्यम से सम्पूर्ण मानव जाति के लाभ के लिए वह कुशलतापूर्वक प्रयुक्त व नरि्देशति हुआ।

राम राम राम राम राम राम राम राम राम राम राम राम

ऐसी कोई संस्था नहीं है जिसमें शामिल होकर आप महाराजजी के सत्संग में हो सकते हैं। इस प्रकार काम नहीं चलता। आपको अध्ययन का कोई निर्धारित पाठ्यक्रम नहीं मिलेगा। अनुसरण के लिए कोई विशेष मार्ग दिया जाएगा। ऐसा कुछ भी नहीं है। यह स्वाध्ययन का आधारभूत पाठ्यक्रम है। इसका अर्थ यह नहीं है कि आप (आपका मस्तिष्क) महाराजजी के आस-पास विश्वास के स्वरूप की कल्पना कर सकते हैं। आप कह सकते हैं कि कोई नियम नहीं हैं। आप कह सकते हैं कि कई नियम हैं जिनको दृढ़ता से लागू किया गया है। आप कह सकते हैं कि दस धर्मदिशों में से हरेक का अनुपालन किया जाना चाहिए और आप कह सकते हैं कि इनका किसी चीज़ से कोई संबंध नहीं है। प्रेम सूत्र है। प्रेम के अतिरिक्त अन्य कोई सूत्र नहीं हे। प्रेम के अतिरिक्त कोई धर्म नहीं है। मोहित न हों! महाराजजी ने कई संकेत छोड़े हैं जो आपकी यह समझने में सहायता करेंगे कि वे कौन हैं और ये आपको आध्यात्मिक मार्ग पर ले जाएँगे ....., और संभवतः महाराजजी द्वारा प्रयुक्त विज्ञान की समझ तक।

यह सब "महाराजजी का आंदोलन" कहा जा सकता है। शायद हम इसे "नीम करौली बाबा आंदोलन" भी कह सकते हैं। लेकिन वास्तव में यह सब ऐसा नहीं है क्योंकि यह बहुत ही छोटा है। वास्तव में बीसवीं सदी के आरंभ में, पश्चिम में, महाराजजी की लीला के रूप में हमने नीम करौली बाबा को जाना। महाराजजी की लीलाएँ शायद हज़ारों वर्षों से चल रही हैं। इस बृहत् जनसंख्या एवं तात्कालिक मीडिया संचार वाले युग में महाराजजी एक अति विनम्र किन्तु शक्तिमान व्यक्ति के रूप में प्रकट हुए हैं।शिवाय बाबा, एक अमरीकी, जो सत्तर के दशक में महाराजजी के साथ थे, ने कहा कि वे सोचते थे कि महाराजजी के सबसे बड़े चमत्कार वे हैं जो उनके शरीर त्यागने के बाद हुए हैं। महाराजजी का अभिरूप उनके भक्तों के पास

से चला गया, लेकिन उनकी लीलाएँ नहीं। यह ऐसा है मानो महाराजजी दूसरे कक्ष में चले गए हों एवं कभी भी वापस आ जाएँगे।

राम राम राम राम राम राम राम राम राम राम राम राम

हमारे गुरु की तरह , महाराजजी अंधकार को दूर कर देते हैं व हमारे अंदर के प्रकाश से हमारे शरीर की प्रत्येक कोशिका को दीप्त करवाते हैं। मानव क्रीड़ाएँ हमारे आस-पास चलती रहती हैं क्योंकि हम सब मानव रूप में हैं बिल्कुल उसी तरह जैसे महाराजजी ने मनुष्य रूप धारण किया है। फिर भी महाराजजी सत् चित्त आनंद का सार हैं, महाराजजी हमेशा यहाँ रहते हैं। क्या वास्तव में हम महाराजजी होने की कोशिश नहीं कर रहे हैं? तथापि, यह मार्ग आरंभ करने के लिए कदम उठाने के लिए हमें अपने मोह व बंधन छोड़ने पड़ेंगे।

राम राम राम राम राम राम राम राम राम राम राम राम

महाराजजी "हम" जैसे नहीं थे

महाराजजी "हम" जैसे नहीं थे। महाराजजी हमारी तरह नहीं सोचते थे। महाराजजी हमारी तरह बर्‌ताव नहीं कयिा करते थे। महाराजजी हमारी तरह प्‌रतक्‌रियिा नहीं करते थे। जसि तरह हम चीज़ें करते हैं, महाराजजी उस तरह चीज़ें नहीं कयिा करते थे। महाराजजी उस समय अंतरक्‌षि सातत्‌य में नहीं थे जसिमें हम हैं। यह कहा जा सकता है क महाराजजी मनुष्‌य नहीं थे/हैं। वह एक मानव शरीर रूप में अवतरति हुए जसि हम नीम करौली बाबा के नाम से जानते हैं। उनके, हम सबकी तरह हाथ, पैर, आँख और कान थे। उनके श्‌रद्‌धेय और अतप्‌रियि कमल चरण थे - कमलपद इसका क्‌या मतलब है? यह कैसे संभव है? यह लगभग समझ से बाहर

है। यही महाराजजी हैं। यही महाराजजी को गहरे अध्ययन और चंतिन के योग्य बनाता है। उनके प्रति अपनी समझ से प्रेम तथा भक्ति का झुकाव एक एहसास वकिसति करने लगता है।

दादा ने महाराजजी के बारे में यह लखिा था, "हम सब जानते हैं कि बाबाजी मानव रूप और आकार में एक मनुष्य थे। लेकनि यदि हम अपना ध्यान केवल शरीर तक सीमति रखेंगे तो हम उन्हें नहीं समझ सकते। हम यह देखते हैं कि मनुष्य की काया के साथ भी उनमें वह ऊर्जा थी, वह शक्ति थी, वह प्यार और स्नेह था जो कि एक इंसान में नहीं होता। इतिहास में महानतम मनुष्यों के वषिय में हम पढ़ते हैं, बेशक उन्होंने बहुत कुछ हासलि कयिा है। लेकनि जो बाबा जी या उनके जैसे संत ने हासलि कयिा, वह नश्चिति रूप से कसिी मनुष्य की क्षमता से बाहर था। यदि ऐसा है तो हम नष्किर्ष नकिाल सकते हैं कि मानव शरीर में कोई ऐसी शक्ति या प्रभुत्व है जो मानवीय नहीं है।"[9]

माताजी ने कहा कि जब कसिी को पूर्ण ज्ञान हो जाता है कि महाराजजी कौन हैं तो वह अपने अस्तत्वि की गहराई तक हलि जाता है। कुछ लोगों के लिए यह पागलपन का एक रूप हो सकता है क्योंकि वे इस बात को नहीं समझ सकते कि क्या हो रहा है तथा वे वास्वकिता पर अपनी पकड़ खो सकते हैं। ऐसा इसलिए है कि मानव जीवन में ऐसा कुछ भी नहीं है जो कसिी को यह समझा सके या प्रशक्षिति कर सके कि महाराजजी जैसी वभिूति पृथ्वी पर हमारे बीच मौजूद है।

राम राम राम राम राम राम राम राम राम राम राम राम

तस्वीर देखती है

हदिुओं का मानना है क भिगवान की मूर्त दिेख सकती है। वसि्तार करने पर, इसका यह भी मतलब है क तिस्वीरें भी आपको देखती हैं। हनि्दू, मंदरि इसलएि नहीं जाते क वि भगवान् को भगवान् की तराशी हुई मूर्त कि रूप में देख सकें, बल्क इिसलएि जाते हैं क दिेवता उन्हें देख सकें। ऐसे बहुत सारे मामले हैं जहाँ महाराजजी के भक्त उनकी तस्वीर से, आगे होने वाली कसिी बात के बारे में कुछ पूछने जाते हैं। भक्त महाराजजी की फोटो के आगे प्रार्थना करते हैं और महाराजजी उनकी प्रार्थना का जवाब देते हैं।

महाराजजी अपनी तस्वीरों के माध्यम से दर्शन देते हैं। यद आपने महाराजजी की तस्वीर देखी है तो आप महाराजजी के बारे में और अधकि जानकारी पाने के लएि आकर्षति हो सकते हैं। महाराजजी के शक्षिा के बारे में शक्षिा के रूप में बहुत कुछ नहीं है। महाराजजी के वषिय में जानकारी उनकी लीलाओं की कहानयिों की कताबिों में, वेबसाइट maharajji.com में तथा कई अन्य लोगों से मलिती है जो उनके बारे में कुछ उपयुक्त बातें जानते हैं।

राम राम राम राम राम राम राम राम राम राम राम राम

महाराजजी अलग क्यों हैं ? दरअसल सवाल शायद यह होना चाहएि: आप महाराजजी से अलग क्यों हैं ? चेतना का बीज आपके भीतर ही है, जैसा क पिृथ्वी पर सभी प्राणयिों के साथ है। तो महाराजजी कौन हैं/थे ? क्या महाराजजी एक परकीय (एलयिन) थे ? जसि प्रकार कृष्ण ने भगवत गीता[10] में स्वयं का वर्णन अर्जुन से कयिा है, क्या महाराजजी उसी प्रकार की अभवि्यक्त थिे ? क्या

महाराजजी एक साधारण व्यक्ति थे जिन्होंने असाधारण शक्तियाँ विकसित की हुई थीं ? क्या महाराजजी एक क्रिया योगी थे ? मैंने सुना है कि कुछ का मानना है कि महाराज जी परमहंस योगानंद की “एक योगी की आत्मकथा" वाले बाबाजी हैं ।

एक पूर्णतः साधित जीव के आदर्श

महाराजजी वास्तव में वे हैं जिसे हर कोई खोज रहा है, एक पूर्णतः सिद्ध जीव के आदरूप, जो आपके इस जीवन के बारे में और अन्य जीवन कालों के बारे में सब कुछ जानते हैं, और जो आपको पूरी तरह प्यार करते हैं ...... एक पूर्णतः सिद्ध जीव के आदरूप, जिन्हें कोई मोह नहीं हैं, एक घुमक्कड़ तपस्वी, नंगे पाँव रहने वाले, बाहर खुले में सोने वाले, अपने दिन पेड़ों में व्यतीत करने वाले, खाली हाथ, कुछ भी इच्छा न रखने वाले, बिना किसी मोह के, केवल अपने भक्तों के लिए जीने वाले, पकड़ में न आने वाले, पूरी तरह से रहस्यपूर्ण जीव, अर्थात जिसके तरीके बिल्कुल भी समझ न आ सकें.... ऐसे हैं।

राम राम राम राम राम राम राम राम राम राम राम राम

बाबा सी. एस. शर्मा के मुताबिक़ जब महाराजजी ने 10 वर्ष की उम्र में, सौ साल से भी अधिक पहले, अकबरपुर छोड़ दिया था, तब वे सबसे पहले अयोध्या गए। वहाँ उनका स्वागत एक साधुओं के समूह द्वारा किया गया। साधुओं के नेता ने लड़के को देखा और चिल्लाना शुरू किया, “वह पहुँच गया है। हनुमान हमारे पास आ गया है। हमने इतने लंबे समय तक प्रतीक्षा की है। अब वह यहाँ है।" साधुओं ने उन्हें अंदर बुलाया। बाद में महाराजजी पश्चिम की ओर बिवानिया चले गए।

1996 में महाराजजी के वृन्दावन आश्रम में मैंने एक कैनेडयिन बाबा कबीर दास से पूछा कि क्या उन्हें लगता है कि नीम करौली बाबा एक "परकीय" (एलयिन) हो सकते हैं। कबीर ने उत्तर में कहा, " महाराजजी मानव वकिास का उच्चतम रूप थे।" इसका नहितािर्थ यह है कि महाराजजी एक सामान्य मनुष्य थे जन्हिोंने तपस्या, त्याग, हन्दिू साधनाओं तथा अन्य साधनाओं द्वारा, जन्हिें हम संभवतः जान नहीं सकते, चेतना की पूर्णतः सद्धि अवस्था को प्राप्त कयिा तथा अपनी लीलाएँ करने की शक्ति को वकिसति कयिा। इसका यह भी तात्पर्य है कि जैसे-जैसे मानव जाति का वकिास होगा, और अधकि मनुष्य महाराजजी द्वारा प्रदर्शति शक्तियों को वकिसति कर पाएँगे। मैं पूरी तरह से आश्वस्त नहीं कि मैं इस बात से सहमत हूँ क्योंकि कई वर्षों तक महाराजजी का अध्ययन करने के बाद मैं यह वश्विास से कह सकता हूँ कि वास्तव में महाराजजी एक अलौककि जीव का प्रकट रूप हैं।

शविाय बाबा ने कहा, "शायद कसिी दनि अमेरकिा के आस-पास हज़ारों नीम करौली बाबा घूम रहे होंगे।" यह महाराजजी के प्रेम और उनकी सौम्य देखभाल के कारण एक सांत्वना देने वाली सोच है। महाराजजी के क्वांटम भौतकिी के पहलुओं से इनकार नहीं कयिा जा सकता। कसिी के लएि अलौककि शक्तियों का दावा करना इस दुनयिा में प्रायकि नहीं है। हालाँकि लोगों का यह वश्विास है कि अलौककि शक्तियाँ मौजूद हैं, या कम से कम पुस्तकों और फल्मिों के माध्यम से तो कल्पना की जा सकती है।

राम राम राम राम राम राम राम राम राम राम राम राम

महाराजजी स्वामी हैं

महाराजजी मार्गदर्शक हैं, महाराजजी स्वामी हैं। भावी भौतिक तल के घटनाक्रम पर किसी न किसी समय पर सब महाराजजी रहे हैं क्योंकि शरीर में सवार जीवात्मा आत्माओं ने यह महसूस किया है कि वे जानवर नहीं हैं, कि जीवात्मा आदिकालीन रिसाव से उत्पन्न नहीं हुई थी हालाँकि उनके भौतिक शरीर यहीं से विकसित हुए थे।

महाराजजी यों ही आपके कर्मों के साथ छेड़छाड़ नहीं करेंगे। आपके कर्म, खैर आपके कर्म हैं। फिर भी लगता है कि महाराजजी अपने भक्तों के लिए कर्मों की गंभीरता को कम कर देते हैं। शायद यह आपके कर्म हैं कि आप बीमार होंगे और महाराजजी आपकी बीमारी को कम गंभीर बनाकर मदद करेंगे। हो सकता है कि आपके भाग्य में शादी करना और बच्चे पैदा करना न लिखा हो लेकिन महाराजजी आपको कई युवा लोगों के सुखद सानिध्य में ले आएँगे। जो भी हो, महाराजजी ने कहा है, "मैं भाग्य को बदलने की क्षमता रखता हूँ। संसार मैं ऐसी कोई शक्ति नहीं है जो मेरी कही बात के विरुद्ध जा सके। मैं अतिउत्साही लोगों को नीचे ला सकता हूँ और विनम्र लोगों को ऊपर उठा सकता हूँ।" यह एक बहुत गहन बयान है और गहरे चिंतन के योग्य है।

महाराजजी किसी भी तरह से एक "नए युग" के चमत्कार नहीं हैं। ऐसा सोचना लगभग मूर्खता होगी। महाराजजी एक अनाप-शनाप छल-कपट करने वाले चालबाज़ नहीं हैं। महाराजजी जितने हो सकते हैं उतने वास्तविक हैं। वे हमेशा से नितान्त वास्तविक रहे हैं और नितान्त वास्तविक रहेंगे। वे "आप" हैं, वे "मैं" हैं, व "हम" हैं।

अपनी पुस्तक, 'आई एंड माई फादर आर वन' (I And My Father Are One) की प्रस्तावना में रब्बू जोशी ने उल्लेख किया है

कि "समय की माँग एक सार्वभौमिक गुरु है जो विज्ञान और आध्यात्म दोनों में एक सर्वोत्कृष्ट योद्धा होगा।" यह गुरु बीमार मानवता श्वेत और श्याम पक्षों को पुनर्संगठित करेगा। सभी धर्मों को एक सामान्य कूट-प्रबंध रूप की तलाश करनी होगी और अपने पीड़ित लोगों की बेहतरी के लिए अपने जीवन में विज्ञान के लिए स्थान बनाना होगा। ज़रूरी नहीं है कि यह गुरु सजीव शरीर में हो। यह सार्वभौमिक रूप से लागू हो सकने वाले उपदेश और सिद्धांत हो सकते हैं। जब यह गुरु सबके द्वारा स्वीकार कर लिया जायेगा, तब अंत में वह हर एक को आध्यात्मिक साधना के लिये निजी स्थान देगा। एक बार जब आप सही मायने में आध्यात्मिक हो जाते हैं तो आप एक मक्खी को भी चोट नहीं पहुँचा सकते हैं। अतीत के सभी गुरुओं ने कभी भी किसी धर्म की स्थापना नहीं की है, उन्होंने केवल आध्यात्म पढ़ाया है। ये चाहे यीशु मसीह हों, पैगंबर मोहम्मद हों, बुद्ध हों, महावीर हों, शंकराचार्य हों या ज़राथ्रुष्ट हों, अनुयायियों ने बाद में धर्म की स्थापना की है। सभी घृणा, हिंसा, मुखरता तथा आक्रामकता धर्म के परिणाम हैं, जो मूल स्वामियों ने अपने चेलों को कभी नहीं सिखाया है।"[11]

महाराजजी भौतिक तल पर सृजित या आविष्कृत किये सभी चीज़ों से श्रेष्ठ हैं। वे दो हज़ार से अधिक वर्षों से हमारा मार्ग दर्शन कर रहे हैं और वे कभी नहीं रुकेंगे। न तो उनका ह्रास हो सकता है न ही उन्हें पदच्युत किया जा सकता है क्योंकि वे हम सबके भीतर हैं। शामिल होने के लिए कोई समूह नहीं है। कोई संगठन नहीं है। कुछ बहुमूल्य गाइड हैं जिन पर आप भरोसा कर सकते हैं। असली सत्य को जानने के लिए जागें। प्रेम के प्रकाश से प्रबुद्ध हों। शान्ति व और अधिक प्रेम व्यवहार में लाएँ। हमेशा और अधिक समझ से कार्य करने का प्रयास करें। यीशु द्वारा सिखाये गए अनन्त सार्वभौमिक स्वर्णिम नियम

(Golden Rules) के तहत काम करें, "दूसरों के साथ वैसा ही व्यवहार करें जैसा व्यवहार आप अपने साथ चाहते हैं।"

राम राम राम राम राम राम राम राम राम राम राम राम

सभी धर्म समान हैं

महाराजजी ने कहा है, "सभी धर्म समान हैं। वे सभी ईश्वर की राह दिखाते हैं। ईश्वर प्रत्येक व्यक्ति है। हम सभी में समान रक्त प्रवाहित होता है। हाथ, पैर, हृदय, सबमें समान हैं। कोई अंतर मत देखो। सबको समान रूप से देखो।"

सरलीकृत दृष्टिकोण

वास्तव में केवल तीन "धर्म" हैं : हदिू धर्म, बौद्ध धर्म, और इब्राहीम के गोत्र के त्रय - यहूदी, ईसाई और मुस्लमि। लेकनि हदिू और बौद्ध धर्म वास्तव में धर्म नहीं हैं। वे धर्म की साधना हैं। धर्म की व्याख्या का सबसे साधारण रास्ता यह कहना है कयिह एक साधना है। आप दैनकि आधार पर अपना जीवन कैसे जीते हैं, यह इसके बारे में हैं।

तकनीकी तौर पर, सब कुछ हदिू है। हन्दिू धर्म में परमात्मा तथा परमात्मा की आराधना के सभी रूप शामलि हैं। हदिू धर्म, ईसाई धर्म, इस्लाम, यहूदी, बौद्ध धर्म, ज़ेन, और अन्य धर्मों के अनुरूप नहीं है। फरि भी ये सब तथा बाकी सब भी बहुत अच्छी तरह हन्दिू आस्था के अनुरूप हैं। और वास्तव में बौद्ध धर्म, जैन और सखि धर्म हदिू धर्म के परणिाम हैं। बुद्ध, हन्दिू समाज में पले-बढ़े और उन्हें हदिुओं द्वारा

भगवान् वषि्णु के नौंवे अवतार की मान्यता प्राप्त है। हम हनि्दू वद्विानों से लगभग सुन सकते हैं कभिगवान् का एक दूसरा रूप है। "यहाँ एक अन्य वशि्वास प्रणाली है। यहाँ एक अन्य परपिाटी है।" यहाँ समस्या कैसे हो सकती है ? ईश्वर के अनेक रूप हैं। भगवान् की स्तुतिकरो, आत्मा की स्तुतिकरो, जो ईश्वरीय चेतना हम सब के भीतर है। तू ही परमेश्वर है।

गुरु दत्त शर्मा ने धर्म को मेरे लिए इस प्रकार वर्णति कयिा है, "धर्म सभी अच्छाइयों को स्वयं में समावष्टि करता है। यह आपकी रक्षा तभी करता है जब आप इसकी रक्षा करते हैं। धार्मकि नहीं - धर्म साधना इससे कहीं अधकि है। धर्म साधना में वे सभी अच्छी बातें सम्मलिति हैं जो एक व्यक्तिको स्वयं के लिए और दूसरों के लिए करनी चाहिए। दूसरों के लिए अच्छा करना सबसे अच्छा धर्म है। दूसरों को दर्द या चोट पहुँचाना धर्म के खलिाफ सबसे जघन्य कृत्य है। आहार*, नद्रिा*, भय*, मैथुन*। ये मनुष्यों और पशुओं सभी में आम हैं। केवल धर्म की साधना पशुओं से मनुष्य को अलग करती है।" [* इंगति करता है संस्कृत]

धर्म संगठन और वशि्वासों के एक संगठन के बारे में है, आस्थाओं का संगठन। यह कहा गया है कि इन सब धर्मों के अनुयायी महाराजजी के चरणों में झुकते हैं क्योंकि वे पृथ्वी पर शुद्ध सौम्य स्वाधीन प्यार के रूप में अवतरति परमात्मा (सर्वोच्च चेतना) की एक अभवि्यक्तिहैं।

राम राम राम राम राम राम राम राम राम राम राम राम

भगवान एक प्राणी नहीं हैं

भगवान एक प्राणी नहीं है । भगवान् का कोई लिंग नहीं है। भगवान् का कोई व्यक्तित्व नहीं है। भगवान् एक चेतना हैं – पूर्णतः साधित चेतना। चेतना ने पूरे भौतिक जगत की तथा उन नियमों की रचना की है जो इस भौतिक जगत को शासित करते हैं। चेतना ने कई अन्य ब्रह्मांडो की रचना की है जो भौतिक जगत के समान नियमों का उपयोग नहीं करते। महाराजजी ने भगवान् की चेतना की अभिव्यक्ति की। पश्चिमी दुनिया में, कई लोगों को "भगवान में विश्वास नहीं है"। परंतु वास्तव में ऐसा कहना ठीक होगा कि वे उस ईश्वर में आस्था नहीं रखते, जैसे पहले पूरे इतिहास में वर्णित किया गया है, जो ईश्वर एक "प्राणी" है, जो "वहाँ" रहता है या वहाँ "ऊपर" रहता है। बेशक यह इसलिए होगा कि यह सत्य नहीं है कि भगवान् प्राणी है। भगवत चेतना का सार प्रत्येक व्यक्ति के भीतर है। यदि हम अपने भीतर खोजें तो यह हम सब "जानते" हैं।

कई शताब्दियों से "एक भगवान्" को लेकर बहुत संघर्ष है। "एक भगवान्" की उद्घोषणा करने में अब्राहमिक धर्म हिन्दू और बौद्ध धर्म से भिन्न हैं। मुस्लिम धर्म अद्वैतवादी है और कहता है कि एक ही ईश्वर है - वो है, अल्लाह। पिता, पुत्र और पवित्र आत्मा की अवधारणा के कारण ईसाई धर्म तर्क साध्य रूप से तीन देवताओं का धर्म है। यहूदी धर्म एक एकेश्वरवादी धर्म के रूप में जाना जाता है, फिर भी ऐसे संकेत मिले हैं कि ऐसा नहीं है।

बाइबल के विद्वान बार्ट डी अरमन (Bart D. Ehrman) बताते हैं कि बाइबल और अन्य यहूदी ग्रंथों में अनेक उदहारण हैं जिनमें स्वर्ग दूतों को भगवान् के रूप में वर्णित किया गया है, उतने ही

महत्वपूरण ग्रंथों में स्वर्गदूतों को मनुष्य के रूप में वर्णति कयिा गया है । सबसे दलिचस्प में से एक है स्तोत्र (Psalm) 82 । इस सुंदर अनुनय में क किमज़ोर और ज़रूरतमंद को न्याय मलि, हमें 5 (1) में बताया गया है क 'भगवान् ने दवि्य परषिद् में अपना स्थान ग्रहण कर लयिा है, देवताओं के बीच वे न्याय देते हैं ।' बाइबलि के जॉब वाले अनुच्छेद (Job passage) में दवि्य भगवान की परषिद को बनाने वाले प्राणयिों को 'भगवान् के पुत्र' कहा जाता है । यहाँ धर्मगीत (Psalm)82 भजन में 'परमप्रधान के बच्चे' कहा जाता है । लेकनि उससे भी अधकि, उन्हें 'इलोहीम' (82:6) कहा जाता है-ईश्वर के लिए हबि्रू शब्द (यह एक बहुवचन शब्द है; जब भगवान् की बात न हो रही हो तो इसका अनुवाद 'देवताओं' कयिा जाता है ।) ये दवि्य प्राणी देवता हैं ।[12]

यह कहा जा सकता है क हिन्दू 330,000,000 देवी देवताओं को पूजते हैं (कुछ कहते हैं 330 मलियिन) । हालाँक ये देवता एक भगवान् के "पहलू" हैं । शायद हन्दि धर्म में एक भगवान् की अवधारणा को सबसे अच्छी तरह "भगवान्" नाम द्वारा समझा जा सकता है (और संभवतः "प्रभु") । भगवान् का उल्लेख लगभग हर पूजा और आरती [13] में कयिा गया है फरि भी भगवान् की पूजा के लिए कोई वशिेष मंदरि नहीं हैं और भगवान् के लिए कोई वशिेष पूजा नहीं हैं जैसे अन्य देवताओं के लिए हैं । ऐसा लगता है क कुछ सन्दर्भों में भगवान को एक अनाकार व्यक्तगित भगवान्, जैसे यहोवा या अल्लाह के रूप में देखा जा सकता है । भगवान् कई मायनों में भगवान् की सामान्य ईसाई अवधारणा के समरूप है । बौद्ध मूलरूप में कसिी भगवान् को नहीं पूजते, मेरा मानना है क यिह कहा जा सकता है क वे बहुत ज़्यादा चेतना में हैं । तो उस सर्वोच्च चेतना में भगवत चेतना है, तब वे वास्तव में भगवान् “में” हैं ।

राम राम राम राम राम राम राम राम राम राम राम राम

सभी धर्मों में वशि्वास करनेवाले लोग लोग महाराजजी को समझ सकते हैं । हदिुओं के लिए वह परम स्वामीजी हैं, गुरुओं के गुरु – भगवान् । मुसलमानों के लिए, वह एक श्रद्धेय फकीर और शुद्ध आत्मा है। यहूदयिों के लिए, वह एक मास्टर पैगंबर और प्रयि दादा है । ईसाइयों के लिए, वह परम भक्त और ईसाई भगवान्, यीशु का प्रेमी है । बौद्धों के लिए, वह बुद्ध की शक्षिाओं का सार है । नास्तकि के लिए उन्होंने आध्यात्मकिता की सभी रूढ़बिद्ध धारणाओं को पार कर दयिा है।

आत्मसमर्पण सब कुछ है

इस सब के बीच, महाराजजी एक अलग तरीके से लोगों पर काम कर रहे हैं/थे । महाराजजी की लीलाएँ प्रक्रयिा के लिए बहुत महत्वपूरण हैं ।महाराजजी की लीलाएँ भक्तों की वास्तवकिता की नींव हलिा कर रख देती हैं, इस हद तक कजिसि वे वास्तवकि समझते थे, उनके मन में प्रश्न चहि्न बन कर रह जाएगा। एक नई वास्तवकिता के प्रत‍ि समर्पति हो जाना ही रह जाता है वहाँ। इस समर्पण में इतने सारे नए जीवन के अनुभवों के उद्धार नहिति हैं । जसि वास्तवकिता माना गया था, उसकी नींव हलिाना स्वतंत्रता और कुछ समझने के लिए पहला कदम है। इस जीवन में महाराजजी के सबसे पुराने भक्तों का एहसास है क‍ि वे बहुत, बहुत जन्मों से महाराजजी के साथ होने और उनकी व उनके साथ सेवा में होने की अनुभूत‍ि होती है। सेवा में रहे हैं ।

वकिासपरक रूप से, यह पूरण मानव जात किो एक उच्च स्पंदन तक पहुँचाने के लिए, मुक्त कराने और सामंजस्य बनाने के बारे में है।

महाराजजी के सत्संग के भक्तों ने अपना जीवन महाराजजी को समर्पति कर दयिा है। महाराजजी ने इन भक्तों को अपनी ओर आकर्षति कयिा और अपनी लीला में खींच लयिा। कसिी मोड़ पर उन्होंने यह महसूस कयिा कि ऐसा हुआ था और कसिी मोड़ पर उन्होंने आत्म-समर्पण कर दयिा। महाराजजी ने तब उनके जीवन को नयिंत्रति कर लयिा। यह इतनी सामान्य बात है। और फरि क्या हुआ ? मौलकि रूप से अलग कुछ भी नहीं है, शायद, लेकनि अक्सर गहन तरीकों में एक प्रकट परविर्तन हुआ। उन्होंने अपने जीवन की "फल्मि" देखना जारी रखा। फरि भी वहाँ एक भीतर का ज्ञान था, एक अलग वास्तवकिता की आंतरकि समझ (एक अलग चेतना)। अब, यह व्यक्त जिानता था कि "यह सब महाराज जी" हैं और सब कुछ में महाराज जी की लीला देख सकता था।

इन श्रद्धालुओं में से कई अपने जीवन में बिल्कुल निडर हो गए। सब कुछ महाराजजी के नियंत्रण में था इसलिए उदास होना मुश्किल हो गया। सबसे निराशाजनक और भयानक परिस्थितियों का भी सामना किया जा सकता था क्योंकि यह महाराजजी की एक और लीला थी। और वे अक्सर इन स्थितियों के लिए सबसे उल्लेखनीय परिणामों का अनुभव किया करते थे। उनके जीवन उनकी मानव बुद्धि की तर्ज़ पर काम नहीं कर रहे हैं, उनकी बुद्धि की गहराई में अनुमस्तिष्क से भी नहीं। अब वे एक अलग तरीके से काम कर रहे हैं। महाराजजी के अधिकाँश भक्त, जिन्हें मैं जानता हूँ, इस तरह से काम करते हैं, जैसे महाराजजी बगल के कमरे में हैं, जैसे महाराजजी , मौसम सहित सब कुछ करने के लिए भाग ले रहे हैं। वह कैसे संभव है? मुझे नहीं पता। मुझे सिर्फ इतना पता है कि महाराजजी

के भक्त अपना जीवन इसी प्रकार चलाते हैं। वे महाराजजी को उन्हें चलाने देते हैं।

ऐसे कई लोग हैं जो इस बात से भी अनभज्ञि हैं। महाराजजी ऐसे कई लोगों के जीवन में भूमकि नभा रहे हैं जो महाराजजी के कसि नयिंत्रण को पहचानते ही नहीं। यह परवािर और दोस्त हो सकते हैं। फरि भी महाराजजी की कृपा, महाराजजी का आशीर्वाद, एक दैनकि आधार पर उनके जीवन में है, वे यह जानते हों या नहीं। यह स्वाभावकि रूप से, महाराजजी के सत्संग के करीबी रश्तिेदार और मत्रिों के साथ है। उनपर इसका प्रभाव कैसे नहीं होता ? कृपा तो कृपा होती है। श्रद्धालु जनिसे मलिते जुलते हैं, कृपा का प्रभाव उनपर भी होता है। यद आिपका दोस्त महाराजजी का भक्त है तो महाराजजी आपके जीवन को बहुत ही सकारात्मक यद्यप अिनदेखे रूप में प्रभावति करते हैं। आपको यह महसूस करने में 20 साल तक लग सकते हैं या ऐसा भी हो सकता है क आिपको यह अनुभूत किभी भी न हो। यह ज़्यादा मायने नहीं रखता।

नीम करौली बाबा या उस नाम के रूपांतरों को सुनने के लए या उससे बेहतर, कहने के लए, व्यक्त कि तैयार होना चाहए। और यह उससे परे चला जाता है।

महाराजजी ने कहा, "भगवान् की आराधना मन, वचन और कर्म से करो। तो फरि आप नष्किाम कर्म (कसिी भी लगाव या इच्छा के बनाि कए गए कर्म) कर पाएँगे। नष्किाम कर्म [14] की क्षमता केवल उनकी कृपा से प्राप्त की जा सकती है, और कसिी भी अन्य माध्यम से अर्जति नहीं की जा सकती। कोई भी उनकी कृपा पर अधकिार का दावा नहीं कर सकता। यह उनपर है क वि दें, न दें या वापस ले लें।" [15]

हम सब, कुछ शारीरकि शक्तयिों के साथ पैदा हुए होते हैं जो हमें पार लगने में मदद करती हैं। हो सकता है क आिपके पास अतरिक्ति

सहनशक्ति की ऊर्जा या असाधारण दृष्टि या महान शक्ति है या एक बार देखकर याद रखने की क्षमता (Photographic memory) या दूरबोध (Telepathy) भी है । प्रतीत होता है कि महाराजजी उन जन्मजात शक्तियों को बढ़ा देते हैं और वास्तव में नई शक्तियाँ दे देते हैं जिनके अस्तित्व का भक्त को पहले से ज्ञान नहीं था।

राम राम राम राम राम राम राम राम राम राम राम राम

सब केवल आपके बारे में है

महाराजजी के बारे में सब कुछ, आपका आपके साथ संपर्क कराने के बारे में है। आपको यह दिखाने के लिए कि आप वास्तविकता में कौन हैं , आपको अपने वृहत् स्व को अस्तित्व में लाने के लिए, आपका वृहत् स्वरूप। वे वृहत आप, मूलभूत रूप से महाराजजी हैं । महाराजजी कभी भी शरीर रूप में न आते लेकिन उन्होंने ऐसा केवल अपने भक्तों के लिए किया , अपने बच्चों के लिए किया। वे यहाँ किसी और चीज़ के लिए नहीं और विशेष रूप से आपके लिए । ऐसा प्रतीत हो सकता है कि वे यहाँ "स्वयं के लिए" आए , क्योंकि हम प्रत्यक्ष रूप से समय में उनका एक सामान्य व्यक्ति की तरह पता लगा सकते हैं , परंतु ऐसा नहीं है।

महाराजजी (आत्मा) और आप (जीवात्मा) एक साथ जो भी कर रहे हैं , इस तरह कर रहे हैं कि वह केवल आप जानते हैं । या आप आध्यात्मिक रूप से विकसित हो रहे हैं या नहीं। कुछ लोग अच्छा दिखने के लिए या अन्य मनुष्यों से अनुग्रह प्राप्त करने के लिए परिणामों के साथ हेरा फेरी कर सकते हैं , लेकिन यह सीमित होगा । आप केवल महाराजजी के प्रति समर्पण कर सकते हैं तथा बाकी अपने आप होने के

लिए छोड़ सकते हैं। समर्पण सब कुछ है। लेकिन यह कहा जा सकता है कि सब केवल महाराजजी के पूर्ण नियंत्रण में है।

महाराजजी आपके भीतर झाँकते हैं और देखते हैं कि आप असल में क्या हैं। अब , आप उनके पास नहीं जाते , वे आपके पास आते हैं। जी हाँ , वे आपको अपने पास रखने के लिए , अपने मंदिर या आश्रम में बुला सकते हैं। यदि ऐसी बात है तो आपको उन्हें सुनने के लिए तैयार रहना चाहिए। सब कुछ एक संदेश होगा। वहाँ जो पूरी लीला होगी , वह सन्देश होगा, तो सब कुछ का निरीक्षण करें। कई ऐसे क्षण होंगे जो आपकी सोच के भीतर "एक घंटी बजायेंगे"। उनके प्रति संवेदनशील रहें। महाराजजी आपके आंतरिक और बाह्य के बीच , इन क्षणों के साथ एक संतुलन प्राप्त करने में मदद करते हैं।

मुकुंदा जी खूबसूरती से वर्णन करते हैं, "जैसे ही महाराजजी मुसीबत में एक व्यक्ति की आवाज़ सुनेंगे, वे जहाँ भी होंगे, या वे स्वयं या किसी अन्य चलित या स्थिर माध्यम द्वारा, या वे स्वयं वहाँ जायेंगे या दूसरों को वहाँ जाने का संकेत देंगे। वह उस विशेष व्यक्ति का मुसीबत से बचाव कर लेंगे। और ऐसी लीलाएँ लगातार एक शाश्वत प्रवाह में, उसी गति के साथ, बिना किसी बाधा के चलती रहेंगी। और वे आज भी हो रही हैं। और वही कारण था कि वे किसी एक स्थान पर कभी नहीं रह सकते थे। उनका शरीर और उनके दिव्य अंग हमेशा चलते रहते थे जब हम सोच रहे होते थे कि वे समाधि में या गहरी नींद में हैं, वे किसी अन्य जगह अपनी लीला करते हुए विद्यमान होते थे। उनकी लीलाओं और उनकी कथाओं [16] की कोई गिनती नहीं है। बाबाजी महाराज के किस्सों और बातों की कोई सीमा नहीं है। [17]

हम सब अधिकाँश समय अपने बारे में ही सोचते हैं। अरे हाँ, शायद हम कुछ मायनों में दूसरों की सेवा कर रहे हों, पर आम तौर पर

अपने बारे में ही सोच रहे होते हैं - शारीरकि कार्य पद्धतकि के बारे में जैसे - पेशाब करना या शौच जाना, खाना, ठंडा या गर्म होना, चाहे हम खुश हों या उदास, सक्रयि हों या थके हुए। महाराजजी यहाँ केवल अपने भक्तों के लिए थे। महाराजजी ने कहा, "दादा, आपको नाराज़ नहीं होना चाहिए। यह दुनयिा है, यह संसार (भ्रम) है। मेरे पास मेरी खातरि कोई नहीं आता, सब लोग अपनी समस्याओं के लिए आते हैं।

राम राम राम राम राम राम राम राम राम राम राम राम

जीवन आपकी अपनी फिल्म है

जीवन आपकी अपनी "फल्मि" है। आपके जीवन का अनुभव। अपने और दूसरों के जीवन की रैखकि गुणवत्ता का की खुलती हुई परतों के साक्षी बनें। वह जीवन कौन जी रहा है ? क्या आपके भीतर कुछ ऐसा है जो उस जीवन का "भोक्ता" है ? क्या वह भोक्ता अनुभव करने के लिए आपके शरीर को केवल एक वाहन के रूप में इस्तेमाल कर रहा है ? हन्दिू, भोक्ता को आत्मन् या आत्मा कहते हैं। यह वेदांत [18] से है, वशिेष रूप से अद्वैत वेदांत से। जब आप कहते हैं "मैं", और मैं कहता हूँ "मैं" यह समान "मैं" है।

एक जीवात्मा भी है जो लघु "मैं" है, वह आपके भीतर आपका अपना भोक्ता है। आपकी जीवात्मा वभिन्नि शरीरों में पुनर्जन्म लेती है और आपके कर्मों को ढोती है। जीवात्मा का देहांतरण होता है, और इसी को ईसाई "आत्मा" कहते हैं। जीवात्मा फरि से जन्म लेती है, कहने का अर्थ है कि यिही वह सार / तत्व है जो एक शरीर से दूसरे शरीर में वस्थिापति होता है ।

"पछिले जन्मों" जैसी कोई चीज़ नहीं है। समय और अंतरक्षि बुनयिादी रूप से मौजूद नहीं हैं। वे चेतना द्वारा बनाई गयी "फल्मि" हैं। महाराजजी के वज्ञिान में चेतना एक ही समय पर अनेक स्थानों में उपस्थति होने का साधन है। समय यात्रा करने का, और वास्तव में मृत शरीर में जीवन लौटा सकता है।

आपके जीवन का पथ वह है जो बनिा कसिी वचिलन के साथ नर्धिारति कयिा गया है। आपके जीवन की "फल्मि" देखने के लएि है और आपकी चेतना को बस इस नाटक से बस इतना पीछे हट जाना चाहएि कि आप अपने जीवन की (और कई अन्य जीवन की) परतों को अपने सामने खुलते हुए देख सकें जबकि आप एक अथाह प्रेम के स्थान पर चीज़ों का नरीक्षण करते हुए रहते हैं। यह समुद्र की तटीय लहरों पर सर्फ़गि (surfing) करने की तरह है, एक बार शुरू कर दयिा तो लहर आपको सैर के लएि ले जाएगी। आप, बेशक कार्यवाही करते हैं - अपने जीवन के सभी ज़रूरी कार्य पूरी तरह से यह जानते हुए करते हैं कि आपके भाग्य में क्या करना लखिा है।

राम राम राम राम राम राम राम राम राम राम राम राम

संसार क्या है ?

यह वास्तव में आपके गहरे चतिन और अध्ययन के योग्य है। मुझे समझ में आया कि भौतकि तल के अंदर हमारे शरीरों के, जनिमें हमारी जीवात्मा आत्म चेतना है, कई जन्म और मृत्यु द्वारा हमारे होने के दृष्टकिोण से संसार सभी माया (भ्रम) सहति एक दुनयिा है। यह सबसे पतले परदे का एक पक्ष है जो दो की दुनयिा का प्रतनिधित्वि करती है। नर्वािण परदे की दूसरी ओर है। नर्वािण को “अंत में इच्छा,

घृणा और भ्रम की आग के बुझने के बाद की मन की अवचिल्लति स्थरिता (बौद्ध) के रूप में परभिाषति कयिा गया है और अस्तत्वि के दव्यि आधार ब्राह्मण (परमात्मा) व बनिा अहंकार के आनंदति स्थतिि का मलिाप है।" (हन्दिू) [19]

इस बौद्ध परभिाषा का अर्थ है कनिर्वािण भौतकि तल मन से रहिाई पर आधारति है । यह वही है जो नर्वािण हो सकता है परंतु यह नर्वािण नहीं है । हदिुओं के बीच नर्वािण अंतरंग है, आत्मा के एक होने या एकरूपता को सर्वोच्च चेतना के रूप में वर्णति करना (ब्राह्मण को परमात्मा मानना) । हम सब इस संसार में हैं अर्थात चेतना के द्वारा बनाया गया भौतकि तल, यानी बस छक छक करके चलते जाना । हम अपने कर्मों के आधार पर संसार के अंदर और बाहर बस रहे हैं, और लगता है कयिह प्रक्रयिा शाश्वत है । वह प्रक्रयिा तथापि, खत्म हो जायेगी । संसार में माया (भ्रम) का एक नहिितार्थ है क्योंकि भौतकि तल एक होलोग्राम है और होलोग्राम भ्रम है ।

राम राम राम राम राम राम राम राम राम राम राम राम

केवल "अब" है

यहाँ समय का उल्लेख कयिा जाना चाहिए। जैसा कि "बी हेयर नाओ" (Be Here Now) के शीर्षक में नहिति है, यहाँ केवल "अब" है। अतीत और वर्तमान भ्रम हैं। मुझे लगता है कयिदिआप यह कतिाब पढ़ रहे हैं तो आपने पहले से ही इसे गहराई से अनुभव कर लयिा है। समय को एक क्षण (या nanosecond) भी रोक कर रखना बल्किुल असंभव है । भवषि्य और अतीत केवल हमारी भाषाओं में इस्तेमाल होने वाले सार सन्दर्भ अंक हैं । परंतु वे असल नहीं हैं और संसार के होलोग्राम

(hologram), भौतकि तल, में कभी भी असल नहीं थे। वे उतने ही असली और ठोस हैं जतिना "अब" है। जो नशि्चति रूप से केवल क्षणकि रूप से असली या ठोस है।

राम राम राम राम राम राम राम राम राम राम राम राम

नाम रूप सत चित आनंद

संसार में केवल पाँच चीज़ें हैं। दो लगातार बदल रही हैं और तीन कभी नहीं बदलतीं। नाम और रूप वे दो हैं जो हमेशा बदलती रहती हैं। वे तीन जो कभी नहीं बदलती हैं- तात्वकि अस्तत्वि (सत), तात्वकि चेतना (चति), और परमानंद, जो वास्तव में परमानंद (आनंद) [20] से परे है।

हम इस वाहन (शरीर) को किस लिए उपयोग कर रहे हैं ? हम इन शरीरों में क्यों सवारी कर रहे हैं ? यहीं महाराजजी ने कहा, "भगवान् को समझने की कोशिश करने से बेहतर है कि भगवान् को हर चीज़ में देखा जाए l" कारण को संभवतः कौन जान सकता है ? महाराजजी जानते हैं l और महाराजजी उसके साथ खेलते हैं और ये लीलाएँ करते हैं l हालाँकि हम शायद इन शरीरों में इसलिए सवारी कर रहे हैं ताकि हम भौतिक तल को चेतना की "आत्म जागरूक अवस्था" में अनुभव कर सकें l

राम राम राम राम राम राम राम राम राम राम राम राम

भक्ति

दादा और दीदी, महाराजजी के पतिऔर पत्नी भक्त, महाराजजी के प्रेम में पूरी तरह समर्पति थे। महाराजजी के शरीर त्यागने के बाद दादा हर सुबह कई घंटे महाराजजी के तख़्त पर फूलों से पूजा करने में

व्यतीत करते थे। हर दोपहर दीदी इन पुष्प आराधनाओं की, पानी के रंगों से चत्रि बनाने में कई घंटे व्यतीत करती थीं। यह लगभग 14 साल तक चलता रहा जब तक दादा ने अपना शरीर नहीं त्याग दयिा। इस पत पत्नी की टीम ने, जो महाराजजी के प्रत सेवा और प्रेम में पूर्णतः समर्पति थे, 5000 से कुछ अधक पानी के रंगों वाले चत्रि बनाए। प्रत्येक चत्रि प्रेम के मूर्त रूप और पूर्ण भक्त की अभव्यिक्त है।

राम राम राम राम राम राम राम राम राम राम राम राम

महाराजजी ने अपना नीम करौली बाबा वाला शरीर 1973 में त्यागा। कई लोगों ने सूचति कयिा है क उन्हें तब से महाराजजी के दर्शन हुए हैं। बहुत से लोगों ने उन्हें नीम करौली बाबा के रूप में देखा है। जैसा क कहानयिाँ महाराजजी की लीलाएँ बताती हैं, वे अक्सर लोगों के पास अन्य रूपों में आया करते थे। ऐसा बताया गया है क वे कुत्ते, बच्चे, सैनक या अन्य रूपों में आ सकते थे। अपना नीम करौली बाबा वाला रूप छोड़ने के बाद, महाराजजी का लोगों के पास अन्य रूपों में आना जारी है। ऐसा प्रतीत होता है क महाराजजी अपने भक्तों के माध्यम से सीमति समय, एक या दो मनिट के लिए बात भी करते हैं। जैसा क हमने कहा है, महाराजजी आत्मा या एक अलौकक प्राणी हैं। तो यह आश्चर्य की बात नहीं है।

गुरुदत्त जी ने यह कहानी मुझे वृन्दावन में सुनाई थी। "यद आप महाराजजी को अपने घर आने के लिए आमंत्रति करें तो शायद वे आएँ पर अपने हमेशा वाले रूप में नहीं। एक आदमी ने महाराजजी को एक बड़ी पार्टी के लिए आमंत्रति कयिा लेकनि महाराजजी वहाँ उपस्थति नहीं हुए। जब वह व्यक्त महाराजजी से दोबारा मलिा, उसने कहा, '

महाराजजी आप मेरी पार्टी में क्यों नहीं आये ?' महाराजजी ने कहा, 'मैं आया था। मैं कुत्ते के रूप में आया था। तुमने मुझे क्यों भगाया और अपने घर से बाहर क्यों निकाल दिया था ?' फिर उस व्यक्ति को याद आया कि पार्टी की रात को, एक कुत्ते ने अहाते में प्रवेश किया था और उसने गुस्से में उसे दूर तक पीछा करके एक छड़ी से भगा दिया था। आप यह नहीं जान सकते कि महाराजजी आपको किस रूप में दर्शन देने आएँगे।" [21]

मेरा मानना है कि हम अपने जीवन भर में महाराजजी से विभिन्न रूपों में मिलते हैं। मुझे लगता है कि वह महत्वपूर्ण क्षणों में हमारे पास आते हैं और जरूरी नहीं कि हम उन्हें पहचानें, लेकिन वह उस पल में हम पर एक प्रभाव छोड़ जाते हैं। वे आपसे मदद माँगते हुए गली के भिखारी हो सकते हैं। हिन्दू दर्शन में, गुरु आपके पास एक चींटी के रूप में आ सकते हैं। जब आप पूरे विश्व को महाराजजी के रूप में देखते हैं तो हर कोई महाराजजी का एक साधन बन जाता है। मुझे लगता है कि महाराजजी को अपने ही कारणों से "हम पर नज़र रखने के लिए " भी अपने बच्चों को अलग अलग तरीकों से दर्शन देना पसंद है।

राम राम राम राम राम राम राम राम राम राम राम राम

अपने गुरु से मिलना

हालाँकि वे कभी महाराजजी से उनके शरीर में रहते हुए नहीं मिले, बहुत से लोग कई बार सिर्फ उनकी तस्वीर को देखकर उनके प्रति समर्पित हो जाते हैं, बिना उनके बारे में यह जाने कि वे कौन हैं। यह एक अद्भुत घटना है जो महाराजजी के अलावा किसी अन्य द्वारा नहीं समझी जा सकती। याद है, महाराजजी को यह कहते हुए उद्धरित किया

गया था, "भौतकि तल पर अपने गुरु से मलिना आवश्यक नहीं है।" गुरु बाह्य नहीं है।

शायद आप गुरु के नज़दीक से ही नकिले हों। हो सकता है उन्होंने आपको रोक कर ट्रैफकि टकिट दयिा हो। आपने शायद उनको एक चवन्नी भी न दी हो जब कवि आपसे पूरा रुपया माँग रहे हों। आप क्या जानते हैं ? आपको लगता है क गुरु कोई ऐसे होंगे जनिमें से प्रकाश बाहर नकिल रहा होगा, उन्होंने सैंडवचि बोर्ड लगा रखा होगा जसि पर संकेत होगा, "मैं तुम्हारा गुरु हूँ ?"जब आप गुरू से मलिने को तैयार होंगे, तब आप गुरु से मलिंगे। - राम दास, बी लव नाओ (Be love now)[22]

राम राम राम राम राम राम राम राम राम राम राम राम

महाराजजी की "वकिल्प सूची" आपके भीतर की वकिल्प सूची से कहीं ज़्यादा बड़ी है। भवषि्य के लिए स्पष्ट वकिल्प तो अपने खुद के सीमति सोच के वकिल्पों की तुलना में ज्यादा बेहतर हैं। जो महाराजजी वतिरति कर सकते हैं, वह बहुत बड़ा है।

वशि्वास रखयि कमिहाराजजी के पास आपके लिए एक योजना है ......, कवि इसका ख्याल रखेंगे।

आस्था और विश्वास: प्रमाण बेहतर है। महाराजजी साबित करते हैं कि वे हर संभव तरीके से आपके लिए उपस्थित हैं। सबसे बेहतर विश्वास यह होगा कि महाराजजी आपके कदम उठाने से पहले ही मार्ग प्रशस्त कर देते हैं। भक्त पूर्ण आत्मविश्वास के साथ अज्ञात, अनदेखे भविष्य में कदम रख सकते हैं।

महाराजजी ने कहा, "यदि आपके पास पर्याप्त विश्वास है, तो आप पैसे और संपत्ति को छोड़ सकते हैं। भगवान् आपको वह सब कुछ देगा जिसकी आपको आध्यात्मिक विकास के लिए ज़रूरत है।

राम राम राम राम राम राम राम राम राम राम राम राम राम

रब्बू ने कहा, "महाराजजी की कृपा की सबसे अच्छी बात यह है कि जब आप इसे महसूस कर रहे होते हैं तब आप जानते हैं कि यह महाराज जी की कृपा है।"

राम राम राम राम राम राम राम राम राम राम राम राम

आपके पास अपने जीवन के लिए योजना है

यह वर्तमान जन्म लेने से पहले ही आप योजना का गठन कर चुके हैं। यह आपका कर्म कहा जा सकता है। जन्म लेने पर, आपके माता पिता ने आपका प्रशिक्षण शुरू किया। कई मामलों में, उन्होंने आपकी जीवात्मा की जीवन योजना को आपकी चेतन स्मृति से परे प्रशिक्षित किया। उन्होंने आपके ऊपर एक अच्छी सीधी-सादी मध्यम वर्गीय योजना लाद दी। हो सकता है कि यह एक मामूली योजना हो या एक ऊँचे पैमाने की वास्तविकता हो। उनके पास आपको सौम्य व अनुकूल बनाने के लिए और आपसे वह करवाने के लिए जो आपको करना चाहिए, बहुत मदद थी। आपका "मार्गदर्शन" करने के लिए बहुत से स्कूल, धार्मिक संगठन, सहकर्मी समूह और सामाजिक संगठन हैं। फिर भी जब आप बड़े होते हैं, और ऐसा महसूस करते हैं कि कहीं कुछ ठीक नहीं है, आप उद्देश्य से परे हैं, आप समस्या को ठीक से इंगित नहीं कर पाते। आप एक तरह से उनकी जीवन योजना अपने

लिए नभिा रहे हैं और कुछ है जो आपको ख़त्म कर रहा है। हो सकता है कि आप बहुत सफल रहे हों, लेकनि आपकी पत्नी और बच्चों को आप से नफरत है, या आपकी नौकरी आपके लिए इतनी संतोषप्रद नहीं है। या शायद आपका जीवन पूरी तरह से भयानक और मुश्कलि और दुर्भाग्य से भरा हुआ है। या हो सकता है कि आपके जीवन में सब कुछ बहुत बढ़यिा हो लेकनि आप यह जानते हैं कि आप बूढ़े हो रहे हैं और आपका शरीर आपका साथ छोड़ देगा , एक दनि ख़त्म हो जाएगा। जीवन योजना के मूल में जो हम सभी के पास है , वह है प्रेम । हमें यह समझने की ज़रूरत है कि हम जीवन के रंग-मंच में प्रवेश करते हैं, नाटक खेलते हैं, संसार छोड़ देते हैं, सरि्फ़ हमने अन्य सभी जन्मों से जो भी सीखा तथा अनुभव कयिा है, उसे लेकर वापस आने के लिए। भ्रम आपके मन के कारण होता है। आप अपने प्रेम के क्षेत्र के जीवात्मा आत्म चेतना के जतिने करीब आते हैं, आप जसि वास्तवकिता की तलाश में हैं, उसे उतना ही बेहतर समझ सकते हैं।

राम राम राम राम राम राम राम राम राम राम राम राम

आप कभी अकेले नहीं होते

आप कभी "अकेले" नहीं होते जब आप महाराजजी से संबद्ध हैं। महाराजजी हमेशा आपके साथ होते हैं। जब आप महाराजजी के साथ हैं, आप एक अद्भुत और रोचक फल्मि के बीच में हैं, जो कि आधुनकि समय के मीडयिा प्रतपिादन के मनोवैज्ञानकि नयिंत्रण में नहीं है। इसीलिए सत्ताधारी {Powers that be (PTB)} लगातार आपके वकिल्पों को जीवन की संवेदी बातों तक सीमति करने पर काम कर रहे हैं। वे नॉन स्टॉप मीडयिा सहति अपने हर प्रकार के उत्पादों द्वारा लायी

गयी भावना संतुष्टि को आपके जीवन की सीमा बनाना चाहते हैं। इस समय, पी टी बी एक संकीर्ण सद्धिांत से परे कुछ भी पहचान नहीं पाएगा, वास्तवकिता की एक बहुत ही संकीर्ण प्रणाली। महाराजजी को समझने का रास्ता थोड़ा हटकर है, ज़रा अलग है। यह इस समय अगला कदम है - मानव जाति के वकिास में अगला कदम।

महाराजजी एक अधकि "वास्तवकि" वास्तवकिता ला रहे हैं। शरीर युगों-युगों से सभी प्रकार की कोशकिीय स्मृति ढोता आ रहा है। अपने मानव मन की गहराई में अनु मस्तष्कि आपके व्यवहार पर सभी प्रकार के दबाव डाल रहा है। डी एन ए में सभी प्रकार की चेतनाएँ हैं। यह मानना बलिकुल गलत होगा कि वही चेतना की सीमा है। बृहत्तर चेतना के भीतर नरि्मिति और अनरि्मिति है - आकार और नरिाकार (भौतकि तल पर केंद्रति और अकेंद्रति)। हमारी चेतना शारीरकि से बहुत ऊपर है। हम जो हैं वह शारीरकि से बहुत ऊपर है। इस जागृति में हम वास्तवकिता के असली स्वभाव को पूरी तरह से समझने लगे हैं। वास्तवकिता की एक वस्तिृत समझ - जो कि उतनी गहरी है जतिना क्रो मैगनन जीव और आधुनकि मानव के वास्तवकिता को देखने के नज़रयि में फर्क है। हमारे लिए अगला कदम हमें और वास्तवकि बनाता है। इसके भौतकि पक्ष से आने वाला क्वांटम भौतकिी का वज्ञिान यह एहसास करने लगा है कि महाराजजी द्वारा उनके अनेक रूपों में इस्तेमाल कयिा गया वज्ञिान एक ही है।

चेतना

मनुष्य ने भौतकि शरीर में उसके सबसे नन्हे कणों तक के बारे में बहुत कुछ सीखा है। फरि भी अभी तक वैज्ञानकिों को आत्मा, वह जीवात्मा नहीं मलिी है, जो क हिम हैं। तो इन वैज्ञानकिों का मानना है क जिीवात्मा आत्मा मौजूद नहीं है क्योंक यिह उनकी पता लगाने की क्षमता से परे है। यह भौतकि तल पर आधारति वैज्ञानकि अनुसन्धान में कभी नहीं पायी जाएगी। चेतना की प्रकृत किी खोज इस तरह नहीं की जा सकती है। यह एक अलग वज्ञिान है। नश्चिति रूप से यह एक वज्ञिान है जो महाराजजी को ज्ञात है।

मानव वज्ञिान का मानना है क हिमारी जीवन चेतना मस्तष्कि में रहती है, लेकनि ऐसा नहीं है। जो महाराजजी कर रहे थे वह मस्तष्कि पर आधारति नहीं है। जो महाराजजी ने कयिा, वो स्वभाव पर आधारति न था, न है। महाराजजी ने मृत को जीवति करने के लए, पानी को दूध या पेट्रोल में बदलने के लए, खुद को अदृश्य करने के लए, या भोजन को उत्पन्न करने के लए अपने दमिाग का इस्तेमाल नहीं कयिा था।

राम राम राम राम राम राम राम राम राम राम राम राम

जहाँ से मानव चेतना आती है

जहाँ से मानव चेतना आती है , इसके बारे में दो बुनियादी मान्यताएँ हैं :

पहली धारणा :

आप मानते हैं कि परमाणु एक समय के बाद अधिक से अधिक जटिल जीवों को बनाने के लिए मिले जो उस चेतना को

विकसित करने लगे जो स्वयं जागरूक मानव चेतना के रूप में विकसित हुई I

1690 में प्रकाशति हुआ, जॉन लॉक (John Locke) का “Essay Concerning Human Understanding” अक्सर चेतना के पश्चमिी संस्कृत‍ि की अवधारणा के मूल रूप में उद्धृत कयिा गया है; "व्यक्त‍ि के मन के अंदर जो गुज़रता है उसके बोध" के रूप में परभिाषति कयिा है I सगिमंड फ़्रायड (Sigmund Freud) द्वारा प्रस्तावति ऊर्ध्वाधर, श्रेणीबद्ध संरचना के साथ जसिमें मानव चेतना को, सचेतन को, सबसे ऊपर रखा है, अग्रचेतन को बीच में, और अचेत को आधारभूत, जसिको "वकिासवादी चेतना" कहा जा सकता है, से जुड़ा है। फ़्रायड (Freud) का मानना था क‍ि महत्वपूर्ण मानसकि घटनाएँ सतह के नीचे और अचेतन मन के अंदर हुआ करती थीं I फ़्रायड (Freud) ने आगे अचेतन मन को अहंकार [Ego] (आपको जो लगता है आप हैं) और कामत्व [Id] (सहज ज्ञान और काम वासना) में वभिाजति कयिा।

कार्ल जंग (Carl Jung) ने भी सोचा क‍ि व्यक्तत्वि अचेतन द्वारा नर्धिारति कयिा गया था, लेकनि वह थोड़ा आगे चला गया और अचेतन को दो परतों में वभिाजति कयिा : व्यक्तगित अचेतन (वह सामग्री जो कभी सचेतन थी लेकनि भूली गयी या दमति की गयी) और सामूहकि अचेतन (वरिासत में मलिी मानसकि संरचनाएं और ठेठ अनुभव)। बहुत से वैज्ञानकि यह बलि्कुल नहीं मानते क‍ि अचेतन मन मौजूद भी है। नए युग की परधि‍ि में अचेतन का अवचेतन नाम का अपरष्कृत समकक्ष है जसि अध:सांवेदनकि रूप से प्रभावति कयिा जा सकता है, ऐसा समर्थकों का मानना है।

दूसरी धारणा :

आप मानते हैं कि चेतना भौतिक तल के बाहर मौजूद है और वास्तव में भौतिक तल बनाती है। चेतना भौतिक दुनिया का एक मैदान के रूप में उपयोग करती है। इसे ब्रह्मांडीय चेतना कहा जा सकता है लेकिन यह भौतिक दुनिया से, जो अपने भीतर ब्रह्मांडीय दायरे को शामिल किये हुए है, परे है। हम आत्मा का परम चेतना और जीवात्मा का प्रत्येक व्यक्ति के भीतर व्यक्तिगत चेतना के रूप में उल्लेख करेंगे।

बाद वाले (दूसरी धारणा) महाराजजी हैं, जहाँ से महाराजजी आ रहे हैं, और महाराजजी जसिके साथ काम कर रहे हैं। इस बारे में हमें हार्वर्ड साइकेडेलकि क्लब के वैज्ञानकि शोधकर्ताओं ने बताया और वास्तव में तदनन्तर एक दरवाज़ा खोला जसिने हमें महाराजजी से अवगत कराया। वशिेष रूप से डॉ रचिर्ड एलपर्ट (Dr Richard Alpert जनि्हें महाराजजी ने राम दास नाम दयिा –भगवान के सेवक या वस्तुतः भगवान् के दास) ने इस शोध से महाराजजी के चरण कमलों तक एक वकिट मार्ग का पालन कयिा। जो पूर्ण सचेत और पूर्ण साधति अवस्था में हमिालय की तलहटी में रहते थे।

महाराजजी एक पूर्ण सद्धि चेतना हैं, जो भौतकि तल से अनासक्त रहते हुए भौतकि तल पर लीला कर रहे हैं।

राम राम राम राम राम राम राम राम राम राम राम राम

व्यक्तिगत चेतना

कभी कभी व्यक्तिगत चेतना (जीवात्मा) का एक मानव शरीर में संकेंद्रित होती है; और कभी-कभी संकेंद्रित नहीं होती (भौतिक

तल पर प्रदर्शित नहीं होती) । जिनका ध्यान केंद्रित नहीं है, उन्हें हम "मृत" कहते हैं I लेकिन वे मृत नहीं हैं, अस्तित्वहीन नहीं हैं I वे भौतिक तल पर शरीर में अस्थिर हैं। वे वापस आएँगी, क्योंकि ये अस्थिर जीवात्माएँ यहाँ खेल का आनंद लेती हैं, ताकि वे समय-समय पर एक शरीर में संकेंद्रित हो सकें । हम सब करते हैं । यह पुनर्जन्म की प्रकृति है - आत्मा का स्थानांतरगमन I

"हमें देखना होगा कि चेतना न तो एक पृथक आत्मा है और न ही एक भी तंत्रिका तंत्र के मात्र कृत्य, लेकिन परस्पर सितारों और आकाशगंगाओं की समग्रता जो एक तंत्रिका तंत्र को संभव बनाता है।" – ऐलेन वॉट्स [Alan Watts (1915 - 1973)]

"मैं चेतना को मूलभूत मानता हूँ । मैं तत्व को चेतना से व्युत्पादित मानता हूँ। हम चेतना के पीछे नहीं भाग सकते। सब कुछ जिसके बारे में हम बात करते हैं, सब कुछ जिसे हम मौजूद मानते हैं, स्वयं ही चेतना को सिद्ध कर देता है ।" -- मैक्स प्लैंक (Max Planck), नोबेल पुरस्कार जीतने वाले भौतिक शास्त्री [23]

"यह कहना कि ब्रह्मांड सहभागी है, इसका अर्थ होगा कि चेतना मायने रखती है । लेकिन पारंपरिक राय कि हम सिर्फ 'स्नायुओं का एक पुलिंदा' या 'मांस के बने कंप्यूटर हैं,' या 'हम सभी मृत जीवित (Zombi) हैं', जैसा कि क्रिक (Crick), मिन्स्की (Minsky) और डेनेट (Dennett) का क्रमशः दावा है, अन्यथा कहता है । इस दृष्टिकोण का भागीदारी की सार्थक मात्रा में कोई स्थान नहीं है। यह शास्त्रीय भौतिकी में दर्ज कराया गया एक कालग्रस्त परिप्रेक्ष्य है । यह इस धारणा से उपजा है कि मस्तिष्क के सामग्री कण और क्षेत्र चेतना का पूरा ब्यौरा दे सकते हैं। लेकिन जैसा कि भौतिक विज्ञानी स्टैप (Stapp) कहते हैं, "यह राय..............मुख्य रूप

से प्राकृतकि दुनयिा के बारे में उन वचिारों से प्रेरति है जो मौलकि रूप से सदी के तीन चौथाई से अधकि वर्षों से गलत माने गए हैं । -डॉ लैरी डॉसी (Dr Larry Dossey) [24]

आपके शरीर की कोई सीमा नहीं है, इसके कनिारे नहीं हैं जो कि लगता है कि हैं। यह गहराई से, सभी प्रकार की रेडियो तरंगों, सोच तरंगों, और कई अन्य चीज़ें जैसे आकाशीय पिंडों, जिन्हें हम ज्योतषि कहते हैं, की गति से प्रभावित है। कहने के लिए ये चीज़ें उसका विस्तार हैं जो आपका शरीर प्रतीत होता है। वे नृत्य का हिस्सा हैं । तो जहाँ आपकी आत्मा "निवास" करती है, ऐसा प्रतीत होता है कि उसका एक निर्धारति रूप है। और यह वास्तव में एक स्तर पर है। लेकिन महाराजजी के विज्ञान के अर्थ में, आप जो जीव हैं, उसमें चेतना की सतह पायी जाती है।

आप चेतना के तल पर केंद्रति हैं और मनुष्य के शरीर में मनुष्य के रूप में दिखाई दे रहे हैं । अगर आपको यह याद नहीं है कि आप इससे अधिक हैं, तो आप दैनकि आधार पर यह विश्वास रख कर संतुष्ट हैं कि आप अणुओं से बने हुए बस एक मानव हैं जो अंततः देहमुक्त हो जायेगा और छिन्न-भिन्न हो जायेगा, । खेल खत्म...., समाप्त हो गया। और आप सही हैं। लेकिन यह केवल उस रूप के लिए ख़त्म हुआ है, उस विशेष शारीरकि 'आप' के लिए । वैसे भी, उस विशेष आप की कोशिकाएँ, बेशक, लगातार आपके पूरे जीवन भर में फिर से उत्पन्न हो रही थीं और मर रही थीं। तो कोई विशिष्ट "आप" नहीं है जिसे आप पकड़ कर रख सकते हैं। जो "समाप्त" नहीं हुआ है वह आप हैं जो आपके शरीर में सवारी कर रहा है। वास्तविक आप बस भ्रमण करते रहते हैं।

राम राम राम राम राम राम राम राम राम राम राम राम

होलोग्राम ही है सब

ऐसा लगता है क‍ि बृहत्तर चेतना भौत‍िक तल का एक होल्‍लोग्राम की तरह सृजन करती है। महाराजजी उस होल्‍लोग्राम के भीतर अपनी इच्छा से द‍िखाई दे सकते हैं या व‍िलीन हो सकते हैं। भौतक तल पर स्पंदनशील आवृत्त‍ि और गत‍ि के वेग पर आधार‍ित एक दृष्ट और एक अदृष्ट होलोग्राम है। हम इस बात की व्याख्या कर सकते हैं क‍ि क‍िस‍ि प्रकार, भौत‍िक तल पर होल्लोग्राम तीन आयामी च‍ित्र के रूप में, लेजर द्वारा, प्रकाश पुंज, आद‍ि द्वारा बनाए जा सकते हैं। लेक‍िन काफी स्वाभाव‍िक रूप से बृहत्तर चेतना ज‍िस‍ि प्रक्र‍िया को पूरे भौत‍िक तल का होल्लोग्राम बनाने के ल‍िए उपयोग करती है, हमारे ल‍िए हमेशा के ल‍िए पूरी तरह अनजान है और बनी रहेगी। फ‍िर भी वैज्ञान‍िक शोधकर्ताओं को ये प्रमाण म‍िल‍िने शुरू हो गए हैं क‍ि हमारे द‍िमाग भी होल्लोग्राम का उपयोग करते हैं।

राम राम राम राम राम राम राम राम राम राम राम राम

चेतना डीएनए का हेर फेर करती है

चेतना डीएनए का हेर फेर करती है। वास्तव में, चेतना ने डीएनए बनाया। क्या आप सुन्दर हैं ? आपकी जीवात्मा चेतना ने इसे बनाया। यह सब आपके कर्मों का हिस्सा है। टेढ़े-मेढ़े दाँत ……., समान हैं। नाटा या बहुत लंबा ….., समान है। नीली आँखें या भूरे रंग की आँखें …......, समान हैं। कृषकाय, स्थूल प्ररूप, मध्यरूपकाय....... सब समान है। आपके शरीर का हर एक पक्ष उस सामग्री से बना है जिसे हम डीएनए (और अधिक) कहते हैं , जिसे आत्मा चेतना ने बनाया था। आपके जन्म के समय हर ग्रह की

स्थिति को आपको उस अनुभव के लिए चुना गया था जो आपको मिल रहा है, बिलकुल उसी तरह जिस तरह डीएनए संरचना को जीवात्मा चेतना ने आपको उस अनुभव के लिए चुना था। क्या होता है और कब होता है, वह आपके व्यक्तिगत "भव्य बनावट" का हिस्सा है। जैसा कि राम दास [25] ने बिलकुल सही कहा है, "इस खेल में कोई गलतियाँ नहीं हैं।" कुछ भी निरुद्देश्य नहीं है। आप बस इसे सही ढंग से नहीं देखते हैं। जब तक हम भौतिक तल के समय और स्थान में हैं, हम इसे कभी नहीं देख पाएँगे या जान पाएँगे। लेकिन यह भी है कि हमें वास्तव में इसे जानने या देखने की आवश्यकता भी नहीं है। हम इसमें लीन हैं।

महाराजजी कहते थे कि मतभेद के द्वारा पढ़ाना सही नहीं है। महाराजजी ने सिखाया कि "सब एक है।" हम सभी अनोखे हैं, लेकिन हम इतने अलग नहीं हैं। डीएनए के अध्ययन से संकेत मिलता है कि अफ्रीकी गुरिल्लों के एक समूह में संपूर्ण मानव जाति से अधिक विविधता और आनुवांशिक भेद हैं। ऐसा तब हुआ लगता है जब कोई 97% मानव जाति एक क्षुद्रग्रह की पृथ्वी से एक विशाल टक्कर में मारी गयी हो। भूरी आंखों और नीली आंखों के बीच का अंतर एक वंशाणु हो सकता है। वंशाणु बंद स्थिति में हो, तो आँखें भूरे रंग की होती हैं, और यदि खुली स्थिति में हों तो आँखें नीली होती हैं। अन्य रंग मतभेद शरीर की रासायनिक प्रकृति की वजह से होते हैं।

राम राम राम राम राम राम राम राम राम राम राम राम

आप भगवान हैं

आप पहले से ही स्वयं में, एक ईश्वर हैं। यह वास्तव में अपने आप को सुधार कर नया जन्म लेने या न लेने के लिए अंक कमाने के लिए नहीं है। यह आपके तय करने की बात है। अर्थात, एक बार आप एक

नशि्चति बदि्ु पर हैं। मेरा वशि्वास है कि जो महाराजजी को प्रणाम करते हैं, जो महाराजजी को गहराई से प्यार करते हैं, जो महाराजजी की सेवा करते हैं, वे इस बदि्ु पर हैं। आपकी स्वयं की जीवात्मा जो आत्मा का एक हसि्सा भगवान है,ड दैवीय है उससे उच्च कोई और प्राधकिारी नहीं है। कोई नहीं, कुछ नहीं, कुछ भी नहीं, शून्य।

महाराजजी आत्मा हैं, और आप, जीवात्मा के रूप में, आत्मा का हसि्सा हैं। यह आपकी अनुभूति के स्तर की बात है जब आप अपने शरीर के भीतर हैं। महाराजजी पूरण रूप से साधति वभूितहिैं । ऐसे अरबों लोग हैं जो मुश्कलि से पहुँची हुई आत्माएँ हैं, जनि्होंने मन और जीवात्मा की अंदरूनी अच्छाई के अंतर को पाटा नहीं है। आवश्यक प्रोत्साहन से, भ्रम दूर हो जाते हैं और प्रकाश की एक करिण, समझ की एक आभा, सबके लएि आ सकती है ।

भगवान का मनुष्य के मस्तष्कि द्वारा "आवष्किार" नहीं कयिा गया था। भगवान को मनुष्य के मन ने "खोजा" था। वह चेतना जसिको हम भगवान कहते हैं, इस संसार में उस भगवान के प्रभाव को महसूस करने और देखने का भ्रम दूर करने के लएि बहुत सी वशिेष आत्माओं के प्रयास की आवश्यकता पड़ी। गुफाओं में वृद्ध बाबाओं ने सत्य की खोज में अपने स्वयं के भीतर के सबसे गहरे स्तर तक पहुँचने के लएि बहुत प्रयास कएि। जब यीशु ने कहा, "मैं मार्ग, सत्य और प्रकाश हूँ" वह अपने जीवात्मा आत्मा से आ रहे थे और जब उन्होंने कहा, "मैं" और आप कहते हैं कि "मैं" यह समान 'मैं' है। हम सब भगवान हैं।

शायद यह एहसास मृत्यु के करीब होने के अनुभव से आता है, या नशा लेने से, या वर्षों के योग या ध्यान जैसी आध्यात्मिक साधना से, या एक लंबी बीमारी से, या किसी अन्य बात से जो आपके शरीर को पूरी तरह से सौम्य और भीतर की प्रेममय चेतना की आपके

दिमाग पर लंबे समय तक पकड़ को त्यागने में सहायता करती है। प्राप्ति की दिशा में पहला कदम इस समझ से शुरू होता है कि "आप" क्या हैं। "आध्यात्मिक पथ" पर पहला कदम यह है कि आप देखना शुरू करें कि "मैं" कौन है।

राम राम राम राम राम राम राम राम राम राम राम राम

यह सुंदर अभव्यिक्त बाबा राम दास की नमस्ते की परभिाषा है: "मैं आप में उस स्थान का सम्मान करता हूँ, जब आप अपने भीतर के उस स्थान में हैं और मैं अपने भीतर के उस स्थान में हूँ, वहाँ केवल हम में से एक है।" सचमुच, वास्तव में हममें से केवल एक है। यह एक मानसकि कल्पना या हमारे मन का व्यायाम नहीं है। यह अनुभव करने के लिए आपको अपने मन को रास्ते से हटाना होगा, ताक िआप इसकी वास्तवकिता तक पहुँच सकें।

राम राम राम राम राम राम राम राम राम राम राम राम

जीवात्मा अधीन नहीं है

जीवात्मा एक अधीन "चीज़" नहीं है। आपकी जीवात्मा भगवान का एक "अंश" है।आत्मा परमेश्वर है। जीवात्मा भगवान का एक पक्ष है। आप मानव शरीर में सवार एक दैवी चेतना हैं। अपने जीवन की "चिंगारी" भगवान हैं। जब आप मरते हैं तब आपके शरीर को जो छोड़ता है, वह भी भगवान का एक अंश है। अपने जीवन के अनुभवों के बारे में अंतिम वाक्य आपका ही है। जो अधीन है, वह वास्तव में शरीर है, हालाँकि शरीर/मन लगातार सोचता है और उसको लगता है कि वही निर्णय लेता है, कि "बड़ी तस्वीर" में इसका

कुछ नियंत्रण है। ऐसा नहीं है। जो लोग खुद को इस भ्रम से मुक्त कर लेते हैं कि शरीर ही सब कुछ है, और यह मानव अनुभव का कुल योग है, इस बात की संपुष्टि कर सकते हैं। लेकिन यह ऐसा कुछ नहीं है जिसके बारे में हर कोई हमेशा बात करता है। यह कुछ ऐसा है जो आंतरिक जागृति का परिणाम है, तो यह आम तौर पर ऐसा कुछ नहीं है जिसके बारे में ढिंढोरा पीटा जाए। आपके आस पास के लोग आपके "संघर्ष" को देख सकते हैं, जब आप आध्यात्मिक पथ पर अपने भीतर के आप को खोजते हुए यह पाते हैं कि आपके भीतर का "आप" वह आप नहीं है जिसको आप समझते थे कि वे आप हैं। फिर भी, जैसे जैसे आपके भीतर बोध का कमल खिलता है, वे यह नहीं देख पाते कि आपके भीतर क्या चल रहा है।

राम राम राम राम राम राम राम राम राम राम राम राम

कर्म और पुनर्जन्म (आत्माओं के स्थानांतरगमन)

ऐतहिासकि वद्विान कर्म और पुनर्जन्म (आत्मा की स्थानांतरगमन) को अलग ढंग से देखते हैं और वस्तुतः उनमें से कोई भी इसके बारे में पर्याप्त रूप से नहीं समझता है। ऐसा लगता है कि बहुत समय पहले, वेदो [26] के समय में, वे अध्ययन कर रहे थे कि वे कैसे अच्छी प्रतिष्ठा में बने रह सकते हैं ताकि वे अगला जन्म ले सकें। अब, कुछ 4,500-6,000 साल बाद, लगता है कि यह स्थिति उलट गई है और लोग अच्छी प्रतिष्ठा में बने रहने के बारे में बात करते हैं ताकि वे जन्म और मृत्यु के चक्र से बच सकें। हो सकता है कि इस पूरी प्रक्रिया में तेज़ी आयी है और जीवात्मा इस प्रक्रिया को अलग तरीके से देखती है।

आप महाराजजी को भीतरी और बाहरी मार्‌गदर्‌शन के द्‌वारा ये बातें सखिाने दें ।

चाहे आप पुनर्‌जन्‌म में वश्‌िवास करें या न करें, यह बात इस तथ्‌य को रत्‌ती भर [27] भी प्‌रभावति नहीं करती। इसमें से कुछ भी मनुष्‌य के मन का “आवष्‌िकार” नहीं था। हालाँकि यिह मनुष्‌य के मन द्‌वारा "खोजा" गया था। फरि भी मनुष्‌य का मन पृथ्‌वी पर स्‌वतंत्‌र रूप से भाग रहा है। यह हज़ारों वर्‌षों से स्‌वतंत्‌र रूप से भाग रहा है और दनि प्‌रतदिनि और अनयिंत्‌रति होता जा रहा है। आप अपने आस पास सब जगह अनयिंत्‌रति मानव मन के प्‌रभाव देख सकते हैं। फरि भी मन वास्‌तवकि सच और झूठ के बीच की लड़ाई को जीतने के लएि पर्‌याप्‌त नहीं है। हर मनुष्‌य की जीवात्‌मा के भीतर सत्‌य रहता है। और इसका आभास अलग अलग मात्‌राओं में कयिा जा सकता है।

ज़्यादातर लोग अपने अन्‌य जीवन कालों के बारे में न तो सोचते हैं और न उन्‌हें याद रहता है लेकनि वे अक्‌सर अपने दूसरे जीवन कालों से मलि कौशल्‌ का उपयोग बनिा जाने हुए करते हैं । हो सकता है कआिप कसिी अन्‌य कसिी जीवन में एक कुशल्‌ दर्‌जी थे, और इस जीवन में कभी कभी उस अनुभव की वजह से चीज़ों को उस नज़र से देखते हैं। मध्‌यम वर्‌ग के घर में असाधारण रसोइये कसिी दूसरे जीवन में राज घराने, कुलीन वर्‌ग या बड़े घर में प्‌रशक्‌िषति प्‌रधान रसोइये (Chef) हों। अपने कसिी अन्‌य जीवन को सक्‌रयि रूप से याद करने के लएि बहुत अतरिक्‌ित काम की आवश्‌यकता होती है। हम सबको कभी कभी उनका धुंधला आभास होता है । इसमें अधकि गहराई में जाने के लएि अक्‌सर हमें "पूर्‌व जीवन प्‌रतगिमन, "(Past Life Regression) करना चाहएि, और इसमें प्‌रशक्‌िषति चकित्‌िसक हैं जो आपकी मदद कर

सकते हैं। वह धन्य है जो कि हमने किसी अन्य जीवन में क्या भूमिका निभाई, इसको जानने की शक्ति पा सका।

ज़्यादातर लोग जब छोटे होते हैं, विश्वास करते हैं कि वे हमेशा जीवित रहेंगे। मेरा मानना है कि इसका कारण यह है कि उन्हें अपनी जीवात्मा से एक आंतरिक संदेश प्राप्त होता है, क्योंकि जीवात्मा अमर है। लेकिन जो "मैं" ऐसा सोचता है कि वह सदा जीवित रहेगा, वह वास्तविक "मैं" नहीं है। यह तो मस्तिष्क है जो आपको ठग रहा है और सोचने पर मजबूर कर रहा है कि शरीर अजर अमर है। फिर भी यदि आपको यह पता है कि आप अपनी जीवात्मा हैं, तो आपको तुरंत यह एहसास होगा कि यह चक्र घूमता रहता है। और वह ठीक है, है ना ? और यही मानव जाति द्वारा अगली खोज है।

राम राम राम राम राम राम राम राम राम राम राम राम

कर्म आपके अध्ययन का पाठ्यक्रम है

आपके समग्र कर्म आपके अध्ययन का पाठ्यक्रम है। आपके अध्ययन के पाठ्यक्रम में सब कुछ शामिल है। विद्वानों द्वारा यह उपलक्षित किया गया था कि कर्म का आविष्कार उन सत्ताधारियों द्वारा किया गया था जो लोगों को अच्छा बनने के लिए मजबूर करने के लिए नियंत्रित करते हैं, ताकि वे इस जन्म के कार्यों से बुरे कर्म करने के कारण न चुनें। निःसंदेह, यहाँ इसका एक तत्व है। लेकिन वास्तव में अपने कई जीवन की अनेक भूमिकाओं में - क्रूर राजा से लेकर एक दमित किसान तक, हत्यारे से लेकर मृत तक, विजेता से लेकर हारे हुए तक, राक्षसों के साये में भयानक जीवन जीने तक, और स्वर्गीय आराम में परम आनंद के जीवन तक, रोग-व्यथा हरनेवाले से लेकर आरोग्य पानेवाले तक, एक वस्तुतः सम्पूर्ण शरीर

वाले जीवन से लेकर एक विकृत शरीर के साथ जीवन तक- आप सिर्फ एक नाटक में अभिनय कर रहे हैं जिसके लिए आपने इन जन्मों में से प्रथम जन्म लेने से बहुत पहले सहमति दे दी थी।

आपके मानव आप में प्रभुत्व और स्थायी जीवन नहीं है, लेकनि आपकी जीवात्मा में है। यह सरि्फ इस पर नरि्भर करता है कजिो आप सोचते हैं कआिप हैं। भौतकि तल के भ्रम को छोड़कर वहाँ कोई समय का घटना क्रम नहीं है। आपकी वृहत्तर जीवात्मा आत्मा के लएि, यह सब समय के बाहर हो रहा है , जीवात्मा, समय को सरि्फ भौतकि तल में ही अनुभव कर सकती है । जतिना ही अधकि आपके अलगाव के भ्रम आपसे दूर होंगे, उतना ही अधकि आप भौतकि तल में भ्रमण के आनंद का अनुभव कर सकेंगे, और दूसरों को भी यह दे पाएँगे और गहरी से गहरी एकजुटता को गहराई से साझा कर पाएँगे।

राम राम राम राम राम राम राम राम राम राम राम राम

अवतार

क्या हम अपने आसपास के इन सभी अन्य लोगों को जानते हैं? क्या हम लगातार उन लोगों से मिल रहे हैं जिन्हें हम अन्य जन्मों में जानते थे ? हाँ। उन वर्षों में, जब मेरी ज़िन्दगी महाराजजी के आस पास घूमती रही है, मैंने महसूस किया है कि ये सब लोग वे प्राणी हैं जो एक दीर्घा अवधि के बहु-जीवन पद्धति से मेरे परिचित थे। यह तत्काल स्पष्ट नहीं है कि वे "कौन" हैं, लेकिन मैं उन्हें जानता हूँ और वे मुझे जानते हैं। हम यह बार-बार नृत्य कर रहे हैं, प्रत्येक अपनी भूमिका बहुत अच्छी तरह से निभा रहा है। कभी कभी यह सम्बन्ध और ज्ञान बहुत गहरा होता है। दूसरे जन्मों से कई प्राणी ऐसे हैं जो तुरंत पहचान में आ जाते हैं। यह महान रहस्यों में से एक है कि हम

अपने अवतारों के बीच के परदे को हटाने अधिक में सक्षम नहीं हैं I

पश्चमि में, लोगों को लगता है कि पुनर्जन्म का मतलब है कि अगर आप बुरा कर रहे हैं, तो आप वापस एक मुर्गी या इसी तरह की किसी तुच्छ वस्तु के रूप में आएँगे। ज़रूरी नहीं है। मेरी ग्रेड स्कूल के शक्षिक ने हमें यही बताया था जब हम वभिन्नि धर्मों का अध्ययन कर रहे थे और ऐसा लगता है कि गैर हदिुओं की सोच में यह बार-बार आनेवाला एक प्रसंग है, चाहे वे बहुत बड़े भी हो गए हों। आम तौर पर अगले जन्म से जो भी अपेक्षति है उसकी योजना बनाने के लिए जीवात्मा की अपनी स्वतंत्र इच्छा शक्ति होती है। और यह भी कि जीवात्मा कभी भी पीछे की दशि में वकिसति नहीं होती। यह हमेशा भौतकि तल की अपनी धारणा में बढ़ रही है। हम "सब" भौतकि तल पर पूरण साधति प्राणी बनने के मार्ग पर चल रहे हैं और सीख रहे हैं । आपकी आत्मा एक अवतार है जसिने दूसरे जीवन कालों में बहुत कुछ अनुभव कयिा है, और इस खेल में खेल का एक हसि्सा और बेहतर से बेहतर बनना है। फरि भी आपकी जीवात्मा चेतना अपने वाहन के रूप में, एक पेड़ के भीतर जन्म ले सकती है । मेरी कल्पना में, एक बहुत ही चतिनशील जीवन। या फरि आप कुछ महीनों के लिए अपनी वशिाल जीवात्मा चेतना को एक मुर्गी के शरीर में बंद करके देख सकते हैं। इस दनि और युग में आपको इतना ही समय मलिेगा इन शरीरों में से एक में रहने को।

महाराजजी के अनुसार, पुनर्जन्म कभी कभी कामना के बारे में हो सकता है। "आप मृत्यु के क्षणों में एक आम की कामना करेंगे तो आप एक कीट के रूप में पैदा हो जाएँगे। आप अगली साँस की भी कामना करेंगे, तो आप फरि से जन्म लेंगे।" महाराजजी के इस उद्धरण पर मैंने

वर्षों तक चिंतन किया है, महसूस किया है कि यह अप्रासंगिक है। आपका कार्मिक भाग्य आपका शरीर छोड़ने के समय आपकी इच्छा से प्रभावित होता है, फिर भी यह खेल इससे कहीं ज़्यादा बड़ा है।

मुझे लगता है कि महाराजजी ने मेरे गुरु के रूप में, मुझे उस सोच से अलग मार्गदर्शित किया है कि कई अवतारों में हमारी यात्रा शरीर की मृत्यु के क्षणों में एक पल द्वारा निर्धारित होती है। यह कामना करने से रोकने से मुक्त होने के बारे में अधिक है बजाय कि इसके कि आपके अगले जन्म में आपकी क्या व्यवस्था होगी। हालाँकि, अपनी मृत्यु के क्षण में अगर आप महाराजजी के साथ होने की कामना करते हैं, तो यह निश्चित रूप से होगा। मुझे पक्का यकीन है कि यह उद्धरण एक भक्त को दी गयी शिक्षा है। जीवात्मा का अपकर्ष नहीं होता है। जीवात्मा हमेशा हर जीवन के अनुभव के साथ बढ़ती है। यह, ज़ाहिर है, एक सीधा अनुभव नहीं है। जीवात्मा समय और स्थान में नहीं है, लेकिन भौतिक तल पर समय और स्थान को अनुभव करने के लिए प्रत्यक्ष समय और स्थान पर संकेंद्रित होती है। जीवात्मा की कामना और आपके जीव शरीर की कामना एक नहीं है। आपकी जीवात्मा की बहु-जीवन चेतना और शरीर के रासायनिक नियंत्रित पशु चेतना के बीच यह प्रत्यक्ष संघर्ष है।

राम राम राम राम राम राम राम राम राम राम राम राम

मृत्यु का सबसे अच्छा पक्ष यह है कि आप (आपकी जीवात्मा) तुरंत पूर्ण साधित सचेत चेतना में वापस आ जाते हैं। आपको उस जीवन का, जिसमें से आप बाहर आये हैं, हर पक्ष पता होता है, साथ ही

जो लोग आपको उस जीवन में मिले आप उन सब को जानते हैं, और भी अन्य सभी जीवन अभिव्यक्तियाँ जो कभी आपकी थीं।

यह आपकी चेतना पर ज़बरदस्त तनाव है कि आप भारत, चीन, थाईलैंड, वियतनाम, आदि एशियाई शहर में एक अमेरिकी हैं, चारों ओर हजारों लोगों को देख रहे हैं, और देख रहे हैं कि वे सब दिल से आप ही हैं। वे बहुत अलग लग रहे हैं, फिर भी वे आप हैं। वहाँ सतही भौतिक तल रूप, कुछ सांस्कृतिक प्रशिक्षण और उनके अपने स्वयं के स्वभाव के अलावा कोई अंतर नहीं है।

सेठ मटेरियल (The Seth Material)[28] में, जेन रॉबर्ट्स (Jane Roberts) ने हमारे जीवन की समरूपता को मल्टी ट्रैक ध्वनि रिकॉर्डर के रूप में आयोजित किया, जहाँ प्रत्येक ट्रैक में एक अलग वाद्य निहित था - जैसे बास, ड्रम, लीड गिटार, ताल गिटार, कीबोर्ड, प्रमुख गायक, पार्श्व गायक। वे सब अलग और व्यक्तिगत रूप से नियंत्रित किये गए हैं जब इस तरह अलग हैं। लेकिन जब वे मिश्रित कर दिए जाते हैं और वे एक साथ जोड़ दिए जाते हैं, तब आप पूरे गीत का अनुभव कर सकते हैं। उसी तरह, हमारे अपने विभिन्न अवतार अलग किये गए हैं। हमें इस पर से पर्दा हटाने के लिए और किसी तरह से इन अन्य अवतारों के पक्षों का एहसास करने के लिए बहुत मेहनत करनी पड़ती है।

"एक योगी की आत्मकथा"[29] में, स्वामी योगानन्द बताते हैं कि 1861 में रानीखेत के पास, उनके गुरु के गुरु, लाहिरी महाशय, पहाड़ों में गुफा में महावतार बाबाजी से मिले। बाबाजी ने उन्हें बताया कि वे उनके साथ उसी गुफा में रह रहे थे जब उनके पिछले शरीर की मृत्यु हुई। बाबाजी ने उन्हें गुफा में अपनी वह जगह दिखाई जहाँ उनका सामान वैसे ही रखा था जैसे उन्होंने छोड़ा था। अचानक

लाहिरीजी को सब कुछ याद आ गया। लाहिरीजी बाद में बनारस आ गए जहाँ उन्होंने क्रिया योग[30] के पथ पर सच्चे साधकों को दीक्षा देना आरंभ किया। लाहिरीजी संपूर्ण गृहस्थ गुरु का प्रतीक हैं। यह ध्यान देने योग्य बात है कि कहा जाता है नीम करौली बाबा की तरह महावतार बाबाजी भी महाराज जी की अभिव्यक्तियों में से एक हैं।

राम राम राम राम राम राम राम राम राम राम राम राम

देहांतरण विस्मरण स्मृति लोप

जो हमें ये पूरव जीवन या वास्तव में भवषि्य के जीवन याद नहीं है, यह देहांतरण वसि्मरण स्मृति लोप है। जसि शरीर में हमारी जीवात्मा आत्मा जन्म के समय में आती है वह इतना मजबूत है कयिह दूसरे जन्म के बारे में हमारी यादों को नरिस्त कर देता है। जब बच्चा जन्म लेता है, उसे दूसरे जीवन कालों के बारे में सब पता होता है, और वशिषकर उस शरीर के जीवन के बारे में जसिको उसने घटनाक्रम में अभी-अभी छोड़ा होता है लेकनि नए शरीर की ताकतों, और परविार और समाज के प्रशक्षिण द्वारा वह तब तक वशीभूत कयिा जाता है जब तक सब अस्पष्ट सपना न बन जाए। बच्चे के माता पति से ज़्यादा बच्चा इस बारे में जानता है। बच्चा फरि भी यादें दबा देता है और वह सब भूल जाता है। बच्चा इस जीवन के अनुभवों के लएि माता पति और पूरे परविार के साथ अन्य जन्मों की भ्रान्ति की बाधा के बनि, चलने लगता है।

इस वर्तमान जीवन को छोड़ने के बाद, जब हमारा पुनर्जन्म होता है, हम वसि्मरण स्मृति लोप के साथ वापस आ जाते हैं। हमें अतीत की कुछ बातें याद होती हैं, पर जब हम (अपने नए शरीरों में) एक

"सामान्य" वयस्क की भाँति इस संसार में काम काज करने के लिए सक्षम होते हैं, पूर्व जन्मों की यादें दफ़न हो जाती हैं। मुझे लगता है कि महाराजजी ने इतने सारे मंदिरों में मूर्तियाँ इसलिए रखवायीं ताकि उन्हें देखकर हम पूर्व जन्मों में महाराजजी के साथ बिताये समय की याद कर सके और हमें महाराजजी के साथ अपने नातों का एहसास हो सके। हमें एक स्थान भी मिल जाता है जहाँ हम अन्य जीवन कालों में जिन लोगों के संपर्क में आये थे, उनके साथ इकठ्ठा हो सकें। अक्सर हमें हनुमान जी की मूर्ति के चरणों में और महाराजजी के तख़्त के पास अन्य जन्मों की वो बातें याद आ सकती हैं जो आसानी से कहीं और याद नहीं आती।

इतने वर्षों में, मैंने अक्सर सुना है कि कैसे लोग, विशेष रूप से अमेरिकी, जो अपने छोटे बच्चों को श्री ताओस हनुमान जी के यहाँ लेकर आते हैं, बताते हैं कि उनके बच्चे बिना किसी निर्देश के ये जानते हैं कि मंदिर के कक्ष में किस तरह व्यवहार करना है। अवश्य ही वे बच्चे हैं इसलिए यह बात बहुत गूढ़ है और माता-पिता शायद इस व्यवहार की एक झलक ही देख पाते हों। वयस्क और युवा वयस्कों को यह सब पहले से किए होने की याद रखने के लिए काफी समय और कई घंटों के अभ्यास की ज़रुरत होगी। घर में स्वागत है। हमें बहुत ख़ुशी है कि आप अपने उस परिवार से फिर से जुड़ गए हैं, जो कई जन्मों से महाराजजी के आस पास एकत्र होता है।

फिर भी पिछले जन्मों और भविष्य के जन्मों की जानकारी उन्हीं को मिलती है जो इसे पाने का प्रयास करते हैं। यह सब आपकी आत्मा में, जीवात्मा में रहता है। जितना आप अपनी जीव चेतना को रास्ते से बाहर रखेंगे, उतना ही बेहतर है। यदि आपके कर्म ऐसे नहीं हैं कि आप खुलकर नए जीवन के भ्रम को तोड़कर बाहर निकल सकें, तो आप यह

सारा जीवन बनि इस सब के बारे में जाने गुज़ार सकते हैं। फरि भी, जो हो रहा है, यह उसका वास्तवकि यथार्थ है ।

राम राम राम राम राम राम राम राम राम राम राम राम

क्षणभंगुर सांसारिक आसक्ति

दुनयिा की बातें कसिी भी तरह से संतोषजनक नहीं हैं, क्योंकि वि पूर्ण रूप से क्षणभंगुर हैं । जो भी हमने अर्जति कयिा है या उपभोग कयिा है वह आसक्ति है जो हमें गोल चक्करों में घुमाती रहती है। आप हमेशा जनि चीज़ों के पीछे भाग रहे हैं, उनकी समानता से अंततः ऊब जाते हैं। और कई अर्थों में आप वास्तव में इसके बंदी हैं। ऐसा नहीं है कि आधुनकि समय में मानव जीवन के अनुभव गलत हैं। वास्तव में हमने इसीलिए जन्म लयिा है। समस्या यह है कि यह हमें कहीं भी नहीं ले जाता है। तो अक्सर अमीर लोग पूछ रहे होते हैं, "यही सब है क्या?" "हम सब कहाँ जा रहे हैं ?" हम अपनी मौत के करीब जा रहे हैं और रास्ते में सब कुछ जज़्ब कर सकते हैं वह जज़्ब करते जा रहे हैं। वह ठीक है।

जब हम अपने शरीरों में नहीं हैं (शारीरिक तल पर अकेंद्रित) हम अपने अगले भौतिक तल जीवन में पारगमन कर रहे हैं। आपके वर्तमान जीवन में प्रश्न आप के बारे में अधिक है, आपके कल्याण के बोध के बारे में। जो आपको इस जीवन में जारी रखना चाहिए, वह अनिवार्य रूप से आपके कर्म हैं। लेकिन कर्म के बारे में भ्रमित न हों। कर्म और आत्माओं (पुनर्जन्म) का स्थानांतरगमन साथ-साथ, हाथ में हाथ डाले चलते हैं। जीवात्मा भौतिक तल पर कई जन्मों तक रहती है। यह सब कुछ अनुभव करेगी - धन, गरीबी, स्वास्थ्य, बीमारी, खुशी, दर्द, शक्ति, शोषण, बहादुरी, कायरता, उन्मादपूर्ण स्थितियाँ,

नीरस स्थितियाँ, गहन प्रेम, अत्यंत घृणा, एक नेता होना, अनुयायी होना, जानना, और कुछ अता-पता भी न होना, ये सब इस बहु-जीवन अनुभव का हिस्सा हैं।

या तो आपके पास जानने की शक्ति होती है या नहीं होती। इसका अर्थ बुद्धिमित्ता नहीं है, क्योंकि वह तो इस शरीर के मस्तिष्क (दिमाग) का कार्य है। आपका मन या तो आपकी जीवात्मा से इतना जुड़ चुका है कि आप वृहत् परिप्रेक्ष्य से जुड़े हुए हैं, या नहीं जुड़ा है। यदि आप जुड़ चुके हैं, तो आप जानते हैं। आप इस जीवन में जितने भी गरीब प्रतीत होते हैं, आप अन्य जीवन में उतने ही संपन्न होंगे। यदि आप अपने वर्तमान जीवन के बंधन में जकड़े हुए हैं तो आप उस एहसास से कट सकते हैं कि आप हमेशा हरेक जीवन के मूल में एक ही रहे हैं। हालाँकि यह बिलकुल ठीक है कि आपका पूरा ध्यान इस वर्तमान जीवन पर केंद्रित है क्योंकि अभी आप यहाँ हैं। आप वह चेतना हैं जो आपके शरीर में शारीरिक तल के सभी आयामों को अनुभव करने के लिए सवार है। प्रत्येक जीवात्मा जीवन बराबर है। यही कारण है कि संयुक्त राज्य अमेरिका के संस्थापक जो जानते थे और वास्तव में जो उन्होंने दुनिया को सिखाया, वह बहुत अद्भुत था।

राम राम राम राम राम राम राम राम राम राम राम राम

प्रत्येक जीवन का "स्कोर" एक है

प्रत्येक जीवन बस एक "1" है। उसका मूल्य न "1" से न बड़ा न कम। जीवात्मा के दृष्टिकोण से 2 साल का एक जीवन 100 साल के एक जीवन के बराबर है। जब आप अपने शरीर छोड़ देते हैं, तो आपको अपने स्कोरबोर्ड पर एक और 1 प्राप्त हो जाता है (बेशक यह एक

रूपक है)। न आधकि न कम । आपके जन्म और मृत्यु के बीच जो भी है वह एक भ्रम है इसलिए शायद आप इसका आनंद लें और देखें कि यह क्या है । मनुष्य इसको अधकि से अधकि देखने लगे हैं और एहसास करने लगे हैं कि "जीवन के बाद जीवन" है न कि "मृत्यु के बाद जीवन" । वो तो हमारा जीव अंश है जो हमें मोहति कर रहा है ।

हम पर पकड़ तो हमारे डीएनए की है । यह जीवात्मा पर हावी होने की हर संभव कोशशि करता है और आपको वश्विास दलिाता है कि भौतकि तल वास्तवकिता ही चेतना के लिए एकमात्र वास्तवकिता है । फरि भी यह सच नहीं है । सच्चाई यह है कि आपकी वर्तमान आत्मा इससे कहीं अधकि है । हमारी जीवात्माएँ डीएनए में नाच रही हैं लेकनि जीवात्मा हमारे डीएनए द्वारा नयिंत्रति नहीं है ।

आत्मा (सामूहकि वृहत् चेतना) ने डीएनए उसी तरह से बनाया जसि तरह से हमारे शरीर, हमारी जीवात्मा व्यक्तगित आत्मा चेतना के लिए, वाहनों के रूप में बनाये गए थे । और आनेवाले समय से समायोजन करने के लिए आत्मा का भौतकि दुनयिा को बदलना जारी है ।

राम राम राम राम राम राम राम राम राम राम राम राम

हम जन्म क्यों लेते हैं ?

हम क्यों जी रहे हैं ? हम एक और जन्म क्यों लेते हैं ? ताकि हमारी जीवात्मा जसि शरीर में अभी हम हैं उसके जीवन के सब अनुभवों को आत्मसात् कर सके । हम प्रत्येक अवतार से सीख रहे हैं। समय एक रेखीय पैमाने पर है। यह वास्तवकि है और अवास्तवकि है । फरि भी हमारी जीवात्मा से जुड़े हुए कर्म ज़रूरी नहीं है कि उतने "अर्जति" हों जतिना कि वे "चयनति" हुए हों । कर्म कई जन्मों के दौरान भौतकि तल

पर सीखने की प्रक्रयिा है। हम हमेशा समय के बीच में हैं। अर्थात हमारे सामने फैले हुए भवषि्य के हमारे जीवन उतने ही “असली” हैं जतिने हमारे पछिले जन्म। ऐसा लगता है क समिय को प्रेरति करने वाला कुछ है, भौतकि जीवन में समय के अस्तत्वि को बनाता है। बात यह है क हिम प्रत्येक जीवन में सीख रहे हैं ताक यिह इन बातों से हर समय हम में सुधार हो सके। चेतना अब इस पृथ्वी पर इस नयी वास्तवकिता को इस तरह बना रही है जैसे पहले कभी नहीं हुआ। हज़ारों वर्षों की अवध िके दौरान, समय की दोनों दशिाओं में चेतना वो चीज़ें सीख रही है जो भवषि्य में मनुष्य के लएि मददगार साबति हो सकें। हम समझ रहे हैं क संसार कैसे काम करता है और कैसे हम अच्छे तरीके से शांतपूिर्ण और समृद्ध जीवन जी सकते हैं।

हम थोड़ी देर के लएि अपने स्वयं के अमरत्व के भ्रम में होना पसंद करते हैं। वह ठीक है। यह सब नृत्य का हस्सिा है। क्यों हर समय मृत्यु के बारे में सोचें ? यह आवश्यक नहीं है। फरि भी वास्तवकिता अलग है। हमारे जीवन के अंत के पास जब शरीर काम करना बंद करने लगता है, तब भले ही हम एक समय में कतिने ही मज़बूत और शक्तशिाली क्यों न रहे हों, हम सत्य की तलाश करते हैं। हर कोई करता है।

राम राम राम राम राम राम राम राम राम राम राम राम

जीवन अनुभवात्मक है

आप यहाँ इस विशेष जीवन को जीने के अनुभव के लिए हैं। आपके जीवन का अनुभव दोहरावपूर्ण और उबाऊ, या विविध, जानकारीपूर्ण और रोमांचक हो सकता है। जबकि ऐसा प्रकट होगा

कि सब अनुभव बाहरी हैं, कि वे सांसारिक हैं । किंतु कई अनुभव हैं जो कि पूरी तरह से आंतरिक हैं और शरीर के भीतर हो रहे हैं । जीवन के सभी अनुभव ठीक हैं, क्योंकि इन्हें हमने चुना है और ये हमारे कर्मों का प्रतिनिधित्व करते हैं ।

एक दार्शनकि ने टप्पिणी की है कि पृथ्वी पर हर जीव सचेत ब्रह्माण्ड के सटीक केंद्र में है - हर इंसान, हर जानवर, और हर कीट और उन्होंने पूछा, "यह वस्मियकारी नहीं है ?" सभी एक "अनुभव" कर रहे हैं। सभी लोग उसे बाहर की तरफ़ देख रहे हैं।[31]

राम राम राम राम राम राम राम राम राम राम राम राम

चेतना का खुलना

अपने शरीर-मन को नियंत्रण में लाना बहुत बड़ा काम है । कहने का अर्थ यह नहीं है कि शरीर को शारीरिक रूप से स्वस्थ और विशेष रूप से मजबूत रखना या दीर्घायु बनाना एक काम है । हमारे शरीर तो कई रसायनों द्वारा नियंत्रित किये जाते हैं, एस्ट्रोजन और टेस्टोस्टेरोन किसी से कम नहीं जो अक्सर हमारे शरीर को हमारी जीवात्मा आत्माओं के किसी भी तर्कसंगत नियंत्रण की पहुँच से कहीं आगे ले जाते हैं । अधिकांश लोग "बैठी हुई बतख" की तरह हैं ताकि ये रसायन हमें नियंत्रित कर सकें । हमारे शरीर में बहुत अधिक रसायन हमें पकड़े हुए होते हैं लेकिन हम यहाँ उन पर ध्यान केंद्रित नहीं कर रहे हैं।

इस बात का एहसास कि महाराजजी क्या हैं, ज़्यादातर तब होता है जब इन रसायनों में एक प्रस्फुटन होता है, या तो उन रसायनों द्वारा जो काफी समय से इतने दबे हुए हैं कि आपके मन को एहसास होता है कि कहीं कुछ अधिक हो रहा है, या एलएसडी, मेस्केलिन

आदि, और साथ ही एक हद तक गांजे जैसे अधिभावी नशीले रासायन लेने के द्वारा । ये रसायन जीवात्मा के परिप्रेक्ष्य को बिलकुल प्रभावित नहीं कर रहे क्योंकि जीवात्मा शाश्वत् है और भौतिक तल बलों द्वारा अपरिवर्तित है। आपके शरीर में ये रसायन आपकी जीवात्मा की धारणा के रास्ते में आ रहे हैं - जो जीवात्मा आपके शरीर में सवार है। इस तरह के प्रयोग के माध्यम से, यह समझा जा सकता है कि शरीर एक वाहन है।

राम राम राम राम राम राम राम राम राम राम राम राम

महाराजजी ने कहा कचिरस (Hashish) या गांजा (मारजिुआना कली) पीना या भांग (खाया जानेवाला मारजिुआना) खाना ठीक था। एक कहानी है वह मुझे एक पश्चमिवासी ने बताई थी जो कसिी भी कतिाब में नहीं है। यह उस दनि के बारे में है जब आश्रम में बहुत सारे युवा पश्चमिी लोग ठहरे हुए थे। महाराजजी ने अपने तख़्त पर बैठे हुए कहा कहिर कोई "सारा" चरस उनके पास ले आए। उन्होंने कुछ भी अपने पास रखने या छुपाने की हम्मित नहीं की क्योंक महाराजजी तो सब कुछ जानते हैं। वे - कई सॉफ्टबॉल आकार के गोले, अंगूठे के आकार के, छोटी उंगली के आकार के, स्पेगेटी की तरह छोटी लड़याँ, साथ ही टक्कियाँ आदि... भी बड़ी मात्रा में ले आए। वाह! बच्चे तो बच्चे ही रहेंगे। महाराजजी ने कुछ लोगों को यह कहते हुए इन्हें पुनः वतिरति कयिा कअिब और "मत पीना"। कुछ लोगों से यह कहा कउिन्हें इसमें से थोड़ा सा पीने करने की कोशशि करनी चाहएि। उन्होंने कुछ सॉफ्ट बॉल आकार के गोले वहाँ कुछ बूढ़े चलिम[32] साधुओं को दे दएि। वे एक डॉक्टर की तरह थे जो हर्बल दवाओं का वतिरण कर रहे थे।

मारजिुआना उत्पाद चेतना स्थानांतरण पदार्थ का एक बहुत ही हल्का रूप हैं । भारतीय दृष्टकिोण का नम्निलखिति ववरिण बताता है कि संस्कार के रूप में मारजिुआना के उपयोग की प्राचीन प्रथा कहाँ से आती है - देश के धार्मकि जीवन से जुड़े होने के कारण भांग को इतनी प्रशंसा और महमिा मलिी है। पौधे की राल द्वारा उत्पादति स्तब्धता बहुत से फ़कीरों और संन्यासयिों (भारत के पवति्र पुरुष) द्वारा मूल्यवान मानी जाती है, क्योंकि उनका मानना है कि उनके देवताओं के साथ संचार में भांग का नशा उनकी बहुत मदद करता है। (एक पौराणकि कथा के अनुसार, बुद्ध ने तप के अपने छह वर्षों के दौरान भांग के एक बीज की एक दैनकि ख़ुराक पर ही नर्िवाह कयिा, और कुछ नहीं लयिा।) सुबह जल्दी ली गयी नशीली दवा पाप वाले शरीर को शुद्ध करने के लए अच्छी मानी जाती है। ईसाई धर्म प्रभु ईसा के स्मरण भोज (communion of Christianity) की तरह जसिमें श्रद्धालु को वाइन और ब्रेड दी जाती है, जो भक्त भांग ग्रहण करता है, वह भगवान् शवि [33] को ग्रहण करता है।

राम राम राम राम राम राम राम राम राम राम राम राम

क्या एलएसडी ने दरवाजा खोला ?

असली साईकोट्रोपिक्स इंसान को उस हद तक लेकर जा सकते हैं जहाँ दीवारें पिघल जाएँ और शरीर पूरी तरह गायब हो सकता है। कई पश्चिमी लोगों ने, जिन्होंने महाराजजी का आभास कर लिया था और महाराजजी के दर्शन किये थे, उन्होंने एलएसडी को उस पहले कदम की तरह लिया था जिससे कि वे महाराजजी को जानने की सम्भावना के लिए खुद को खोल सकें। ऐसा इसलिए था

क्योंकि पश्चिमी संस्कृति में महाराजजी जैसे प्राणी के अस्तित्व में विश्वास करने के लिए कोई आधार नहीं है।

क्या एलएसडी ने महाराजजी को जानने का दरवाज़ा खोला ? क्या सार्वभौमकि चेतना के बारे में एलएसडी के उपयोग द्वारा कुछ ऐसा था जसिने महाराजजी को हमें देखने दयिा हो और ये जानने दयिा हो कि हिम तैयार हैं कि नहीं ? महाराजजी ने राम दास को भारत के सबसे दूर दराज़ के इलाके में पहाड़ों में अपने पास खींचा। राम दास महाराजजी के बारे में जानकारी अमेरकिा ले जाने के लएि एकदम सही इंसान थे और साठ का दशक एकदम सही समय था। मुझे वशि्वास है कि राम दास अमेरकिा की जनता से बात करने के लएि सबसे महत्वपूरण व्यक्ति थे। राम दास अमेरकिा के लएि महाराजजी का संदेश लाए ...... और पश्चमिी संस्कृत िकी चेतना को स्थायी रूप से बदल दयिा। राम दास ने ये कहा एलएसडी से पहले लोगों का मानना था कि सब कुछ "वास्तवकि" था, लेकनि बाद में लोगों को आभास हुआ कि चीजें "अपेक्षाकृत वास्तवकि" भी हो सकती हैं ।

जब राम दास को महाराजजी के पास लाया गया, गुरुदत्त शर्मा (महाराजजी के पंडति) महाराजजी के साथ थे और वे वहीं थे जब 72 दनि के बाद राम दास वापस गए। उन्होंने कहा कि उस समय के दौरान राम दास में अत्यधकि परविर्तन आया। राम दास अमेरकिा लौट गए और अपने अनुभवों के बारे में लोगों को बताने लगे। कई बार राम दास की बातें रकिॉर्ड भी की गयीं। इन रकिॉर्डगि्स का अनुलेखन कयिा गया और अंततः इनको "बी हेयर नाओ" (Be Here Now) पुस्तक लखिने में इस्तेमाल कयिा गया। यह चेतना के माध्यम से एक यात्रा है। यह वशिेष रूप से इस बात को समझने के लएि महत्वपूरण है कि कसि तरह चेतना हम में से कई के जीवन में खेलती है। यदि आपकी चेतना "बी हेयर

नाओ" की जानकारी के लिए तैयार हैं, ये आपको इस तरह भर देती है मानो आपने हज़ारों लीटर शुद्ध जीवन देने वाला पानी पी लयिा हो।

एक दनि लामा फाउंडेशन[34] में राम दास ने मुझे बताया कि उन्होंने ये पुस्तक नहीं लखिी, कि महाराजजी ने लखिी "बी हेयर नाओ"। "बी हेयर नाओ" बस हो गयी। यह सब महाराजजी की लीला थी। ऐसा लगता है कि महाराजजी ने "बी हेयर नाओ" राम दास के माध्यम से प्रसारति की। यह उसी तरह हुई जसि तरह महाराजजी की सब लीलाएँ होती हैं। ये कसिी तर्कसंगत सोच प्रक्रयिा का परणिाम नहीं हैं। वभिन्नि तत्व, जो अन्यथा शायद भाग भी न लेते, बस वही प्रकट करने के लिए प्रेरति होते हैं जो आवश्यक है, मानो वे कसिी एक वलिक्षण अदृश्य शक्ति द्वारा नर्दिेशति हों। सैन क्रसि्टोबल (San Cristobal) के एक छोटे से न्यू मैक्सकिो (New Mexico) गाँव के पास लामा फाउंडेशन (Lama Foundation) में कोई ऐसी कतिाब, इस तरह बनेगी, और दुनयिा भर में इसकी लाखों प्रतयिाँ बकिेंगी, यह एक नरिपेक्ष चमत्कार है। फरि भी, यही हुआ। वैश्वकि जागृति की एक चेतना थी भी और अभी है भी। यह जागृत सामान्य चेतना से परे एक चेतना का आभास है।

राम राम राम राम राम राम राम राम राम राम राम राम

गुरुदत्त शर्मा ने मुझे बताया कि जब वे युवा थे, अन्य युवा पुरुषों का समूह और वे रात भर महाराजजी के साथ रहते थे। जब भी इन भक्तों को नींद आने लगती थी, महाराजजी उन्हें सोने की अनुमति नहीं देते थे। फरि जब सूरज उगने लगता था, महाराजजी कहते, "ठीक है, अब आप सो सकते हैं।" वे बहुत हँसते हुए, "महाराज, हम सोने के लिए कैसे जा सकते

हैं ? सूर्योदय हो रहा है।" वे महाराजजी के साथ सारी रात जागते रहने के बाद भी कभी नहीं थकते थे ।

राम राम राम राम राम राम राम राम राम राम राम राम

मानव मस्तिष्क

मन एक महान दास लेकनि एक भयानक गुरु है। आपकी जीवात्मा चेतना भौतकि तल पर एक शरीर में है और आपके शरीर में एक मस्तष्कि है। मस्तष्कि को बंद नहीं करना चाहएि बल्कि इसका प्रयोग करना चाहएि और इसे वश में करना चाहएि। सरि्फ सोचने के लएि इसका इस्तेमाल कर सकते हैं, और उससे कहीं अधकि के लएि भी। यह एक अद्भुत उपकरण है जो वस्मियकारी कर्म करने में सक्षम है, लेकनि मस्तष्कि ने गलत सोच के माध्यम से दुनयिा में कहर मचा कर रखा है।

जैसा कि हम सभी जानते हैं कि मन अपूर्ण है। यह एक बुनयिादी प्रचालन तंत्र (Operating System) और कुछ क्षमताओं के साथ आता है। फरि, जैसे जैसे हमारा शरीर बढ़ता है, जैसे जैसे आप दुनयिा को देखते हैं और अपने आस पास की दुनयिा के साथ संपर्क में आते हैं, और जसि तरह आपको दूसरों द्वारा क्रमादेशति कयिा (सखिाया) गया होता है, वैसे-वैसे इसे अतरिक्ति रूप से प्रोग्राम कयिा जाता है। जीवात्मा का बोध एकदम सही है, लेकनि मन का बोध सही नहीं है, और न ही कभी हो सकता है। मस्तष्कि को प्रखर कर सकते हैं और इसके पास दशकों तक वशिष्टि क्षेत्रों में सोचने की आश्चर्यजनक क्षमताएँ हो सकती हैं। फरि भी मस्तष्कि को मूर्ख बनाया जा सकता है, इसे सफ़ेद झूठ पर भी वश्विास दलिाया जा सकता है, इसे मानसकि

रुप से नयिंत्रति कयिा जा सकता है, यह महत्वपूरण बातें भूल सकता है, यह महत्वपूरण तथ्यों से पूरी तरह से अनभज्ञि हो सकता है, और यह मस्तष्कि ही है जो समय पूरव ही वास्तवकिता की सही प्रकृत से लेखा-जोखा बंद कर सकता है। मन की गलत सोच कई लोगों के लिए अनावश्यक रूप से सभी प्रकार के नाटक रचती है।

मस्तष्कि को लगता है कि वह सब कुछ जानता है लेकनि वह सब कुछ नहीं जानता और न ही जान सकता है। नःिसंदेह, आप सब कुछ जानते हैं लेकनि जानने का यह कार्य आपके मन का नहीं है। यह केवल आपके शरीर में सवार आपकी जीवात्मा है जो सब जानती है .... सचमुच सब कुछ। आपका मन वास्तव में आपको सीमति कर रहा है। जब जीवात्मा मस्तष्कि को नयिंत्रति करती है, परणािम आप के लिए और आप के आसपास सभी के लिए बेहतर होता है ।

राम राम राम राम राम राम राम राम राम राम राम राम

महाराजजी ने कई अवसरों पर भक्तों के मन को "चकरा" दयिा है। भक्तों के मन को कई कहानयिों में वर्णति महाराजजी की लीलाएँ समझ ही नहीं आयीं। इन लीलाओं ने भक्तों को कई मायनों में "कुछ हटकर सोचने के लिए" मजबूर कर दयिा और यह नश्चिति रूप से मस्तष्कि से उच्च शक्त की तरफ इशारा करता है। ये लीलाएँ भक्तों को उनकी जीवात्मा के लिए सचेत करना शुरू करती हैं।

“बाई हज़ि ग्रेस” (By His Grace: A Devotee's Story) में से एक भक्त की छोटी सी कहानी है : यह उनमें से है जो इसे प्रकट होते हुए देखने वाले लोगों को बहुत गहनता से प्रभावति करेगी। "हम आश्रम के सामने महाराजजी के साथ बैठे थे जब एक साधु चलता हुआ गेट के

अंदर आया। उसकी एक बड़ी-बड़ी जटाएँ और दाढ़ी थी, उसने रुद्राक्ष की माला पहनी हुई थी और हाथ में त्रशिूल लयि हुए था। जैसे ही उस आदमी की ओर देखा, बाबाजी कूद पड़े और उसकी ओर भागे। बाबाजी उस आदमी से मलि, एक- दो मनिट तक बात की, और फरि वह आदमी गायब हो गया। वह बस गायब हो गया! उषा बहादुर चल्लिाई, "कौन था वह व्यक्त?" महाराजजी ने इसके बारे में एक शब्द भी नहीं कहा।[35]

रीढ़ की हड्डी, जो निश्चित रूप से मन का ही विस्तार है, मनुष्यों की सबसे यंत्रवत् क्रियाएँ नियंत्रित करती है। यदि आप संगीत बजा रहे हैं, या कार चला रहे हैं, या खेल में प्रतिस्पर्धा कर रहे हैं, आपकी रीढ़ की हड्डी में जो क्रमादेश बनाया गया है, उसी का उपयोग कर रहे हैं। आपके मस्तिष्क ने आपकी रीढ़ की हड्डी को विशेष प्रकार से काम करने के लिए प्रशिक्षित किया हुआ है। यही कारण है कि हम अभ्यास और प्रशिक्षण में संलग्न होते हैं।

लेकनि मस्तष्कि सोचने से कहीं अधकि कार्य कर सकता है। जैसा कि हम जानते हैं, सही ढंग से इस्तेमाल कयिा जाए तो मस्तष्कि के पास चीज़ों को बदलने की शक्त है। मानव मन के पास एक पहुँच है जो क शिरीर से परे है। हालाँक इिस पुस्तक का उद्देश्य मस्तष्कि के कार्य और चमत्कारों का वर्णन करना नहीं है, क्योंक जिो हम यहाँ खोज रहे हैं वह मन से परे है। यद आिप अपने मन की क्षमताओं के साथ खेलना चाहते हैं तो इस दुनयिा में खोज के पर्याप्त साधन हैं। जो मन जीवात्मा आत्मा द्वारा नयिंत्रत हिो रहा है, वह वास्तव में शक्त का चमत्कार है। अपने मन को रास्ते से हटाइए, अपने मन को नयिंत्रत कीजिए और आपको जीवात्मा की असली शक्त का पता चल जाएगा।

राम राम राम राम राम राम राम राम राम राम राम राम

सत्य

महाराजजी ने हमेशा लोगों को मार्गदर्शित किया कि वे अपने मन को सच बोलने के लिए क्रमादेशित (प्रोग्राम) करें I इस सत्य का एक तत्व बस ये है कि दैनिक सांसारिक कार्यों के बारे में सोच सही रखें क्योंकि सोच ज़्यादातर इस बारे में होती है कि हम पूरे दिन में क्या सोचते और करते हैं I "सत्य" सामान्य सोच से परे होता है I बुनियादी सच्चाई यह है कि आप, अपना मन नहीं हैं I आप अपनी जीवात्मा हैं I

महाराजजी ने कहा, "सत्य सबसे कठनि तपस्या है। लोग सच बोलने के लए आपसे नफरत करेंगे। वे आपको गालयिाँ देंगे। वे आपको जान से मार भी सकते हैं लेकनि आपको सच बोलना चाहयि। अगर आप सच्चाई से जीते हैं, भगवान आपके साथ हमेशा खड़े रहेंगे।"

भौतकि तल पर सच्चाई का पता लगाना इतना आसान नहीं है। सच बोलने का मतलब अक्सर यह होता है कआिपके सच बोलने से लोगों को धोखा नहीं मलिना चाहए । कभी कभी सच वह नहीं होता जो हमें शुरू में लगता है, और सच तक पहुँचने के लए बहुत प्रयास कए जाने चाहयिं । हो सकता है कआिपको पूरी सच्चाई का पता न हो लेकनि सबको सच्चाई बताने से पहले हमेशा सच का अच्छी तरह से पता लगा लेना चाहए। अक्सर आधा सच जानना सबके लए समस्या पैदा करता है। मन कह सकता है, "यह सच है," लेकनि आप पूरी तरह से अपने मन पर वश्वास नहीं कर सकते। आपको अपने भीतर गहराई में झाँकना चाहए और आपको सच्चाई को पूरी तरह सामने आने का इंतज़ार करना चाहए। सत्य का अध्ययन पुस्तकों के कई संस्करण भर सकता है। एक तो भौतकि तल मन के छोटे सच होते हैं, दूसरे जीवात्मा आत्मा चेतना के बड़े सच।

राम राम राम राम राम राम राम राम राम राम राम राम

महाराजजी ने कहा, "पूरण सत्य आवश्यक है आपको अपने कहे पर जीना चाहिए।"

राम राम राम राम राम राम राम राम राम राम राम राम

यहाँ स्पष्ट अव्यवस्था है

भौतकि दुनयिा में स्पष्ट अव्यवस्था है। इस बात को मस्तष्कि में रखते हुए कि चेतना ने भौतकि तल बनाया है, इसके लगातार बदलते हुए नाम और रूप के साथ, भौतकि तल से हटकर , "सत" का स्थान[आवश्यक जीव - जीवात्मा], "चति"[आवश्यक चेतना-आत्मा], और "आनंद"[परमानंद से परे परमानंद].....चेतना वास्तव में भौतकि दुनयिा को नयिंत्रति करती है।

जैसा कि पहले से लिखा जा चुका है, भौतिक तल एक होलोग्राम के रूप में माना जा सकता है। इस की समझ किसी भी तरह से नयी नहीं है। भौतिक दुनिया एक होलोग्राफ़िक वास्तविकता है जिसे सार्वभौमिक चेतना ने नियंत्रित किया हुआ है जो कि वास्तव में भौतिक दुनिया से कहीं परे है। क्वांटम भौतिकी के क्षेत्र में जो लोग कार्य कर रहे हैं वे इन बातों की सच्चाई की बहुत तेज़ी से खोज कर रहे हैं।

यहाँ हर चीज़ में सलिसलिे (Pattern) हैं - जहाँ तक कि सबसे होशयिार और सबसे अच्छे प्रशक्षिति मनुष्यों ने यह महसूस कयिा है उससे कहीं ज़्यादा तरतीब है। जसि तरह तेज़ी से क्वांटम भौतकि वज्ञिानी अज्ञात की खोज कर रहे हैं, वे इस नतीजे पर पहुँच रहे हैं, जो हमिालय की गुफाओं में सबसे अधकि पवत्रि साधुओं ने जाना।

महाराजजी इसके दोनों प्रत्यक्ष पक्षों के विज्ञान का उपयोग कर रहे हैं।

हमारे व्यक्तिगत मानव जीवन में बहुत अधिक व्यवस्था है, भले ही आपको लगता है कि यह अव्यवस्था हो सकती है। जिन उत्पादों को आप खरीदते हैं, उनके निर्माता ये दावा कर सकते हैं कि उत्पाद आपको दूसरों से अलग खड़ा कर देंगे (विभिन्नता प्रदान करेंगे) लेकिन वह सिर्फ एक विक्रय वार्ता है। फिर भी यदि आप किसी ब्रैंड के पीछे भागना (Brand concious होना) चाहते हैं तो कोई समस्या नहीं है। बस याद रखिये कि यह बहुत कम मायने रखता है और आप इसके प्रति आसक्त न हों।

फिर भी महाराजजी ने अपने बहुत से भक्तों को यह एहसास दिलाया कि हमेशा जैसा आप "सोचते" हैं वैसा होता नहीं है। महाराजजी उच्च सत्य के बारे में हैं। महाराजजी लोगों को इसलिए फटकारते थे क्योंकि वे अपने कार्यों के बारे में नहीं सोचते थे लेकिन जब उच्च सत्य की बात होती थी तो महाराजजी अनिवार्य रूप से लोगों को सोचने के लिए मना करते थे। उनका कहना था कि अगर आप इसको पूरी तरह से समझने की कोशिश करेंगे तो आप पागल हो जाएँगे।

राम राम राम राम राम राम राम राम राम राम राम राम

"महाराजजी चाहते हैं कि हम अपने भीतर झाँकें और उन्हें वहाँ पाएँ। एक बार जब हमारा महाराज जी के साथ आंतरिक आध्यात्मिक संबंध बन जाता है, फिर हम उनसे कभी अलग नहीं होंगे।" [36]

सब महाराजजी हैं

महाराजजी ने मृतकों को उठाया

यह कहानी इतनी बहुत गूढ़ है। "बाबाजी को पास के एक गाँव का दौरा करने की आदत थी । एक शाम वे एक भक्त के घर पहुँचे, जहाँ वे अक्सर भोजन कयिा करते थे । घर की महलिा फूट फूट कर रोते हुए बाहर आयी और बोली, “"जो व्यक्तआिपको भोजन परोसा करता था, वह वहाँ पड़ा है ।” वह मरा पड़ा था, और जो लोग उसका अंतमि संस्कार करने की व्यवस्था करने आये थे, उनसे घरिा हुआ था । बाबाजी उस आदमी के पास बैठ गए, उन्होंने अपने कम्बल का एक हसि्सा आदमी के शरीर पर डाला, और अपने आस पास के लोगों से बात करने लगे। हर कोई बाबाजी को देख और सुन रहा था। कुछ देर बाद बाबाजी उठे और बोले कि वे अपना भोजन कहीं और कर लेंगे। कसिी ने भी उन्हें रोकने के बारे में नहीं सोचा। जब बाबाजी वहाँ से चले गए तो वहाँ पड़ा हुआ वह आदमी वहाँ से ऐसे उठा, जैसे कि नींद से उठा हो, और पूछने लगा, "मैं यहाँ क्यों पड़ा हूँ ?" हर कोई इतना चकति था कि कोई जवाब नहीं दे पाया।[37]

राम राम राम राम राम राम राम राम राम राम राम राम

मैंने यह कहानी वृन्दावन में युधषि्ठरि सहि के शरीर छोड़ने के करीब एक साल पहले सुनी। यह तब की बात है जब युधषि्ठरि काफी युवा थे।

महाराजजी भारत के मैदानी इलाकों में थे। उन्होंने युधषि्ठरि को अपने साथ पहाड़ों पर चलने को कहा। युधषि्ठरि ने महाराजजी से कहा

कि उसने अभी अभी गाड़ी चलाना सीखा है, उसके पास ड्राइविंग लाइसेंस भी है और वह गाड़ी चलाकर उनकी मदद कर सकता है। महाराजजी ने कहा, "नहीं, अगर युधिष्ठिर गाड़ी चलाएगा तो हम सब मारे जायेंगे।"

रास्ता बहुत लंबा था लेकिन महाराजजी ने न तो चालक को रास्ते में आराम करने दिया और न ही चाय पीने दी। ड्राइवर इतना थक गया था कि वह गाड़ी की स्टीयरिंग पर ही बेहोश होने वाला था। वे अंत में पहाड़ों पर पहुँच गए, महाराजजी ने युधिष्ठिर को गाड़ी चलाने के लिए कहा तब उसने गाड़ी चलाई। यहाँ याद रखें, युधिष्ठिर ने गाड़ी अभी-अभी चलानी सीखी थी।

खड़े पहाड़ों में महाराजजी के भूमियाधार मंदिर के लिए सड़क बहुत घुमावदार है और सड़क के किनारे अत्यंत गहरे हैं। युधिष्ठिर बहुत भयभीत था इसलिए वह गाड़ी बहुत धीरे-धीरे चला रहा था, 10 या 15 कि.मी. प्रति घंटे की गति से। युधिष्ठिर याद कर रहा था कि महाराजजी ने कहा था कि अगर वह चलाएगा तो सब मारे जायेंगे। उसके ऊपर, महाराजजी गाड़ी और तेज़ चलाने के लिए युधिष्ठिर पर चिल्ला रहे थे।

एक घंटे से ज़्यादा की यात्रा तय करने के बाद वे शाम को भूमियाधार पहुँचे। महाराजजी अपने कमरे में चले गए। युधिष्ठिर इस भयावह यात्रा के बाद बहुत बुरी अवस्था में था तो उसने भोजन किया और तुरंत मंदिर के बाहरी क्षेत्र में फ़र्श के ऊपर दरी पर सो गया।

रात को एक काले साँप ने युधिष्ठिर को काट लिया। युधिष्ठिर काला पड़ गया, और वह मर गया। रात को मंदिर के लोगों ने देखा कि युधिष्ठिर तो मर चुका था। तो उन्होंने उसे अंतिम संस्कार के लिए नहलाया-धुलाया और उसके ऊपर फूल डाले।

सुबह महाराजजी अपने कमरे से बाहर आए और पूछा कि युधिष्ठिर के साथ क्या चल रहा था। उन्हें बताया गया कि युधिष्ठिर मर चुका था। महाराजजी ने कहा, "नहीं, वह मरा नहीं है।" महाराजजी युधिष्ठिर के पास गए और उसे लात मारकर चिल्लाते हुए बोले, "उठो"। मंदिर के कर्मचारियों ने युधिष्ठिर को उठने में मदद की। महाराजजी ने तब उसे चाय देने के लिए कहा। बाद में महाराजजी ने उसे रानीखेत तक उन्हें गाड़ी चलाकर ले जाने को कहा।

राम राम राम राम राम राम राम राम राम राम राम राम

महाराजजी अचानक दो स्थानों पर थे

एक दिन मैं महाराजजी के दामाद जगदीश के साथ वृन्दावन आश्रम में समय व्यतीत कर रहा था। मैंने कहा, "महाराजजी को अपने ससुर के रूप में पाना कितना अद्भुत होगा।" उन्होंने अपना खुला हाथ ऊपर उठाया और कहा, "मैं महाराजजी से केवल एक बार मिला था और वह भी सिर्फ 10 मिनट के लिए।" इसके बाद उन्होंने मुझे यह कहानी सुनाई। भारत में माता पिता जब शादी पक्की कर देते हैं तो एक समारोह होता है जहाँ दूल्हा दुल्हन पहली बार मिलते हैं। इस समारोह का तात्पर्य है देवी लक्ष्मी को विष्णु से मिलवाना। दोनों परिवार आगरा में एक घर में इस संस्कार के लिए महाराजजी का इंतज़ार कर रहे थे। महाराजजी एक कार में पहुँचे, घर में प्रवेश किया, जगदीश को गिरिजा से मिलवाया, और फिर 10 मिनट के बाद वहाँ से चल दिए। बस उन्होंने महाराजजी के साथ इतना ही समय बिताया। केवल बाद में जगदीश को महाराजजी की सच्चाई के बारे में पता चला। गिरिजा, बेशक, समय समय पर अपने पिता से मिलती थी और अपने बेटे संदीप को भी उनके पास लेकर जाती थीं। महाराजजी ने उन्हें बताया कि संदीप एक पायलट बनेगा। वास्तव में,

बाद में वह भारतीय वायु सेना में मिग उड़ाने वाला एक पायलट बना भी। जगदीश अब अद्वैतवाद की अद्वैत [38] दर्शन के साधक हैं। मैं इस कहानी से चकित रह गया और मैंने जगदीश को यह बात बताई। उन्होंने कहा, "ओह, इस कहानी का अद्भुत हिस्सा यह नहीं है। आश्चर्यजनक बात यह है कि इस घटना के समय महाराज जी का कैंची धाम में होना ज्ञात था।" यह कहानी "एक समय में दो स्थानों पर होने" वाली सब से कम ज्ञात कहानियों में से एक है।

राम राम राम राम राम राम राम राम राम राम राम राम

हम सभी के लिए सौभाग्य से, बड़े पैमाने पर टेलीफोन सेवा के आगमन ने सत्संग को महाराजजी से उन कृत्यों में संपर्क करने में मदद की।

एक अन्य कहानी में पता चलता है कि एक हिन्दू पर्व वाले दिन, इलाहाबाद और कानपुर के श्रद्धालु फोन पर बात कर रहे थे। कानपुर वाले श्रद्धालु ने भंडारे का वर्णन करते हुए बताया कि महाराजजी वहाँ पर थे। इलाहाबाद वाले भक्त ने कहा कि यह असंभव था क्योंकि महाराज जी वहाँ अपने कमरे में थे।

महाराजजी ऐसा कैसे कर पाते थे इसके पीछे क्या विज्ञान था यह हमारे लिए अज्ञात है। क्या यह नक्षत्रीय यात्रा थी? क्या महाराजजी अपने एक शरीर से निकल कर कहीं और दूसरे शरीर में प्रकट होते थे? यह इतना सरल हो सकता था लेकिन मैं ऐसा नहीं सोचता। क्या महाराजजी एक साथ कई शरीरों में सचेतन हैं? वास्तव में, यह ज़्यादा मायने नहीं रखता। यह उससे परे है। क्या यह समय यात्रा का एक प्रकार का उदाहरण है? ऐसा प्रतीत होता है कि महाराज जी के

कई शरीर थे। महाराजजी के लिए एक से अधकि शरीर होना दूर दूर तक भी कैसे संभव है ? यह हमारे समय के लिए कुछ अज्ञात सा वषिय है।

राम राम राम राम राम राम राम राम राम राम राम राम

क्या महाराजजी अलौकिक समय का उपयोग कर रहे एक समय यात्री हैं ? तकनीकी तौर पर आत्मा की स्थानांतरगमन में कोई अतीत, वर्तमान या भविष्य नहीं है। ऐसा इसलिए है कि वहाँ कोई समय और स्थान नहीं है। महाराजजी के विज्ञान का एक हिस्सा इस बात का एहसास है। यदि आप जानते हैं कि समय असली नहीं है और समय से बाहर कैसे निकल सकते हैं तो मेरा मानना है कि समय यात्रा संभव है।

आंतरिक चेतना का उपयोग करके समय यात्रा आसान हो सकती है बजाय कि किसी टाइम मशीन का इस्तेमाल करके जिसका अभी कोई अस्तित्व ही नहीं है। भौतिक तल के होलोग्राफ़िक प्रकृति का उपयोग कर, दो या दो से अधिक स्थानों में प्रकट होना शायद वास्तव में इस समय यात्रा का ही एक रूप है। ऐसी पर्याप्त कहानियाँ हैं जिनसे महाराजजी के बारे में यह पता चलता है।

राम राम राम राम राम राम राम राम राम राम राम राम

महाराजजी से याचना

महाराजजी से याचना करना, महाराजजी से वनिती करना, महाराजजी से माँग करना, महाराजजी से भीख माँगना, यह सब संभव है। यदि आपकी कोई समस्या है, तो बस इसे हल करने के लिए महाराजजी से बोल दीजयि। अपनी समस्या महाराजजी को सौंप दीजयि। वे आपको

मना नहीं कर सकते। वे आपके गुरु हैं और यह उनका काम है आपकी समस्या से नबिटना उनका काम है। अब आपको अपनी समस्या के बारे में चतिा नहीं करनी पड़ेगी, लेकनि नशि्चति रूप से आप सटीक परणिाम के साथ जुड़ नहीं सकते।

एक व्यक्तजिो बीमार है बस उसे चंगा करने के लएि महाराजजी से कहना चाहएि। महाराजजी बीमारी के सबसे अच्छे परणिाम के लएि सबसे अच्छा रास्ता खोज लेंगे। यहाँ तक कजिसि व्यक्तकि भाग्य में बीमारी से मरना लखिा है उसके लएि भी बेहतर रास्ता बन जाता है। महाराजजी के कई वृद्ध भक्तों की आयु कई वर्ष लंबी हो गई क्योंक महाराजजी ने उनकी घातक बीमारयिों को टाल दयिा। महाराजजी के कई भारतीय और अमेरकिी भक्त सचमुच "मृत्यु के द्वार से वापस लाये गए" और वे कई और वर्षों तक जीवति रहे। शविाय बाबा, जनिमें महाराजजी के प्रतअिपार भक्तथिी, वे वनिाशकारी स्वास्थ्य समस्या के बाद, दस वर्ष तक जीवति रहे। उन्होंने अपने दस साल के वस्तिार का श्रेय महाराजजी को दयिा, जैसा कहिम सब ने कयिा।

कैंसर से मेरी पत्नी राधा की मृत्यु के मामले में, लगता है कि महाराजजी ने राधा के दर्द को कम किया। मैंने वृंदावन में यमुना नदी में राधा की अस्थियाँ विसर्जित कीं। मेरे साथ जमुना जी तक की यात्रा में महाराजजी के बेटे धर्म नारायण जी, गुरु दत्त जी, राधा के भाई जॉन, पंडित जी, पुजारी, पश्चिमी भक्त कृष्ण और सतरूपा, साथ ही गोपाल प्रसाद सिंह, हमारे ड्राइवर सम्मिलित थे। बाद में जब हम महाराजजी के आश्रम में लौट आये थे और चाय पी रहे थे, गुरुदत्त शर्माजी ने कहा, "मुझे लगता है कि राधा को उस तरह का दर्द नहीं हो रहा था, जैसा अन्य लोगों को हुआ जो इस रोग का अनुभव कर चुके हैं। महाराजजी ने दर्द को ले लिया था।" मैंने इसके बारे में बहुत सोचा और मुझे स्वीकार करना पड़ा कि निश्चित रूप से

महाराज जी ने राधा के दर्द को काफी कम कर दिया था। दो साल से मैं सचमुच महाराज जी से वस्तुतः विनती कर रहा था कि राधा को यह प्रदान करें।

राम राम राम राम राम राम राम राम राम राम राम राम

केहर "पापा" सहि एक ऐसे भक्त थे। महाराजजी ने पापा सहि को बहुत सारी गंभीर बीमारयिों से बचाया। जैसा क "प्रेम अवतार" पुस्तक में वर्णति कयिा गया है, बाबाजी ने केहर सहि जी को गले लगाकर और उनके सर पर 6-7 बार हाथ फेर कर जीभ के कैंसर से उनको छुटकारा दलिाया। उन्होंने एक बार अपनी ऊँगली से एक नश्चिति बदिु पर दबाव द्वारा उनके पैरों पर सूजन (त्वचा के नीचे रक्त पानी में बदलने के कारण) ठीक कर दी। बाबाजी ने उनके बेटे को नेत्र दृष्टि दी, जसिकी आँख अपने चश्मे के टूटे शीशे से घायल हो गयी थी। काँच के बाईस टुकड़े उसकी आँख में चुभ गए थे और इतना क्षतग्रिस्त कयिा था कि वह अंधा हो गया और कई डॉक्टर उसके इलाज में असफल रहे। बाबाजी ने केवल अपनी ऊँगली से लड़के की हथेली पर एक नश्चिति बदिु पर दबाव डालकर उसे दृष्टि दे दी। उन्होंने बहुत लोगों को केवल एक फूल भेजकर ठीक कर दयिा।[39]

अपने भक्तों की बीमारयिों को कम करने के अलावा, ऐसी कई कहानयिाँ हैं कि कैसे महाराजजी ने भक्तों की बीमारयिाँ दूर कीं और रोग अपने ऊपर ले लएि। महाराजजी सचमुच रोग अपने ऊपर लेकर लोगों का इलाज कर देते थे। इस बात का जब तब उल्लेख कयिा गया है कि भारतीय श्रद्धालु जो महाराजजी के साथ थे, वे सोचते हैं कि यदि वे इन रोगों को अपने ऊपर न लेते तो महाराजजी का शरीर और लंबे समय तक

जीवति रहता। कई वर्षों के वचिार के बाद, मैं ऐसा नहीं सोचता। महाराजजी की लीला ऐसी कसिी भी प्रकार की अटकलों से परे है। उन्होंने सब प्रकार की बीमारयिों से पीड़ति अनकही संख्या में लोगों को ठीक कयिा भी और करवाया भी।

राम राम राम राम राम राम राम राम राम राम राम राम

एक दिन कई भक्त महाराजजी का आभार व्यक्त कर रहे थे क्योंकि महाराजजी ने उन्हें गंभीर परिस्थितियों से बचाया था। महाराजजी ने पूछा कि क्या वे मानते हैं कि उनमें उन्हें समस्या से बचाने की शक्ति थी ? सर्वप्रथम, क्या उनमें समस्या को पैदा करने की भी शक्ति नहीं थी?

आप महाराजजी से माँग कर सकते हैं। आप महाराजजी से प्रार्थना कर सकते हैं। अक्सर परणिामों को आपकी ओर से कसिी प्रकार की कार्यवाही शुरू करने की आवश्यकता होती है। जैसा कि लाओ सु (Lao Tsu)[40] ने कहा, "10,000 मील की यात्रा एक कदम से शुरू होती है।" अगर आप पहला कदम उठाते हैं, तो महाराजजी अक्सर बाकी संभाल लेते हैं। आपको बस उस पहले कदम के बारे में सुनना है जो महाराजजी आपसे लेने के लएि कह रहे हैं। यह दवा की दुकान जाने और वहाँ से बनिा डॉक्टर की पर्ची के दवा खरीदने या अपना संक्षपि्त ववरिण भेजने जतिना सरल हो सकता है।

कुछ भक्त महाराजजी से कभी कुछ नहीं माँगते। इन भक्तों का मानना है कि महाराजजी उनके दिमाग के भीतर सब कुछ और उनके सब कर्म जानते हैं। उनका मानना है कि महाराजजी से कोई इच्छा पूर्ण करने के लिए कहना बेहद हास्यास्पद होगा क्योंकि वे जानते हैं कि महाराजजी जो करेंगे वह उनके लिए सबसे अच्छा होगा

और उनसे व्यक्तिगत बातों के लिए प्रार्थना करना बिलकुल आवश्यक नहीं है। फिर भी, महाराजजी से माँगना गलत नहीं हो सकता। बहुत बार, पूरा सत्संग महाराजजी से श्रद्धालुओं की बीमारियाँ ठीक करने के लिए कहता है।

यद आपने महाराजजी से एक अवसर माँगा है तो आपको उस अवसर को पहचानना पड़ेगा जब प्रस्तुत कयिा जाता है। आपको इसके बारे में सोचना नहीं चाहए। महाराजजी को पहले स्थान पर रखो, दमिाग को दूसरे स्थान पर। हम जानते हैं क मिन एक महान सेवक लेकनि एक ख़राब स्वामी है। मैं हमेशा महाराजजी से कहता हूँ क अपने नर्दिेशों को इतना स्पष्ट रखें क मिेरे जैसा नासमझ भी समझ ले। आप महाराजजी के एक बच्चे हैं। वह आपको जन्म देनेवाले माता-पति की तरह सीमति नहीं हैं। आपको उन्हें सुनना और उसके अनुसार कार्य करना चाहए।

राम राम राम राम राम राम राम राम राम राम राम राम

हो सकता है आप महाराजजी से साधना या अभ्यास माँगना न चाहें क्योंक शायद वे आपको दे ही दें। कॉलोनी वाला बाबा ने महाराजजी से एक साधना माँगी तो महाराजजी ने एक चार फुट का एक वृत्त ज़मीन पर बनाया और उनसे कहा क इिस घेरे में मेरे लौटने तक रहना साधना है। महाराजजी ने एक पक्ष की ओर इशारा कयिा और कहा क वे वहाँ पानी पाने के लए जा सकते हैं और वपिरीत दशिा की ओर इशारा कयिा और उनसे कहा क वह वहाँ शौच के लए जा सकते हैं। फरि महाराजजी चले गए। कॉलोनी वाला बाबा ने बाद में बताया क उिन्होंने सोचा क महाराजजी उसी दनि देर रात तक वापस आ जायेंगे। महाराजजी चालीस दनिों के बाद लौटे। उन्हें महाराजजी की इच्छा के

प्रति इतनी श्रद्धा थी कि महाराजजी द्वारा दी गयी साधना उन्होंने पूरे समय तक जारी रखी।

बाद में महाराजजी ने कैंची आश्रम के रंग-रोगन का ठेका कॉलोनी वाले बाबा को दे दिया। हिंदी में, कॉलोनी वाले का अर्थ है, जो रंग-रोगन करता है। ये कहानी मैंने वृन्दावन में सालों पहले सुनी थी इसलिए यह अस्पष्ट है। कॉलोनी वाले बाबा ने आश्रम को नीले रंग में रंगना शुरू किया। महाराजजी चले गए। कुछ समय बाद "रंगाई-पुताई" का काम पूरा हुआ और महाराजजी वापस आए। उन्होंने बहुत कठोरता से कालोनी वाले को फटकारा और कहा कि उन्होंने आश्रम को बर्बाद कर दिया। महाराजजी ने उन्हें मूर्ख और बेवकूफ जैसे अपशब्द कहे और कहा कि वे आश्रम को किसी अन्य रंग से रंगें। तो कालोनी वाले ने पूरे आश्रम को हरे रंग से रंग दिया। महाराजजी ने लौटने पर दोबारा कॉलोनी वाले की आलोचना की, उन्हें कई अपशब्द कहे और कहा कि उन्होंने आश्रम फिर बर्बाद कर दिया, और उन्हें फिर से आश्रम को एक अलग रंग से रंगने के लिए कहा। महाराजजी फिर चले गए। कॉलोनी वाले ने अब आश्रम को गुलाबी रंग से रंगा। लौटने पर दोबारा महाराजजी ने कॉलोनी वाले को बुलवाकर आश्रम को बर्बाद करने के लिए डाँटा, और उनसे एक बार दोबारा आश्रम को रंगने के लिए कहा। महाराजजी फिर से चले गए। इस बार कॉलोनी वाले ने आश्रम पीले और नारंगी रंग में रंगा। जब महाराजजी लौटे तब उन्होंने कहा, "बहुत अच्छा है"। मैं रंगों के और उनके रंगे जाने के सिलसिले के बारे में सुनिश्चित नहीं हूँ लेकिन यह कहानी कॉलोनी वाले के लिए महाराजजी के प्यार को दर्शाती है क्योंकि इस तरह से महाराजजी कॉलोनी वाले और उनके परिवार को रोज़गार और कैंची आश्रम में एक लंबे समय के लिए रहने की जगह दे पाए।

राम राम राम राम राम राम राम राम राम राम राम राम

महाराजजी की बात मानना

ऐसे बहुत सारे मामले हैं जहाँ भक्तों ने महाराजजी की बात नहीं सुनी और उनका कहा नहीं माना । एक प्रमुख उदाहरण महाराजजी के वृंदावन आश्रम में पानी की आपूर्ति की लीला है । आश्रम के बहुत शुरुआत से, वहाँ एक भरोसेमंद जल स्त्रोत में से प्रचुर मात्रा में पानी निकलता था । इस सोते से आश्रम को इतना पानी मिलता था कि आश्रम की दीवार के अंदर छोटा सा कमरा था जिसकी खिड़की पानी के वितरण के लिए परिक्रमा मार्ग के सामने खुलती थी । ये उन तीर्थयात्रियों के लिए थी जो वृंदावन की शुभ परिक्रमा कर रहे होते थे । महाराजजी ने भक्तों को बताया कि वहाँ कभी भी कुआँ खोदने की कोशिश न करें नहीं तो पानी बंद हो जायेगा । महाराजजी के शरीर त्यागने के बाद कुछ लोगों ने वहाँ कुआँ खोदने का प्रयास किया और निःसंदेह पानी बंद हो गया । अब आश्रम में पानी बड़े बड़े टैंकर ट्रेलरों में आता है जिसे आश्रम के नीचे बनी बड़ी टंकियों में जमा किया जाता है । क्या यह किसी की गलती है? नहीं, वास्तव में नहीं। सब कुछ महाराजजी की लीला है।

महाराजजी ने एक युवा पश्चिमी औरत, जो 70 के दशक में उनके साथ थी, को अमेरिका जाने के लिए कहा, और वहाँ स्कूल जाने और डिग्री पाने के लिए कहा।उन्होंने उसे शादी करने से मना किया और इसके बजाय पढाई पर अपना ध्यान केंद्रित करने को कहा । उसने इसके बिलकुल विपरीत किया । उसने शादी कर ली और उसके तीन बच्चे भी हो गए । इसके बाद उसका तलाक हो गया । बीस साल बाद वह एक भक्त दोस्त के साथ भारत लौटी वह भी 70 के दशक में महाराजजी के साथ था । वहाँ पहुँचकर उसे याद आया कि महाराजजी ने उससे क्या कहा था । जब वह अमेरिका लौटी तो

वह कई वर्षों तक विश्वविद्यालय गयी और उसने पीएचडी की डिग्री प्राप्त की । और वह एक सम्मानित विद्वान और विश्वविद्यालय में प्रोफेसर बन गयी । महाराजजी के आश्रमों के एक प्रबंधक ने मुझे हँसते हुए बताया कि जब यह युवा औरत पहली बार महाराजजी के पास आयीं तो वह "बिलकुल बेकार" थीं लेकिन अपनी शक्ति के माध्यम से महाराजजी उसे एक सक्षम, जिम्मेदार, समाज का एक सम्मानित सदस्य बना पाए ।

राम राम राम राम राम राम राम राम राम राम राम राम

आप थिएटर में एक भूमिका निभा रहे हैं

कोई सफलता या वफिलता नहीं है। केवल "भूमकिा है।" यह केवल एक थएिटर है। हाँ, यह वास्तवकि लगता है, लेकनि यह जीवन केवल तब तक वास्तवकि है जब तक हम शरीर में हैं । यहाँ केवल कोई एक जन्म और मृत्यु, और उसके बाद स्वर्ग या नरक में एक शाश्वत पुनर्जन्म नहीं है। यह बलिकुल वास्तवकि नहीं नहीं है। एच डब्ल्यू एल पूंजा [41] (HWL Poonja) ने कहा है कमिृत्यु नींद की तरह है। आप अपनी आँखें बंद करते हैं और दुनयिा दूर हो जाती है, फरि आप अपनी आँखें खोलते हैं और दुनयिा वापस आ जाती है।

जसि तरह जब हम फलि्में देखने जाते हैं और अगर फलि्म बहुत अच्छी है तो हम "वास्तवकि जीवन" भूल फलि्म की चेतना के भीतर खींचे चले जाते हैं। तो हम अपने व्यक्तगित जीवन की फलि्म में भी खींचे जाते हैं और कुछ और याद रख पाना लगभग असंभव लगता है। यह ठीक है। यह उसी तरह है जसि तरह इसे होना चाहिए।

आपके पास अपनी सफलता या वफिलता पर काम करने के लिए सीमति समय है , भौतकि तल पर अपने दर्द और ख़ुशी के लिए

सीमति समय। हमारे शरीर हैं जो इस सलिसलि के पूरा होने तक बने रहेंगे। जैसे भी हो, जीवन अवधि वास्तव में लंबी हो रही हैं। मानव शरीर वास्तव में, प्राकृतकि साधनों के माध्यम से रक्त की क्षारीयता की तरह चीजों का समायोजन करके एक सौ से अधकि वर्षों के लिए या यहाँ तक कि दो सौ वर्षों के लिए भी जी सकते हैं। यह सब वकिास का हसि्सा है। अमेरकिी क्रांति (1775-1783) के समय में, अमेरकिा में पुरुषों में जीवन प्रत्याशा लगभग 42 साल थी, और महलिाओं में थोड़ी अधकि। शशिु मृत्यु दर ऊँची थी। अब यह अलग है। नि:संदेह, यह जनसंख्या वसि्फोट का हसि्सा है लेकनि यह ऐसे ही होना चाहिए।

राम राम राम राम राम राम राम राम राम राम राम राम

साठ का दशक

महाराजजी एक अनंत चेतना हैं जो 1960 में और 1970 के दशक के आरंभ में पश्चिम में हमारे लिए प्रकट हुए। भारत में, वे कई वर्षों पहले से पर्दे के पीछे सक्रिय थे। दरअसल, नीम करौली बाबा की लीला शायद 20वीं सदी के काफी प्रारंभ में शुरू हो गई थी। हालाँकि कुछ कहानियाँ 19वीं सदी के उत्तरार्द्ध की हैं। फिर भी, जब महाराजजी ने पश्चिम में हमसे खुद का परिचय कराया, तब महाराजजी ने वास्तव में एक वैश्विक चेतना का हिस्सा बनने की प्रक्रिया शुरू कर दी।

यह उचित था कि महाराजजी का सन्देश 60 के दशक में बहुत सारे लोगों के सामने रखा जाए। यह वह समय था जब दुनिया ने बड़े पैमाने पर आध्यात्मिक जागृति को जाना। इसका मतलब यह है कि इतने सारे अन्य दशकों के विपरीत, 60 का दशक बस "शैली" नहीं है, इसने लोगों का बड़े पैमाने पर सचेत आध्यात्मिक और मानसिक

स्वाभाव बदल दिया। लोगों का राजनीतिक आंदोलन वास्तव में दबा दिया गया था, लेकिन आध्यात्मिक आंदोलन को नहीं दबाया गया था। उदाहरण के लिए बौद्ध धर्म ने भी ईसा मसीह की तरह प्रेम और शांति का सन्देश दिया और यह ईसाई और यहूदियों दोनों के बीच, जो महाराजजी के साथ थे, बहुत लोकप्रिय हो गया।

इस प्रकार 60 के दशक के सतही सांसारकि पहलू जन आंदोलनों से आगे बढ़ाये गए सबसे महत्वपूरण पहलू नहीं थे। और मुझे वशि्वास है क‍ि इस गहरे आध्यात्मकि वकिास का एक बड़ा अंश, लोगों के भीतर महाराजजी के कारण है। और यह कभी भी इस तरह से प्रकट नहीं हुआ जसिपर ऊँगली उठायी जा सके या कसिी भी मास मीडयिा द्वारा परमिाणति की जा सके, बाद के दनिों में वेब भी शामलि है। यह कुछ ऐसा है जो बहुत वशिष्टि और अलग-अलग तरीकों से व्यक्तयिों के लएि हुआ था। इसने वास्तव में सतह के नीचे सब कुछ बदल दयिा और अगली पीढ़ी के लगभग हर कसिी ने इसकी वजह से एक वशिाल भव्य कदम आगे बढ़ाया। जन चेतना का वस्तिार हुआ और बाहरी दुनयिा हमेशा के लएि बदल गयी। लोग सचमुच में भवषि्य के लोगों की तरह के रूप बदलने लगे। 60 के दशक की पीढ़ी के लोग हमारे दादा दादी की तरह नहीं थे। उसी तरह 60 के दशक की पीढ़ी के बच्चों को बलिकुल अलग दुनयिा सौंपी गयी। यह अमेरकिा के लएि केंद्रीय नहीं है, लेकनि वास्तव में एक वैश्वकि परवि्तन है जो क‍ि पृथ्वी के सभी लोगों को प्रभावति करता है। महाराज जी का इस गूढ़ प्रक्रयिा में एक बड़ा हाथ था।

जहाँ तक मीडिया का सवाल है, उन्होंने हमें कुछ वर्षों के लिए "आधुनिक समय" में अपनी एक झलक पाने दी और फिर पलायन किया। तब बहुत कम कैमरे थे, और लगभग कोई ऑडियो या

वीडियो रिकार्डर नहीं थे।हमारे पास बस उनकी करीब 2,000 तस्वीरें हैं, बिना ध्वनि की 18 मिनट की विडियो, 3+ घंटे की ऑडियो रिकॉर्डिंग, और दूसरों की ज़ुबानी सुनाई गई कई हज़ार कहानियाँ हैं। उन्होंने हमें छोड़ा नहीं है, लेकिन अब वे हमें खुद को पहले की तरह दिखा नहीं रहे हैं। रब्बू जोशी ने मुझे बताया कि महाराजजी आपको वह सब कुछ दे देंगे जो आप चाहते हैं, शादी, अच्छी नौकरी, बच्चे, यहाँ तक कि सेक्स-ड्रग्स-रॉक एंड रोल ....., लेकिन अगर आप बस उन चीजों को ले लेंगे, तो आप वास्तविक उपहार खो देंगे। यह उपहार महाराजजी स्वयं हैं।

राम राम राम राम राम राम राम राम राम राम राम राम

आपको जागृत करने के लिए

कभी कभी महाराजजी आपके लिए चीज़ें बहुत मुश्किल कर देंगे। जब आप गत बातों का अवलोकन करते हैं यह केवल तभी जान पाते हैं कि उन्होंने ऐसा क्यों किया। जब चीन ने 1960 में भारत पर हमला किया, तब भक्तों ने महाराजजी से पूछा कि चीनी क्यों आये थे। महाराजजी ने कहा, "आप को जगाने के लिए।" मेरा विश्वास है कि महाराजजी आपके लिए चीज़ें इसलिए मुश्किल बनाते हैं क्योंकि वे आपको कुछ बेहतर के लिए जगाना चाहते हैं।

मैं रॉकीज़ में एक शहर में कई वर्षों तक रहा और बीस साल तक वहाँ काफ़ी अच्छा किया। हालाँकि कुछ मुश्किल समय भी आए लेकिन मुझे हमेशा ऐसा लगा कि महाराजजी मेरी अच्छी देखभाल कर रहे हैं। फिर भी मैं अंदर से दुखी था क्योंकि मेरी शादी नहीं हुई थी और जिस औरत का मैंने कई वर्षों से सपना देखा था, वह मुझे मिली नहीं थी। ताओस में हनुमान को खोज पाने के बाद, कई सालों तक मैंने योजना

बनाई कि किसी दिन मैं वहाँ रहने लगूँगा और उनके आश्रम में साधना और सेवा करूँगा। लेकिन मैं अच्छा पैसा कमा रहा था, मेरे पास एक अच्छा घर था और जहाँ मैं रह रहा था वहाँ सब कुछ इतनी अच्छी तरह चल रहा था ऐसा लगता था कि मैं कभी कुछ और कर ही नहीं रहा था। फिर एक साल के दौरान ऐसा लगता था कि सब परिस्थितियाँ मेरे खिलाफ हो गयीं। मैंने अपने आप को कई लोगों के साथ कठिन द्वंद्व में पाया, मैंने अपनी अच्छी नौकरी खो दी, मैंने अपने घर में दिलचस्पी खो दी, और जिन चीज़ों में एक समय में मुझे आनंद आता था, अब मुझे वे ओछी या तुच्छ लगने लगीं। यहाँ तक की छोटी-छोटी चीज़ें मेरे खिलाफ़ जाने लगीं, चीज़ें टूटने लगीं, बुरे संदेश मेरी Answering machine पर छोड़े जाने लगे और नकारात्मकता की भावना मुझ में भर गयी। अप्रत्याशित रूप से मुझे अजीब-अजीब तरीकों से ताओस आश्रम के बारे में याद दिलाते संकेत मिलने लगे, जैसे साइन या बम्पर स्टिकर देखना या अपने आस-पास के लोगों को ताओस आश्रम के बारे में बातें करते हुए सुनना। और कभी-कभी लोग मुझे यह भी कहते, ओह! आपको ताओस आराम करने के लिए जाना चाहिए। अंत में मैंने अपना सामान ताओस ले जाना शुरू कर दिया। ताओस पहुँचने के दो दिन के भीतर मेरी मुलाकात महाराज जी के आश्रम में एक महिला से हुई। हमारी शादी महाराजजी के हनुमान मंदिर के सूर्य कक्ष में हुई और हम बीस साल के लिए अवियोज्य बन गये। बहुत सालों से मुझे अपने दिमाग़ की गहराई से पता था कि मैं एक बहुत ही खास औरत से मिलूँगा, और हम धर्म के रास्ते पर चलेंगे, एक साथ दुनिया की यात्रा करेंगे, महाराज जी और उनके सत्संग की सेवा करेंगे और एक साथ खुश रहेंगे।

महाराजजी ने मेरे लिए सब इतना मुश्किल इसलिए बनाया ताकि मैं कुछ ऐसा करने के लिए प्रेरित होऊँ जिसका परिणाम बहुत

ही अद्भुत हो। मैं अपना जीवन अध्ययन और महाराजजी की सेवा के लिए समर्पित कर पाया और मेरी पत्नी और मैंने कई वर्षों तक महाराजजी की लीला के मार्ग का पालन किया। मेरी पत्नी शरीर त्याग कर अब महाराजजी के साथ है लेकिन मैं, महाराजजी की कृपा से जो प्रेममयी दुनिया मेरे आस-पास रची जाती है उस पर मोहित होते हुए, महाराजजी के साथ उसी मार्ग पर चल रहा हूँ।

राम राम राम राम राम राम राम राम राम राम राम राम

महाराज जी आपके माध्यम से बात कर सकते हैं

महाराजजी लोगों से वे बातें कहलवा देते थे जो वे कहना नहीं चाहते थे जो कहने का उनका मतलब नहीं होता था, और यहाँ तक कि जो उन्होंने सोचा नहीं होता था और शायद वे अपनी ही सोच से सहमत भी नहीं होते थे। यह कितना अजीब है। गुरूदत्त शर्मा ने मुझे बताया कि वे वृन्दावन में पीछे के आँगन में टहल रहे थे महाराज जी किसी दूसरे आदमी के साथ बैठे हुए थे। उस आदमी ने महाराजजी से पूछा, "आप गुरूदत्त शर्मा को कितने समय से जानते हैं?" महाराजजी ने कहा "जन्मों से"। उस आदमी ने कहा नहीं यह कैसे हो सकता है? महाराजजी ने गुरूदत्त को बुलाया और उनसे पूछा हम कितने समय से एक-दूसरे को जानते हैं गुरूदत्त ने कहा "जन्मों से"। हालाँकि वास्तव में यह कहने का उनका इरादा नहीं था।

कई श्रद्धालुओं का कहना है कि उन्हें लगता है कि महाराजजी कभी-कभी किसी श्रद्धालु के लिए अपने विचार स्पष्ट करने के लिए उनके माध्यम से बोलते हैं। महाराजजी के शरीर त्यागने के बाद ऐसी कई घटनाएँ हुईं जिनमें ऐसे उदाहरण सामने आए हैं । ऐसा मेरे साथ

हुआ और दूसरे लोगों के साथ हुआ जिनसे मैंने इस विषय पर बात की। ऐसा आपके साथ भी हुआ होगा। इसमें रोग हरने वाली और अन्य शक्तियों का उपयोग भी शामिल किया जा सकता है। महाराजजी हमारा कई तरीकों से उपयोग करते हैं, जब तक कि हम अपने "स्व" को बाहर रखते हैं लेकिन अगर आप अपने को "बाहर नहीं रखते हैं" और आप दूसरों से यह दावा करते हुए हिदायत देते हैं कि महाराजजी ऐसा कह रहे हैं। आप अंततः जला दिये जाएँगे। फिर भी यह सब महाराजजी की लीला है। ऐसा न समझें कि कथित तौर पर दिशा देना अपने लिए कुछ अनुयायी बनाने का अच्छा तरीका है, तो कष्ट न करें।

राम राम राम राम राम राम राम राम राम राम राम राम

यह कहा गया है। कि महाराजजी कुछ निश्चित परिस्थितियों में भक्तों को अस्थायी शक्तियाँ दे देते हैं। यह रोग हरने के लिए या निर्देश के लिए हो सकता हैं या कुछ प्रकट रूप से असंभव बात करने के लिए। निम्नलिखित में जो मैंने अनुभव किया है वह संभवतः अन्य श्रद्धालुओं ने भी अनुभव किया होगा। मैं टकोमा (Tacoma) में एक जगह संगीत की प्रस्तुति दे रहा था। एक बड़ा कार्यक्रम था जिसमें कई कलाकार थे और वह स्थानीय रेड़ियों पर प्रसारित किया जा रहा था। उस रात हम सब बहुत उल्लसित थे। संगीतमय प्रस्तुति पूरी होने के बाद जब भवन की बत्तियाँ जलीं और श्रोता जा चुके थे। मैं एक शांत सी टेबल पर खाना खा रहा था। ज़्यादातर संगीतकार सड़क के पार रात्रि संगीत क्लब में चले गये। मैं अकेला था क्योंकि मैंने अपनी पत्नी को यह कहकर भेज दिया था कि मैं थोड़ी देर में आता हूँ। एक वेट्रेस मेरे साथ बैठी हुई थी। उसने बातों में मुझे बताया कि वह अपने जवान बेटे की गंभीर बीमारी की वजह से बहुत तनाव में थी। अगर मुझे याद

है तो वह भंयकर दमा या कुछ ऐसा ही था। वह इसके बारे में बहुत तनाव में थी क्योंकि उसको लगातार इससे जूझना पड़ रहा था और वह बहुत भयभीत थी कि उसका बेटा जल्द ही मर जायेगा। मैंने उसे आश्वासन दिया कि जल्द ही सब कुछ ठीक हो जायेगा और मुझे लगा कि वह बहुत जल्द ठीक हो जायेगा। कुछ महीने बाद, मैं वहाँ एक और संगीत कार्यक्रम प्रस्तुत करने के लिए लौटा। जैसे ही मैं और राधा अंदर पहुँचे, वेट्रेस जल्दी से हमारे पास आयी और मुझसे बोली, "आपने मेरे बेटे को ठीक कर दिया।" जब मैं अपने घर पहुँची, वह बीमार नहीं था उसके बाद से उसे बीमारी नहीं है आपने उसे बचा लिया।" हम बस शरमाये। मैंने और राधा ने एक दूसरे की तरफ देखा और सोचा कि यह सिर्फ महाराजजी कर सकते थे क्योंकि मुझमें निश्चित रूप से ऐसा करने की क्षमता नहीं थी। राधा ने कहा, "नहीं, नहीं भगवान ने ऐसा किया था।" यह कहानी ऐसी थी जो कि हम दूसरों को बताना नहीं चाहते थे ऐसा लगता था कि महाराजजी चाहते थे कि लड़का ठीक हो और उन्होंने ऐसा करवाने के लिए इस लीला का इस्तेमाल किया।

राम राम राम राम राम राम राम राम राम राम राम राम

महान तर्कशास्त्री, कर्ट गोडेल (Kurt Godel), ने तर्क दयिा क गिणतीय अवधारणाएँ और वचिार, अपने स्वयं की एक वस्तुनष्ठि वास्तवकिता बनाते हैं जनि्हें हम न तो बना सकते हैं, न ही परवरि्तति कर सकते हैं लेकनि केवल देख सकते हैं और वर्णन कर सकते हैं।"[42]

हनि्दू धर्म ऐसा ही है। गुफाओं में प्राचीन हद्रिू योगयिों ने आंतरकि दृष्टकि के माध्यम से पूरी भौतकि दुनयिा का और अंतर्नहिति प्रकृतकि को देखने व वर्णन करने का तरीका ढूँढ़ा और पाया कभिौतकि दुनयिा में बहुत कुछ अनदेखी शक्तदि्वारा बनाया गया है। जब हम

महाराजजी के वज्ञिान के बारे में बात करते हैं, तो इसी बारे मैं बात करते हैं। कुछ लोगों को छोड़कर अधकितर लोगों के लए इसकी समझ अज्ञात है। हन्दि साधु और संतों ने भीतर गहराई से सृष्ट कि बारे में जवाब तलाशने की कोशशि की है, जसिके बारे में वैज्ञानकि बाहर जवाब तलाश कर रहे हैं। जतिना वे वपिरीत दशिाओं में जाते हैं, उतने ही वे वास्तवकिता की अवधारणा के करीब आते हैं।

सब कुछ आपके उस "आप" पर आता है जो आपके इस शरीर में "सवारी" कर रहा है। सब कुछ आपके अपने जीवन की फल्मि की गुणवत्ता के बारे में है और जो वास्तव में ये फल्मि देख रहा है। यह एक स्तर पर एक वरिोधाभास है और एक अन्य स्तर पर तार्कक और पूरी तरह से स्पष्ट है।

राम राम राम राम राम राम राम राम राम राम राम राम

चरण स्पर्श

ऐसी बहुत सी कहानयिाँ हैं जनिमें लोग महाराजजी के पैरों को छूते हैं। सबसे प्रसद्धि कहानयिों में से एक है जब एक वांछति डकैत महाराजजी के तख़्त के पास महाराजजी के पैर दबा रहा था। महाराजजी का दूसरा पैर राज्य पुलसि का प्रमुख दबा रहा था। दोनों पूरी तरह से महाराजजी से मंत्रमुग्ध थे। महाराजजी ने पुलसि प्रमुख से पूछा क क्या वे दूसरे आदमी को जानते थे। पुलसि प्रमुख ने जवाब दयिा, "नहीं महाराजजी, मैं बस आपको देख रहा हूँ।" यह महाराज जी के कमल चरणों की चुंबकीय शक्त कि दखिाता है।[43]

सामाजकि रूप से, बड़ों और सम्मानति व्यक्तयिों के चरण स्पर्श करना लगभग पश्चमि में हाथ मलिाने की तरह आम बात है।

सुवधिा के लएि, इसे संकेतकि रूप में, घुटनों तक झुक कर ही कर कयिा जाता है। गुरु दत्त शर्मा जी ने मुझे बताया था,"जसि व्यक्त कि पैर छूए जा रहे हैं, उसे लाभ प्राप्त नहीं होता, जो व्यक्त पैर छू रहा है, सभी लाभ उसी को प्राप्त हो रहा है।"[44] मुझे इस बातचीत से लगता है क जसि व्यक्त कि पैर छुए जा रहे हैं, उसमें अधकि शक्त, भक्त या सांसारकि शक्त है , बजाय उसके जो क पैर छू रहा है। यह बलि्कुल उस तरह है क जसि व्यक्त कि पैर छुए जा रहे हैं, वह वस्तुतः ऊर्जा से भरा हुआ हो, और बदले में पैर छूने वाले व्यक्त को आध्यात्मकि या व्यक्तगित शक्त कि इस कुण्ड से पानी "पीने" की अनुमत दि रहा हो। पश्चमि में, इस तरह से पैर छूने के बारे में कोई सोच भी नहीं सकता।

पैर छूने के बारे में iloveindia.com से पता चलता है क "भारतीय संस्कृत में, ऐसे वशिष अवसर होते हैं जनि पर व्यक्त से अपेक्षा की जाती है क वह अपने से बड़ों के पैर छुए। इन अवसरों में कसिी यात्रा पर जाना या वापस लौटना तथा शादी, धार्मकि और उत्सव के मौके भी सम्मलिति हैं। पहले के समय में, छोटों द्वारा सुबह उठकर और रात को सोने से पहले अपने माता पति के पैर छूने की एक प्रथा थी। हालाँक कई लोग अभी भी इस नयिम का पालन कर रहे हैं फरि भी, सच्चाई यह है क यह परंपरा अब धीरे-धीरे समय के साथ लुप्त होती जा रही है। जब एक बड़े व्यक्त कि पैर छुए जाते हैं, तो बदले में उसे पैर छूने वाले के सर पर हाथ रखकर लंबी उम्र, भाग्य और समृद्ध का, आशीर्वाद देना होता है। दलिचस्प बात यह है क यह पैर छूने का कार्य कुछ अवसरों पर बढ़ जाता है। उदाहरण के लएि, कई लोग मंदरिों में देवताओं के आगे दंडवत करते हैं, या आध्यात्मकि और यहाँ तक क राजनीतकि रूप से उच्च पद वाले व्यक्तयिों के आगे भी।

पैर छूना भारतीय संस्कृत‍ि और परंपरा का एक अभिन्न हिस्सा है और लोगों द्वारा इसका पालन न किया जाना अशिष्टता मानी जाती है।"45

दादा इस सम्बन्ध में कहते हैं, "गोरखनाथ संप्रदाय के प्रमुख एक सुबह कैंची आये। गोरखनाथ भारत में साधुओं का एक बहुत बड़ा संप्रदाय है और इसके प्रमुख एक बहुत शक्तिशाली और प्रभावशाली आदमी थे। वे आये और बाबाजी के कमरे में बैठ गए। बाबाजी ने मुझ से कहा, "दादा, महंत दिग्विजियनाथ एक महान संत हैं, इनके पैर छुओ। मैंने वैसा ही किया। जब कुछ अन्य लोग आए, उन्होंने उनसे भी महंत दिग्विजियनाथ के पैर छूने के लिए कहा। जब महाराजजी ने तीसरी बार यह कहा, महंत दिग्विजिय नाथ उठ खड़े हुए और कहा, "बाबा, आप संतों के संत मेरे सामने बैठे हैं, आप दूसरों को मेरे पैर छूने को कह रहे हैं?"46

राम राम राम राम राम राम राम राम राम राम राम राम

भरमाने का एक अलग रूप

जब मैं महाराजजी के वृन्दावन आश्रम में लंबी अवधि के लिए रहा करता था, मैंने ऐसी कई कहानियाँ सुनी जो किताबों में नहीं हैं। कई इस पुस्तक में समाहित हैं। एक कहानी जिसमें यह वर्णन है कि महाराजजी के आस पास लगातार क्या होता रहता था, उस दिन के बारे में बताती है जब महाराजजी चार आदमियों के साथ कार में निकले। कुछ समय (संभवतः कई दिन ?) के बाद, वे आश्रम में लौट आए। जब महाराजजी अपने कमरे में चले गए, तब वे आदमी साथ बैठकर अपने अनुभव के बारे में बात कर रहे थे। वे यह जानकर हैरान थे कि वे सब अलग अलग स्थानों में गए थे। ये संभव ही कैसे हो सकता है? ऐसा लगता है कि जब आप महाराजजी के आस पास हैं तब कभी भी यकीन से

नहीं कहा जा सकता कि वास्तव में क्या हो रहा है। बहरहाल, यह किसी के जीवन के अन्य भागों के लिए भी कहा जा सकता है। जब आप सीधे या महाराज जी की भौतिक उपस्थिति में उन के पास नहीं बैठे थे, तब भी।

"भरमाना" शब्द हाथ की सफाई दिखाते हुए जादूगरों द्वारा इस्तेमाल किया जाता है। महाराजजी जादू नहीं कर रहे थे, लेकिन ऐसा लगता है कि उन्होंने भरमाने के एक अलग रूप प्रयोग किया। महाराजजी के आस पास एक समय ही में कई चीज़ें होती हुई प्रतीत होती हैं। प्रत्येक व्यक्ति को अपना अपना अनुभव हो रहा था। शायद महाराजजी की उपस्थिति में हर व्यक्ति भ्रांत हो रहा था। अक्सर जब भक्त महाराजजी के साथ बैठे होते थे वे स्पष्ट तौर पर एक व्यक्ति के लिए कुछ कह रहे होते थे लेकिन महाराजजी के शब्दों के अर्थ की गहराई पूरी तरह से एक अलग भक्त को लक्षित करती थी। जो भी महाराजजी करते थे, वह किसी के लिए किसी प्रकार का शिक्षण प्रतीत होता था।

एक पश्चिमी औरत ने मुझे बताया कि जब वह महाराजजी के साथ होती थी तब, अक्सर वहाँ अन्य युवा पश्चिमी बच्चों को ऐसा लगता था कि महाराजजी उससे बहुत बुरी तरह से व्यवहार करते थे। महाराजजी उसके बाल खींचते थे, चेहरे पर थप्पड़ मारते थे और उस पर चिल्लाते थे। एक बार उसने महाराजजी को वृंदावन में परिक्रमा मार्ग पर कुछ लोगों के साथ चलते हुए देखा। वह महाराजजी की तरफ दौड़ कर गयी और उन्हें प्रणाम किया। महाराजजी ने उस पर पाँव रखा और चलते रहे। जब उन्होंने उस पर पाँव रखा तब उन्होंने उसके सिर पर लात मारी। अन्य पश्चिमी युवा लोगों ने उससे पूछा कि वह महाराजजी के इतने बुरे व्यवहार के बावजूद उनके साथ कैसे रह सकती है। लेकिन उसे उस प्रकार के अनुभव नहीं हो रहे थे। वह जो कुछ भी अनुभव कर रही थी,

उसमें महाराज जी की तरफ़ से मलि रहा प्रेम और परवाह थी। महाराजजी उसे गहरे प्रेम की भावना से भर रहे थे। वर्तमान समय में, कई वर्षों बाद भी वह ऐसा अनुभव कर रही है। यह बहुत आश्चर्यजनक है क महाराजजी के साथ कुछ भी वैसा नहीं दखिाई देता जैसा आप उसे सोचते हैं।

राम राम राम राम राम राम राम राम राम राम राम राम

भक्तों के लिए असंभव अनुभव

महाराजजी ने भक्तों को ऐसे अनुभव दएि जो संभव बलिकुल नहीं लगते थे। कई बार ये छोटी सूक्ष्म बातें होती थीं। गुरुदत्त शर्मा ने बताया, "महाराजजी चमत्कार दखिावे के लएि नहीं करते थे। वह चमत्कार आदतन करते थे। महाराजजी चार आदमयिों के साथ यात्रा कर रहे थे। वे कसिी के घर जा रहे थे जहाँ उन्हें उम्मीद थी क तीन लोग उनका इंतज़ार कर रहे होंगे। उनमें से दो ने आठ संतरे खरीदे जन्हिें वे घर ले गये। जब वे सब वहाँ पहुँचे तो यह पाया क बारह व्यक्त वहाँ इंतज़ार कर रहे थे। जब संतरे बाँटे गए तो हर कसिी को एक संतरा मलिा। केवल उन दो व्यक्तयिों को इस चमत्कार का पता था जन्हिोंने संतरे खरीदे थे, और महाराजजी ने उन्हें कुछ भी कहने नहीं दयिा।" 47

भगवान दास ने कहा, "महाराजजी हर मनिट में एक चमत्कार करते थे। भोजन, पैसा, अस्पताल जाना - जो कुछ भी लोगों की जरूरत होती थी, उसका ध्यान रखा जाता था। महाराजजी के पास उनकी चमत्कारी उपलब्धि थी – यह था उनका भ्रम। लेकनि चमत्कार इतने आम हो गए क नौबत यहाँ तक आ गयी क मैं उनपर शायद ही ध्यान देता। ये इतना वास्तवकि था। वे वास्तवकिता की पृष्ठभूम थे। जब भी उनके बारे में

पूछताछ की जाती, उनका जवाब होता, 'मैंने कुछ नहीं कयिा। भगवान ने ऐसा कयिा । " 48

सब कुछ जो महाराजजी करते थे, वह एक "शक्िषण" प्रतीत होता था। एक घोड़ा गाड़ी पर महाराजजी के साथ सवारी करते वक्त उनसे एक आदमी ने पूछा, “महाराजजी मन को स्थरि कैसे कयिा जा सकता है ?" उसी पल एक छोटा सा बच्चा गाड़ी के सामने दौड़ता हुआ आया और ड्राइवर ने घोड़े को रोकने के लिए कसकर लगाम खींची। महाराजजी ने कहा,"इस तरह"।

30 से अधकि वर्षों के लिए महाराजजी का अध्ययन करने के बाद, मुझे लगता है कि महाराजजी के आसपास कुछ प्रकार का "बल क्षेत्र" था जो लगातार इन वसिंगतयिों को पैदा कर रहा था। मुझे नहीं लगता कि महाराजजी कसिी भी प्रकार की वचिार-शक्ति का प्रयोग उस प्रकार से कर रहे थे जसि तरह एक सोचने वाला सामान्य व्यक्ति करता है। महाराजजी पहुँचते और चीज़ें बदल जातीं। यह लगभग ऐसा था जैसे भौतकि वज्िञान के नयिम उनके आस पास बदल जाते हों। महाराजजी हमेशा संयमति हैं/थे। महाराजजी इस के केंद्र में थे।

महाराजजी जानवरों से बात कयिा करते थे और जानवर महाराजजी की भाषा समझते थे। अनयिंत्रति घोड़े को जल्दी से शांत कयिा जा सकता था जब महाराजजी उससे बात करते थे। हनुमान जी की मूर्ति सही-सलामत नीचे फर्श पर गरिने की उनकी लीला से एक दनि पहले एक भक्त ने महाराजजी को चुपके से हनुमान जी की मूर्ति से बात करते भी देखा।

राम राम राम राम राम राम राम राम राम राम राम राम

कई बार यह बताया गया कि महाराजजी बस "वहाँ नहीं" थे। उनका शरीर वहाँ था लेकिन उन्होंने किसी अन्य जगह पर जाने के लिए अस्थायी रूप से इसे छोड़ दिया था - शायद अपने हल्के-शरीर का उपयोग करके या नक्षत्रीय विमान पर उड़ान के द्वारा। सरस्वती ने उल्लेख किया कि वह एक बार महाराजजी के साथ कार में थी जब महाराजजी का शरीर एक दम छोटा, सिकुड़ा हुआ और कुछ हद तक सलेटी रंग का हो गया। महाराजजी किसी और जगह, किसी और कारण से जाने के लिए "निकल चुके" थे। वे वहाँ थे ही नहीं। कुछ समय के बाद, वे अपने शरीर में लौट आए और फिर से सामान्य रूप में दिखाई दिए।

महाराजजी ने हम सभी को अलग अलग चीज़ें दिखायीं। उदाहरण के लिए, 2010 में, एक कनाडाई महिला (वास्तव में एक प्रिय मित्र) ने कहा कि उसे हमेशा से कहा गया था कि महाराजजी की कहानियाँ न किसी को बताएँ और न ही उनके बारे में किसी से बात करें। मेरी दिवंगत पत्नी महाराजजी पर अपनी आस्था के बारे में सत्संग से बाहर बात करने से हमेशा मना कर देती थी, और बाद में सत्संग के भीतर भी बहुत कम बात करती थी। मैंने यही बात दूसरों से भी सुनी है। इस पर विचार करने के बाद, मुझे एहसास हुआ कि मुझे तो इसके विपरीत बताया गया था - कि मुझे महाराजजी के बारे में बहुत ज़्यादा बात करनी चाहिए और महाराजजी के बारे में जानकारी और महाराजजी से संबंधित सामग्रियाँ सबकों देनी चाहिए।

जब सभी युवा पश्चिमी लोग महाराजजी से मिलने भारत आये तो महाराजजी के लिए यह आवश्यक नहीं था कि वे हिन्दुत्व के बारे में पढ़ें। हाँ, कई लोगों ने पढ़ा था, क्योंकि यह उनका अपना सकारात्मक आध्यात्मिक पथ था। और वास्तव में, भारत में महाराजजी के आश्रमों में जो बचा है वह बहुत हिन्दू प्रथाओं के साथ एक बहुत ही

हन्दिू दृश्य है। अभ्यास अपने मन को मुक्त कराने और अपने आप को अपने ही जीवन के नाटक से अलग करने का एक तरीका है ताकि आप महाराजजी का एक गहरा चतिन आरंभ कर सकें। कीर्तनकरना[49], आरतीकरना, ध्यान, सेवा (नि: स्वार्थ सेवा), योग – ये सब आप को मुक्त कराने में सहायक होते हैं। महाराजजी के पश्चिमी श्रद्धालुओं में से कइयों ने बौद्ध प्रथाओं को अपनाया। शायद हम कह सकते हैं कि वे बौद्ध बन गए। यह भी काफी स्वाभाविक लगता है।

हर किसी से (हर किसी चीज़ से) प्रेम करो, प्रत्येक व्यक्ति को खाना खिलाओ (सेवा करो), भगवान को (सब कुछ में) याद करो, लगाव छोड़ दो और सत्य बोलो। इनको महाराजजी का आवश्यक शिक्षण कहा जा सकता है। सबसे बुनियादी साधना जो आवश्यक है वह है महाराजजी को "याद" करना। महाराजजी को प्रेम से स्मरण करना उन्हें करीब लाता है। महाराजजी ने कहा, "जो कोई भी मुझे याद करता है, मैं उनके पास चला जाता हूँ"। महाराजजी को याद करने में आपका ही लाभ है क्योंकि महाराजजी अपने सबसे भुलक्कड़ व्यक्तियों को भी नहीं भूलते।

एक “छोटे” शिक्षण का उदाहरण सीधे महाराजजी द्वारा बोला गया। महाराजजी ने गुरुदत्त जी को बताया - “चाहे लाखों लोग आपके समर्थकों और अनुयायियों के रूप में हों, और हमेशा आपके आदेश में सेवक के रूप में हों, आपको व्यक्तिगत रूप से इन सब बातों का ध्यान रखना चाहिए: खेती (कृषि), पाती (पत्र लेखन), बिनती (विनती-पूजा), घोड़े की पीठ पर जीन कसना।

राम राम राम राम राम राम राम राम राम राम राम राम

महाराजजी अपने चमत्कार करते थे और लोग उन्हें ऐसे देखते थे जैसे उन्होंने ही यह कयिा हो। लेकनि महाराजजी ने कहा, "मैं कुछ भी नहीं करता हूँ। भगवान यह सब करता है। "शायद हम महाराजजी की शक्ति के कारण ही उन पर अपना ध्यान केंद्रति करते हैं - हमारे व्यक्तगित जीवन में मदद करने की शक्ति। या हो सकता है कि महाराजजी का सत्संग उन्हें पकड़ कर इसलिए रखता है क्योंकि वे हमारे पिता हैं और हम जानते हैं कि उनमें वह शक्ति है जो कभी नहीं मर सकती।

राम राम राम राम राम राम राम राम राम राम राम राम

कभी कभी मैं लगभग महाराजजी द्वारा "प्रचालित" लगता हूँ। जब मैं बस बैठकर कुछ भी नहीं करना चाहता, तब वे ऐसी स्थितियाँ बना देते हैं कि मुझे बहुत कुछ करना पड़ जाता है। अजीब परिस्थितियाँ। तब मैं बहुत चिंतित हो जाता हूँ कि मैं कदाचित यह सब कैसे कर सकूँगा। लगभग हमेशा जब मैं काम शुरू कर देता हूँ, दरवाज़े खुल जाते हैं, मार्ग प्रशस्त हो जाते हैं और लोग मार्ग में मेरी मदद और मार्गदर्शन करने के लिए इंतज़ार कर रहे होते हैं। उनके पास हमेशा जवाब होता है। यह मेरी जीवात्मा नहीं है जो चिंतित है। यह मेरा शरीर है, मेरा मन (मस्तिष्क) है। यह एक निरंतर लड़ाई है। खैर, वास्तव में यह एक लड़ाई नहीं है, बल्कि मस्तिष्क और एक भिन्न वास्तविकता के बीच एक निरंतर तनाव है। मुझे पता है कि महाराजजी सब संभाल लेंगे और वे हमेशा संभालते हैं। मेरे अंदर मेरी जीवात्मा बस चुपचाप रह रही है और वह हमेशा ठीक है। महाराजजी हमेशा मुझे उस की याद दिलाते हैं। जब से मुझे यह एहसास हुआ है (कुछ 30 साल पहले) कि मेरे जीवन में यह बातें महाराजजी कर रहे हैं, मैं इस पर और अधिक निर्भर हो गया हूँ।

राम राम राम राम राम राम राम राम राम राम राम राम

गुरुदतजी ने बताया कि "महाराजजी बहिार में एक जंगल में रह रहे थे। स्थानीय लोगों में एक रपोिर्ट आयी कि वहाँ महाराजजी के पास बहुत सारी बंदूकें और गोला बारूद था। जब पुलसि वहाँ जाँच करने के लिए पहुँची तो उन्हें सरि्फ लाठयिों के बड़े बंडल मलि।[50] वह क्या हो सकता था ? यही एक कहानी है जो मैं जानता हूँ वह वशिेष रूप से कहती है कि महाराजजी बहिार में थे।

राम राम राम राम राम राम राम राम राम राम राम राम

जब महाराजजी की मूरतयिाँ बनाने का समय आया तो एक बड़ी समस्या आयी क्योंकि कोई नहीं जानता था कि महाराजजी छोटे कद के थे या लंबे, वे मोटे थे या पतले। भक्तों ने उन्हें कई रूपों में अनुभव कयिा था। यहाँ तक कि तस्वीरों में भी महाराजजी कभी कभी बहुत अलग दखिते थे।

महाराज जी, मोमबत्ती की लौ की तरह हैं, कभी एक पल से अधकि के लिए उसी रूप में दखिाई नहीं देते।

महाराजजी एक अभिव्यक्ति हैं

आपके कर्म इस जीवन में आपके लिए कार्य करते हैं। लेकिन कर्म क्या है और पुनर्जन्म (आत्मा के स्थानांतरगमन) में उसके हस्तक्षेप के बारे में कई मत हैं। ऐसा प्रतीत होता है कि महाराजजी कर्म से बहुत ऊपर थे, लेकिन वे राम दास थे जिन्होंने यह निहित किया कि महाराजजी के भी कर्म थे जिसमें उन्होंने विवाह

किया क्योंकि यह उनसे अपेक्षित था और उनके तीन बच्चे थे। लेकिन महाराजजी के सांसारिक पक्ष के समीकरण को देखना हमारा वास्तविक ध्यान इस बात से भटकाता है कि महाराजजी "कौन" हैं। मैं एक पल के लिए भी यह नहीं मानता कि विवाह महाराजजी का कर्म है। मेरा मानना है कि यह भी महाराजजी की एक और लीला है।

महाराजजी अवतार नहीं हैं। महाराजजी उसी तरह एक अभिव्यक्ति हैं जिस तरह कृष्ण भगवत गीता में अर्जुन से कहते हैं कि वे एक अभिव्यक्ति हैं। हालाँकि हम एक स्पष्ट जन्म की बात कर सकते हैं, मेरा मानना है कि महाराजजी ने पृथ्वी पर जन्म लेने के बाद में शक्तियों का विकास नहीं किया। मेरा मानना है कि वह ये सब वे अपने साथ लाये हैं, जब वे एक स्पष्ट भौतिक शरीर के रूप में प्रकट हुए ताकि वे हमारे साथ सीधे बातचीत कर सकें। यह कैसे किया जा सका यह हमारे लिए एक प्रमुख रहस्य है। यह सब उनकी लीला है।

राम राम राम राम राम राम राम राम राम राम राम राम

कई महान वंशों में कई महान लोग हैं। जन साधारण द्वारा ज्ञात और अज्ञात, रमण महर्षि, स्वामी रामकृष्ण, शिरडी साईं बाबा आदि। ये दिव्य लोग हैं। महाराजजी एक व्यक्ति नहीं है और कभी नहीं थे। वे व्यक्ति प्रतीत होते थे, लेकिन वे व्यक्ति थे नहीं।

राम राम राम राम राम राम राम राम राम राम राम राम

हर जगह लोग अपना दैनिक जीवन व्यतीत कर रहे हैं। हर जगह, हर कोई कुछ ढूंढ रहा है, खोज रहा है। वे क्या खोज रहे हैं? प्रसन्नता? परितोषण? संतृप्ति? क्या हम केवल अपने शरीर में दौड़ रहे रसायनों और अतःस्थापित मनोवैज्ञानिक सोच द्वारा संचालित हो

रहे हैं ? मेरा विश्वास है कि हर कोई महाराजजी को किसी न किसी तरीके से खोज रहा है l हर कोई उन्हें ढूंढ रहा है जो उन्हें बिना शर्त प्यार करते हैं और जो उनके बारे में परवाह करते हैं और जो सब उनके बारे में सब जानते हैं l चाहे गोचर हो या अगोचर ये महाराजजी हैं l यह पता रहना कि महाराजजी मौजूद हैं, अपने आप में कृपा है l नीम करौली बाबा का नाम सुनना ही अपने कई रूपों में कृपा है l अगर आप (आपकी जीवात्मा) इसके लिए तैयार नहीं हैं, आप इस नाम को या उनकी तस्वीर को पहचानेंगे नहीं। लेकिन अगर आप तैयार हैं ..., आह !!!

लोग आमतौर पर डॉक्टर के पास तब तक नहीं जाते हैं जब तक कि वे बीमार न हों। महाराजजी महा-चकित्सिक हैं। महाराजजी बहुत लोगों की बहुत चीज़ों का इलाज हैं, बीमारी चाहे कोई भी हो। ज़रूरी नहीं कि इसका मतलब रोग ही हो। लोग प्रेम-वहिनि, तंगदलि दुनयिा में रहते तंग आ चुके हों, थक चुके हों, या ऐसे परवािर से तंग आ चुके हों जो अपमानजनक हो और उन्हें समझता न हो, या एक अकृतज्ञ बेरहम नीरस दनिचर्या वाले नगिम में काम करके थक चुके हों। कई लोग भारी-भरकम बीमारयिों की वजह से महाराजजी के भक्त बन गये। महाराजजी उनके हृदय को अपनी स्थति स्वीकार करने में और जो मार्गदर्शन वे ढूंढ रहे हैं उसको पाने में उनकी सहायता करते हैं। यदि कोई मासूम, प्रेममयी और खुले मन वाला महाराजजी के पास आता है तो महाराजजी उसे तुरंत ही अपनी ओर खींच लेते हैं। लेकनि यदि उनके पास कोई अपने कसिी उद्देश्य साथ आता है तो महाराजजी उन्हें भेज देते हैं। महाराज जी आप को जानते हैं और वे जानते हैं कि आपके दलि में क्या है।

राम राम राम राम राम राम राम राम राम राम राम राम

प्रेम एक बल है

वैज्ञानिक वास्तव में प्रेम को एक बल के रूप में नहीं देखते। महाराजजी प्रेम का वह बल हैं। वे प्रेम के कारण हमारे लिए यहाँ थे और आज भी हैं। अपने दिमाग पर ज़ोर देना इसका जवाब नहीं है। हम, सामान्य मनुष्य के रूप में इसके बारे में नहीं सोच सकते। यह बस हमें थका देता है और वास्तव में पागल कर देता है। क्या हो रहा है ज्ञेय नहीं है। वृहत्तर चेतना (आत्मा) भौतिक तल पर संकेंद्रित नहीं है। यह भौतिक तल की रचना करती है। महाराजजी अधिक प्रेम और वृहत्तर विज्ञान के साथ काम कर रहे हैं जो भौतिक तल के बाहर भी है। और महाराजजी यहाँ भौतिक तल पर चीज़ें प्रकट करते हैं।

फिर भी प्रेम ही भौतिक तल पर सब जीवन को बनाता है। यही तलाश के लायक एक बात है। मनुष्य के लिए इसके बहुत सारे अर्थ और व्याख्याएँ हैं। यहाँ तक कि एक युद्ध के मैदान पर इतना प्रेम है। लड़ाई के भीतर, गहन प्रेम है जो सैनिकों को लड़ाई के मूल में एक दूसरे के प्रति महसूस होता है। वे अक्सर दूसरों की जान, सेना के अपने भइयों की जान बचाने के लिए अपनी खुद की जान जोखिम में डाल देते हैं। वे चाहे जैसे "कार्य" करें, चाहे जैसे उन्हें डर हो,जितना वे शत्रु से "घृणा" करें, चाहे जैसे सेना की संस्था व्यवहार करे, वे इस गहन कार्य को एक अजीब से प्रेम के सुरक्षा कवच के भीतर करते हैं। वे जीवन और मृत्यु के बहुत किनारे पर हैं। अगर कोई मरता है तो वह सीधे भौतिक तल से बाहर अत्यंत प्रेम में चला जाता है।

महाराजजी, एक पूर्ण साधित विभूति, जो शारीरिक रूप में प्रकट हुए, जानते हैं कि प्रेम ही मूल है, इसलिए जब हम महाराजजी से मिलते हैं, हम "प्रेम में" होते हैं। प्रेम के भीतर सब कुछ चमत्कारिक और

अद्भुत है। प्रेम सब कुछ का मूल है। प्रेम परमात्मा की अभवि्यक्ति है। प्रेम वंश-वृद्धि की प्रक्रयिा का एक अनविार्य हसि्सा है।

प्रजनन की प्रक्रयिा के दौरान हम जन्म के दरवाज़े के इतने करीब होते हैं कि हम गहन प्रेम को महसूस कर सकते हैं ठीक उसी तरह जैसे कि शिरीर की मृत्यु के दरवाज़े के पास हम इतना अत्यधकि तीव्र प्रेम महसूस करते हैं, प्रेम का अत्यधकि आनन्द यह भी कहा जा सकता है कि संभोग के दौरान पशु प्रवृति हावी हो सकती है और संभोग अप्रयि बन सकता है, यहाँ इसका वह मतलब नहीं है। जब हम अपने जीवन में सबसे ज़्यादा प्रेम महसूस करते हैं तब हम अपनी जीवात्मा के सबसे करीब होते हैं। हम मूल के करीब होते हैं, जो प्रेम है। महाराजजी को "प्रेम का चमत्कार" कहा जाता है क्योंकि सभी लीलाओं के दौरान, उन्होंने प्रेम को प्रकट कयिा। चाहे उनके नृत्य को कसिी भी प्रकार देखा गया हो, उनका मूल प्रेम है/था।

महाराजजी का प्रेम संकीर्ण प्रेम नहीं है। फिल्मों वाला "मैं तुमसे प्यार करता हूँ" वाला प्रेम नहीं। यह वास्तव में बड़ा प्रेम है। सभी के लिए सर्वशक्तिशाली प्रेम। यह अपने पति या पत्नी से, अपने बच्चों से, अपने दोस्त से, निजी संपत्ति से प्रेम की तरह है, लेकिन सभी जानवरों, सभी पौधा से, हम सबके अणुओं से और सभी चीज़ों में---------, हर बैरी या शत्रु या प्रतिद्वंद्वी से, रोगाणुओं सहित, वाइरस और रोगों से भी। इसमें घास का हर तिनका, राह में हर पत्थर, रिक्शे की हर कील, ब्लाउज का हर बटन, कंबल का प्रत्येक रेशा भी शामिल हैं। इसका मतलब है, घृणा की पूर्ण अनुपस्थिति। यीशु ने सभी को यह पढ़ाया है। आपको सभी से प्रेम करना चाहिए। यहाँ तक कि बीटल्स ने यह सिखाया जब उन्होंने गाया था, "ऑल यू नीड इस लव"। यही मंत्र हर किसी के दिमाग में रहना चाहिए। यह आपके लिए काम करे, इसके लिए आपको सभी चीज़ों के लिए अधिक प्रेम देखना और

महसूस करना चाहिए यही है, था, और हमेशा रहेगा। संक्षेप में आपको स्वयं प्रेम होना चाहिए।

महाराजजी कहते थे , यदि आपको कोई व्यक्ति दर्द देता है , तब भी उसे प्रेम दें। किसी को अपने दिल से बाहर फेंक देना सबसे बुरी सजा है। आपको हर किसी को भगवान के रूप में प्रेम करना चाहिए और एक दूसरे को भी प्रेम करना चाहिए।

महाराजजी कहते थे "यदि आप एक दूसरे से प्रेम नहीं कर सकते हैं, तो आप अपने लक्ष्य को प्राप्त नहीं कर सकते।"

महाराजजी कहते थे "प्रेम सबसे शक्तिशाली दवा है। यह बिजली से भी अधिक शक्तिशाली है।"

राम राम राम राम राम राम राम राम राम राम राम राम

प्रेम में सर्वस्व बसता है और सब एक है। प्रेम ही "सब एक" में प्रेम की वाहक धारा है। केवल एक ही चीज़ हो रही है और यह प्रेम की एक धारा के भीतर हो रही है। "आप" जिसको एक इंसान सोचता हैं, और पूरी पृथ्वी, दो अलग चीज़ें नहीं हैं। पृथ्वी जीती हैं और आपकी तरह ही साँस लेती है। यह एक जीवित तत्व है। पृथ्वी पर जीवन रूपों में केवल 3% जानवर है जबकि 97% पौधे हैं। यह स्तब्धकारी है। मनुष्य कौन हैं ? हम क्या सोचते हैं हम यहाँ क्या कर रहे हैं ? हम अपने स्थानों को कैसे देखते हैं? स्पष्ट रूप से वास्तविकता क्या है, यह समझने के लिए सुधार का कर सकते हैं। वास्तविकता की अपनी अवधारणा का विस्तार करने में और "वृहद परिप्रेक्ष्य" देखने में, महाराजजी ने बहुत लोगों की मदद की है। हम सब की नहीं, लेकिन उन लोगों की जो तैयार हैं।

महाराजजी कहते थे, "भगवान की पूजा करने के लिए सबसे अच्छा तरीका हर तरीका है।"कई लोगों को हर दिन भगवान से

सहायता मिल रही है। भगवान उनके निरंतर साथी हैं। वे भगवान पर विश्वास करते हैं। वे भगवान की पूजा करते हैं। वे भगवान से प्रार्थना करते हैं। वे भगवान के प्रति कृतज्ञता व्यक्त करते हैं। भगवान उनकी सुरक्षा करते हैं। भगवान उनके साथ चलते हैं। भगवान उनकी सहायता करते है। भगवान उन्हें आशीर्वाद देते हैं। सार्वभौमिक ईश्वर चेतना आत्मा है। आप एक फूल में भगवान के दर्शन कर सकते हैं।

राम राम राम राम राम राम राम राम राम राम राम राम

मान्यताओं का चक्र

महाराजजी के आस-पास के लोग, जनि्हें "सत्संग" कहा जाता है, वे उनके चारों ओर मान्यताओं का पूरा चक्र बनाते हैं। एक दंपत्ति, जसिने 70 के दशक में महाराजजी के साथ बहुत समय व्यतीत कयि, ने मुझे बताया, "नीम करौली बाबा एक बहुत ही अच्छे इंसान थे, लेकनि उन्हें भगवान कहे जाने की बातें बलिकुल सत्य नहीं हैं।" लोगों से इस तरह की बात सुनना एक दम दुर्लभ है फरि भी, मुझे यह वशि्वास है कि यह महाराजजी की एक और लीला थी जसिसे वे सुनश्चित करते थे कि लोग ऐसा कहें ताकि आपके पास एक स्पष्ट माध्यम हो।

अन्य लोग जो महाराजजी के आसपास के चक्र की वपिरीत दशिा में थे उनका कहना है कि महाराजजी गुरुओं के गुरु, प्रभुओं कें प्रभु, देवताओं के परमेश्वर, हे प्रभु परमेश्वर है। चक्र के चारों ओर महाराजजी के पास ऐसे लोग हैं जो अपने स्वयं के परप्रिेक्ष्य से उन्हें देखते हैं जो उनकी खुद की पृष्ठभूमि और स्वभाव से आया है। उदहारण के तौर पर लगता है कि ईसाई लोग उन्हें यीशु के अवतार के रूप में देखते हैं। हो सकता है कि नास्तिक उन्हें एक जादूगर के रूप में देखते हों। मुझे

नहीं पता। लेकनि महाराजजी सरि्फ इस चक्र के केंद्र में एक आदमी नहीं है। यह सब महाराजजी की लीला है। वे चक्र हैं। यह सब उन्ही का खेल है , उनकी लीला आपको तो पता भी नहीं चलता कि महाराज जी अस्तति्व में है जब तक आप यह जानने के लिए पर्याप्त रूप से विकसति नहीं हैं।

मुझे बताया गया है कि महाराजजी यीशु के साथ बहुत आसक्त थे और अक्सर उनके बारे में बात करते थे। महाराजजी की आँखों में आँसू आ जाते थे जब वे यीशु की बात करते थे। कुछ भक्तों को ऐसा लगता था कि महाराजजी यीशु को व्यक्तगित रूप से जानते थे। “जीसस लवि्ड इन इंडयिा” (Jesus Lived In India) कतिाब पढ़ने से पहले, यीशु के नाम पर स्थापति चर्च संस्थानों के रक्त पपिासु स्वभाव के कारण मैं यीशु से इतना प्रभावति नहीं था। लेकनि बाद में मुझे एहसास हुआ कि यीशु सभी श्रद्धालुओं में से सबसे अच्छे थे। तब से मुझे कश्मीर में यीशु की मज़ार पर जाने और वह स्थान/मंदरि जहाँ मैरी, यीशु की माँ ने, अपने बेटे के साथ भारत यात्रा के दौरान तथाकथति तौर पर अपने शरीर को त्यागा, खोजने की बहुत तीव्र इच्छा है

मुझे नहीं लगता कि महाराजजी यीशु का अवतार थे, जैसा कि कुछ ने सुझाया है। “जीसस लवि्ड इन इंडयिा” (Jesus Lived In India)[51] कतिाब पढ़ने के बाद मुझे अंदर से बहुत तीव्र एहसास है कि उन कई सालों पहले यीशु महाराजजी के पास जाते थे, उनके तख़्त पर बैठते थे, और जैसे सभी भक्त करते हैं, महाराजजी की उपस्थति में आनंद उठाते थे। उसके बाद महाराजजी के बहुत से भक्तों की तरह, यीशु दुनयिा को बदलने के लिए चले गए। जब उन्होंने यह कहा, “मेरे पति जो स्वर्ग में हैं” (My Father who is In Heaven), वह महाराजजी का

ज़क्रि कर रहे थे। वह तो पूरी तरह से चर्च के स्थापति सद्धिांतों का वरिोध था।

राम राम राम राम राम राम राम राम राम राम राम राम

भक्त – सत्संग

मैं महाराजजी के सत्संग में सबसे अद्भुत भक्तों से मलिा हूँ। जो लोग महाराजजी के साथ सीधे संपर्क में थे और जन्हिोंने महाराजजी के दर्शन कयि। वे साधारणतया अवर्णनीय हैं। उन में एक गुणवत्ता है जो क बिहुत "वास्तवकि" है। उनके आसपास शांत कि भावना है। उनके व्यापक रूप से भन्नि व्यक्तत्वि और व्यवसाय हैं। फरि भी महाराजजी के लए उनका प्रेम अपार है। पश्चमिी बच्चे जो 70 के दशक में महाराजजी के साथ थे अब बहुत बड़े हो गए हैं, और वे अभी भी अपने दलि और दमिाग में इतने प्यार से महाराजजी को समेटे हुए हैं।

सत्संग महाराजजी के गुप्त समाज की तरह है। एक बार जब वे आपको अपनी ओर आकृष्ट कर लेते हैं तो आप कभी भी उनके आवरण के नीचे से बाहर नहीं आना चाहते। चाहे आप उनके मंदरि न भी जाते हों या उनके सत्संग में शामलि न भी होते हों, फरि भी वे आपके साथ हैं। जब आप उन्हें याद करते हैं, वे आपके पास आ जाते हैं। जब आप उन्हें याद नहीं करते, वे सरि्फ देखते हैं, और वही करते हैं जो वे करना चाहते हैं। वैसे वे "वे" नहीं हैं। हम बस महाराजजी को नीम करौली बाबा के रूप में" वे" से संबंध जोड़ते हैं। वहाँ लगि पहचान से अधकि कुछ चल रहा है।

राम राम राम राम राम राम राम राम राम राम राम राम

शविाय बाबा ने एक बार मुझसे कहा, "आपकी सत्संग के लोगों से भी शायद इसलएि अच्छी बनेगी क्योंक आिप अपने बचे हुए पूरे जीवन में उन्हें जानेंगे।"

राम राम राम राम राम राम राम राम राम राम राम राम

हालाँक यिे भक्त एक दूसरे से एक परविार की तरह जुड़े हुए हैं, महाराजजी का सत्संग एक सामाजकि परदृिश्य नहीं है। हम सत्संग वाले आध्यात्मकि पथ पर अपनी यात्रा के अनुभव से जुड़े हुए हैं, बलिकुल उतने ही जतिने 60 और 70 के दशक के युवा लोग जुड़े थे जब वे महाराजजी से मलिे थे। हम अपनी साधना और महाराजजी के बारे में अपनी समझ और उनके साथ संचार से जुड़े हुए हैं।

स्वाभावकि रूप से, महाराजजी के सत्संग के लएि जीवन थोड़ा अजीब कहा जा सकता है। वे सब कुछ के लएि महाराजजी पर भरोसा करते हैं। गैर-सत्संगी लोगों के लएि यह तो कई मायनों में समझ से बाहर है। भक्त अक्सर समाधान बताने के लएि, अगला कदम उठाने के लएि, या कसिी गलत प्रतीत होती हुई स्थति को सही बनाने के लएि महाराजजी की प्रतीक्षा करते हैं। एक तरह से, यह परम "जाने दें" और "भगवान को आने जैसा दें" रवैया है। क्या करना है, यह बताने के लएि अपने गुरु का इंतज़ार करना, गैर सत्संगयिों के लएि बहुत डरावना है। भक्तों के लएि भी, पहली बार में यह बहुत डरावना है। लेकनि यह हमेशा काम करता है।

आपके लएि महाराजजी के अन्य भक्तों को जानना आवश्यक नही है, लेकनि यह आपके हृदय को उनके साथ होने में मदद करता है। बहुत से लोग उस समुदाय का हस्सिा होना चाहते हैं जो महाराजजी की

अर्चना करते हैं, उन्हें प्यार करते हैं, और महाराजजी और हनुमान जी की पूजा करते हैं। यह मुश्कलि है, लेकनि असंभव नहीं है। अमेरकिा में न्यू मैक्सकिो में ताओस हनुमान मंदरि [52] है, और फ्लोरडिा में काशी आश्रम [53] है। इन स्थानों पर नीम करोली बाबा के भक्त हैं। आप माउ (Maui) हवाई (Hawaii) में राम दास जी से मलि सकते हैं, हालाँकि, वशिष व्यवस्था की आवश्यकता है। आप न्यूयॉर्क में या कहीं और जहाँ वे कीर्तन कर रहे हैं, कृष्ण दास कीर्तन सभा में भाग ले सकते हैं। जय उत्तल कई स्थानों में अद्भुत कीर्तन समारोह करते हैं। सच्चाई यह है कि सित्संग मत्रिों से मलिवाना महराजजी के ऊपर (और आपके कर्मों के ऊपर) है। यदि आप वास्तव में ऐसा चाहते हैं और इसके लिए प्रयास करते हैं, कभी कभी बहुत प्रयास, तो महाराजजी अवश्य मलिवाएँगे। अपनी व्यक्तगित साधना जारी रखें। यदि आप सत्संग के करीब खींच लिए जाने के लिए तैयार हैं, तो महाराजजी यह ज़रूर करेंगे। सत्संग में होना आसान है और यह मुश्कलि है। महाराजजी की लीला के प्रति मिन को खुला रखें। यह प्रेममय है और आपकी सत्संग की इच्छा भी पूरी हो रही है।

राम राम राम राम राम राम राम राम राम राम राम राम

महाराजजी ने कहा, "हम केवल उन्हीं लोगों से मिलते हैं जिनके साथ हमारा मिलना पूर्वनिर्धारित है। प्रत्येक व्यक्ति के साहचर्य की अवधि भी पूर्व निर्धारित है। अगर कोई अलग हो जाए, या अगर साहचर्य लंबे समय तक नहीं रहा तो किसी को शोक नहीं करना चाहिए।

महाराजजी ने हमें देखने की, सुनने की, उनके द्र्शन करने की अनुमत दी है, यह भवष्यि की एक नई दुनयिा के लएि एक शगुन है और उनके भक्तों के लएि एक बड़ा वरदान। उनका आवर्भाव चाहे क्षणभंगुर रहा हो यह एक शुरुआत है। कई प्रमुख लोगों पर उनके प्रभाव ने बहुत कुछ बदल दयिा है।

आप एक शारीरकि रूप में महाराजजी से नहीं मलि रहे हैं। यहाँ तक कि जो लोग महाराजजी के साथ थे जब वे नीम करौली बाबा के प्रकट शरीरकि रूप में थे वे भी उनसे उस रूप में नहीं मलि रहे थे। आप चेतना के एक अन्य स्तर (एक उच्च स्तर) पर महाराजजी से मलि रहे हैं। वहीं पर महाराजजी का आप पर नयिंत्रण है। यह जरूरी नहीं है कि आप एक सदस्य होने के लएि कुछ भी करें। वास्तव में, यह वपिरीत है। आप लीलाओं को देखते हैं और हैरान होते हैं कि यह क्या हो रहा है फरि एक दनि आपको पता चलता है कि आप महाराजजी की लीला में प्रवेश कर चुके हैं।

शायद आप सोचें कि आपके साथ अजीब अकथनीय बातें हो रही हैं। और कभी कभी वे अत्यधकि तीव्र बन जाती हैं। यह पता चलने में कई साल लग सकते हैं कि इसके पीछे महाराजजी हैं। यही कारण है कि महाराजजी का सत्संग धर्म-प्रचार नहीं करता है। कोई भी आपको कहीं शामलि होने को नहीं कहेगा। आप केवल इस सब में से नकिले सवालों के उत्तर खोज सकते हैं और ये जवाब महाराज जी द्वारा प्रदान कयि जायेंगे जैसे जैसे आपको उनकी आवश्यकता होगी।

राम राम राम राम राम राम राम राम राम राम राम राम

यह एक तरह से जीवन को बदलने की भावना है। आप शायद कहें, "मेरी ज़निदगी इतनी अजीब कैसे हो गयी ?" शायद आपने महाराजजी की तस्वीर को देखा था। शायद तस्वीर ने भी आपको देखा। महाराजजी ने आपके दलि में देखा और देखा कि आप अगले कदमों के बारे में पता करने के लिए तैयार थे। हो सकता है कि महाराजजी एक दनि आपसे मलिने आये हों, सड़क पर या वास्तव में कहीं और। हो सकता है कसिी बारे में आपके अंदर की पीड़ा में, आपके भीतर चेतना ने वृहत्तर चेतना को पुकारा हो।

अगर आप महाराजजी के पास बुलाये गए हैं तो इससे पहले कि आप महसूस करें, इस बात की बहुत सम्भावना है कि महाराजजी ने आपको बहुत पहले, कसिी अन्य जीवन में भी, अपना लयिा हो। फरि भी जब तक आप (आपनी जीवात्मा की मदद से) उसे चैतन्य रूप से जानने के लिए तैयार नहीं हैं, महाराजजी आपको नहीं खींचते हैं। अन्यथा यह कैसे हो सकता है? केवल एक छोटी संख्या में ही लोग महाराजजी के बारे में जानने के लिए तैयार हैं। अगर आप तैयार नहीं हैं तो आप उनके सन्दर्भ में बातें सुन सकते हैं तथा बनिा महाराजजी द्वारा अंदर खींचे गए, उनके आश्रमों के सामने से कई बार गुज़र सकते हैं।

महाराजजी के प्रत‍ि सचेत हो जाने के बाद, इस चेतना से कि प्रेम और अच्छाई की ताकत आपके साथ है, आप आश्चर्य करते हैं कि दूसरे संभवतः क्या सोच रहे हैं, वे अपने दनि कैसे बता रहे हैं और वे इस जीवन में जो कर रहे हैं उसे वे कैसे देखते हैं।

राम राम राम राम राम राम राम राम राम राम राम राम

महाराजजी हमेशा अपने भक्तों के लिए जीवन आसान नहीं बनाते। दरअसल, वे कभी कभी चीजें काफी कठनि बना देते हैं। वे फरि से, अपने भक्तों के मन को चुनौती देते हैं, अपने हृदय अपनी जीवात्मा, वास्तव में उन्हें समर्पति करने के लिए।

महाराजजी आपको इसमें डालेंगे। यही एक तरीका है इसे कहने का। महाराजजी अपने सभी भक्तों को सखिा रहे हैं। वे आपको हर रोज़ सखिा रहे हैं। सबक अक्सर बहुत कठनि होते हैं। घटनाओं की समीपता अक्सर बहुत अलग होती है। यह कहा गया है कि महाराजजी आपको एक मुश्कलि स्थिति में या आपको पूरी तरह से गलत दशिा में डाल देंगे, और फरि आपको इसे से बाहर खींच लेंगे और प्रतविर्ती स्थिति में डाल देंगे। ऐसा लगता है कि "वपिर्यय" महाराजजी की लीला का एक बड़ा हस्सिा है। बदलाव के इस तरीके से, महाराजजी सभी दशिाओं में जीवन के पहलुओं को साकार करने में आपकी मदद करते हैं।

महाराजजी आपकी समस्या का समाधान कर सकते हैं, लेकनि महाराजजी ने शायद सर्वप्रथम आप के लिए समस्या उत्पन्न की। सवाल यह है कि आप क्या सोचते हैं कि समस्या कसि "आप" की है। एक बार जब आप लीला के प्रति आत्मसमर्पण कर देते हैं, तब कोई वकिल्प नहीं है। महाराजजी, आपके गुरु के रूप में, सभी स्थितियों को रचते हैं और वे सब लोग, जो कसिी भी क्षण में आपको दखिाई देते हैं, महाराजजी हैं। महाराजजी को अपना भाई बॉब (Bob) मानना, अपना बॉस, या प्रेमी, या टीम का साथी मानना एक बड़ा वरदान है। जो कुछ आप कर सकते हैं वह यह है कि आप उस व्यक्ति से अपने गुरु की तरह प्यार करें, जैसे आप महाराजजी से प्रेम करते हैं। ऐसा करने से सब कुछ परविर्तति हो जाता है। क्योंकि उनमें से हर एक के अंदर, महाराजजी उतने ही हैं जतिने कि आपके अंदर।

महाराजजी ने कहा, "दुर्भाग्य से डरो नहीं। कुत्ते भौंकते रहते हैं लेकनि हाथी चलता रहता है, वह परवाह नहीं करता।"

राम राम राम राम राम राम राम राम राम राम राम राम

जैसा रवदिास ने लखिा है, "यह उनके शरीर से बाहर होने की बात नहीं थी, वे साठ के दशक में नशि्चति रूप से उस चारखाने वाले कंबल के अपनी ऊँगली घुमाते हुए अपने शरीर में थे और दुनयिा प्रतक्रियिा दे रही थी। महाराज जी 1930 से उत्तर प्रदेश में कई अजीब स्थानों में अपना काम कर रहे थे। तो बाबाजी मेरा उपयोग करना ठीक है, यह सम्मान की बात है। भारतीय सोच के कुछ लोग कल्पना करते हैं कि महाराजजी भगवान के अवतार है, राम की तरह, हनुमान के अवतार हैं। वे मानते हैं कि आपके पुनर्जन्म से बहुत पहले ही गुरु स्वचि (switch) का नयिंत्रण ले लेते हैं। गुरु कार्मकि चक्र को तोड़ सकते हैं इसीलिए गुरुओं का तरिस्कार करना मूर्खता है। महाराजजी से न मलिने के बदले यदि मुझे अरबों डालर्स भी दयि जाते तो मैं वे छोंड़ देता। मैं आदी हूँ, लेकनि यह सब खुशी नहीं है........" 54

राम राम राम राम राम राम राम राम राम राम राम राम

महाराजजी के भक्तों को "शिष्यों" के रूप में वर्णित किया जा सकता है। महाराजजी ध्यान से इन भक्तों का चयन करते हैं, अक्सर प्रकट रूप से उन्हें जन-साधारण में से उन पर कई मायनों में कृपा प्रदान करने के लिए चुनते हैं। ऐसा लगता है मानो महाराजजी अपने प्रसन्नचित लोगों की मंडली के लिए उन भक्तों को आकर्षित करते हैं जो महाराजजी का धर्म का काम कर सकें और दुनिया को स्वस्थ

करने के लिए हम सबमें भगवान के मानवीय अभिव्यक्तियों की प्रकृति को समझने के लिए भगवान् जैसी समझ ला सकें । उनके भक्त कई छोटे और बड़े साधनों का उपयोग करते हैं।

वास्तव में सेवा के लिए बुलाये जाने के लिए या उनकी लीला का हस्सिा बनने के लिए उनसे नीम करौली बाबा के रूप में, मलिना आवश्यक नहीं है।

एक बार अगर एक भक्त ने महाराजजी को अनुभूत कर लयिा है तो उसके साथ कुछ भी पहले जैसा नहीं रह जायेगा।

राम राम राम राम राम राम राम राम राम राम राम राम

संतों के चमत्कार

सन्यासयिों के पास चीज़ों को परणित करने की शक्ति (आशीर्वाद से) होती है। असल में हम सब अनजाने में ऐसा कर सकते हैं, या कई बार, मानसकि मनोवृत्ति से बातों को नकारात्मक तरीके से प्रभावति करते हैं। संन्यासी इस सकारात्मक आशीर्वाद को चैतन्य रूप से और मजबूत इरादे के साथ कर सकते हैं। मसरू इमोटो (Masaru Emoto)[55] के बर्फ़ के कणों के साथ प्रयोगों में संकेत हो सकता है कि पक्के इरादे के साथ हम अपने आस पास की चीज़ों में बदलाव ला सकते हैं। कौन फेरबदल कर रहा है ? जीवात्मा या मस्तष्कि की शक्ति? हम यकीन के साथ नहीं कह सकते। लेकनि लगता है कि यिह प्रमाण्य है। इन बातों पर महाराज जी की केंद्रति शक्ति की कल्पना कीजिए। माता जी भी। भारत में प्रार्थना, साधना, और मंशा की लाखों कहानियाँ हैं।

ईसाई धर्मशास्त्र के स्कूलों में, वे यह सिखाते की नहीं कि पृथ्वी पर अलौकिक प्राणी घूमते हुए दिखते हैं, फिर भी वहाँ संतों में विश्वास है। इसका मतलब है कि जो लोग "चमत्कार" करने में सक्षम हैं - वो बीमार को स्वस्थ कर सकते हैं, बाढ़ को रोक सकते हैं और कई अन्य अव्याख्येय चीज़ें कर सकते हैं। महाराजजी के संत-जैसे गुण इसमें कहाँ सही बैठते हैं? अगर महाराजजी कैथोलिक होते तो निश्चित रूप से इतने चमत्कार जो उन्होंने किए उनकी रिपोर्टों के आधार पर उन्हें मान्यता दी गई होती और चर्च द्वारा संत घोषित किया गया होता। क्योंकि महाराजजी भारतीय संस्कृति की गहराई के भीतर, पश्चिम से छिपे रहे। यदि महाराजजी राम दास को कुछ सीखने और बाद में पश्चिम में सिखाने के लिए अपनी तरफ न खींचते तो उनके बारे में, भारत के बारे में बहुत कम ज्ञात होता। यह महाराज जी की कृपा है कि पश्चिम में हमने उनके बारे में सुना भी।

भारत में संतों के चमत्कारों की अनगनित कहानयिाँ हैं। कई भारतीय संतों ने ऐसे चमत्कारों का प्रदर्शन कयिा है। महाराजजी ने वे सब चमत्कार कयि हैं जनिका श्रेय कई अन्य संतों को दयिा गया है, और भी कई चमत्कार कएि हैं हम पृथ्वी पर संतों की उपस्थतिि से सामंजस्य कैसे कर सकते हैं? एक व्यक्ति के लएि इन चीज़ों को कर पाने में सक्षम होना कैसे संभव है ? क्या पुण्य शक्तयिों का इससे भी बड़ा प्रदर्शन होना संभव है ?

नीम करौलौ बाबा महाराजजी की लीलाओं की कहानियों का अस्तित्व इस अद्भुत घटना में एक विलक्षण जानकारी है। महाराजजी को साधारण छलिया कहकर टाला नहीं जा सकता। प्रचुर प्रमाण हैं कि महाराजजी विलक्षण से भी ऊपर थे। महाराजजी के बारे में सबकुछ एक नये अवतार के आदर्श का संकेत है। वे वस्तुतः संपूर्ण अनासक्ति के सार थे। उन्होंने चमत्कार किए जिनका प्रचुरता से वर्णन किया

गया। उन्होंने भारत में लाखों लोगों को भोजन कराया। यह वह समय था जिस समय हम महाराजजी का पता नीम करौली बाबा के रूप में लगा सकते हैं।

दादा मुखर्जी वर्णन करते हैं कि " एक दिन बाबाजी ने शुक्ला से दानसिंह बिष्ट की पत्नी के पास जाकर उसकी गाड़ी माँगने को कहा। शुक्ला ने कहा। ऐसा करने से वह समझेगी कि मुझे गाड़ी आपके लिए चाहिए अपने लिए नहीं, मुझे इससे आपके बारे में बात करनी होगी और कहना होगा कि आप यहाँ हैं " बाबाजी ने हसँते हुए कहा " तुम बहुत बुद्धिमान हो, मैंने इस समस्या के बारे में नही सोचा, तुमने इसके बारे में कैसे सोचा? लेकिन अब क्या किया जाए? मुझे जाना है " जब हम उनकी बातों का आनन्द लेते हुए खड़े थे, एक दूसरी गाड़ी आ पहुँची। गाड़ी में और कोई भी नहीं था और बाबाजी उसके अंदर गए और गाड़ी चलाकर चले गए। शुक्ला जी ने कहा "न तो कोई जानता था कि उनकी समस्या क्या थी और न ही यह कि उसका समाधान कैसे हुआ, लेकिन जैसे कि यह आवश्यक था वे आ और जा सकें। इसी तरह उनका काम चला करता था"। [56]

भारत में सत्संग से पूछा गया, " नीम करौली बाबा कौन हैं? महाराजजी कौन हैं? " उत्तर है, " वे भगवान हैं " अवस्था यह है कि ईश्वर की अभिव्यक्ति (आत्मा- सब कुछ जानने वाली पूर्ण साधित चेतना) को मनुष्यों द्वारा " पा " लिया गया है तब ऐसा प्रतीत होता है कि इस बात का अनुसरण हो रहा है कि ईश्वर हमेशा किसी रूप में या वास्तव में कई रूपों में धरती पर हमारे बीच हैं।

राम राम राम राम राम राम राम राम राम राम राम राम

सेवा

सेवा, नि: स्वार्थ सेवा के लिए एक संस्कृत शब्द है जो सेवा करने वाले व्यक्ति के लिए परिणाम या पुरस्कार की किसी उम्मीद के बिना किया जाता है। नि: स्वार्थ सेवा का विचार कई भारतीय धर्मों और योग परम्पराओं में एक महत्वपूर्ण अवधारणा है। क्योंकि यह माना जाता है कि परमेश्वर का दूसरों से और स्वयं हम से सम्बन्ध होता है, अन्य लोगों की सेवा परोक्ष रूप से भगवान की सेवा का एक अनिवार्य भक्ति साधना मानी जाती है। “सेवा दूसरों का जीवन आसान बनाने के लिए की जाती है। यह सिख धर्म के केंद्रीय सिद्धांतों में से एक है। जीवों का पोषण भोजन से होता है और भोजन को पोषण बारिश से मिलता है; बारिश स्वयं में ही जीवन जल है, जो नि: स्वार्थ पूजा और सेवा से आता है।"- भगवद गीता, 3.14। नि: स्वार्थ सेवा ईसाई धर्म में भी महत्वपूर्ण है। यीशु ने अक्सर इसके बारे में उपदेश दिये और पीटर (Peter) और पॉल (Paul) दोनों ने, क्रमशः, इसके बारे में लिखा।[57]

महाराजजी की सेवा अक्सर दूसरों की और वास्तव में हर किसी की सेवा है। महाराजजी के आश्रम के भीतर आपकी सेवा आमतौर पर सरल है। वहाँ रखवालों, आश्रम के कर्मचारियों और पुजारियों के लिए निर्धारित दिशा निर्देश हैं। आश्रम में सेवा ज़्यादातर भोजन तैयार करने और वितरण के आसपास घूमती है, इसके अलावा अच्छी तरह से साफ-सफाई और आश्रम की अच्छी व्यवस्था में भाग लेने के रूप में होती है। यह सेवा अपने कर्तव्यों के निष्पादन में अपने व्यक्तिगत विचारों को लाए बिना की जानी चाहिए। इन सेवा कर्तव्यों को पूरा करने के लिए अपने मन को साफ़ रखना चाहिए।

महाराज जी ने कहा, "काम कयिा जाना चाहिए। कल का काम आज कयिा जाना चाहिए और आज का अभी ।"

महाराजजी के भक्त कई प्रकार से उनके लिए सेवा करते हैं। महाराजजी के कट्टर भक्त वसतुतः अपने हर कर्म से उनकी सेवा करते हैं। सभी कार्य महाराजजी के लिए नि:स्वार्थ सेवा के रूप में कयि जाते हैं। महाराजजी के आश्रम के भीतर, सेवा भोजन तैयार करने में, चाय बनाने में, खाद्य सेवा, बर्तन साफ़ करने में, सफाई, कपड़े धोने, भवन निर्माण व रखरखाव, बागवानी बुज़ुर्ग और अशक्त व्यक्तियों की सेवा, कार्यालय का काम, आपूर्ति जुटाना, और मंदरि की देखभाल करने के साथ जुड़े विभिन्न कर्तव्यों के रूप में की जाती है।

आश्रम के बाहर, सेवा, महाराजजी के लिए अपने सभी कार्यों के प्रति समर्पण है, परमात्मा चेतना के लिए, आपके काम के भीतर कसिी भी रूप में वे ले सकते हैं, आपके व्यापार के भीतर, आपके परिवार के भीतर, आपके समुदाय के भीतर, और सभी रूपों में सेवा है। महाराजजी के भक्तों के लिए, इसका मतलब है कि कुछ भी और सब कुछ जो आप करते हैं वह सेवा के रूप में महाराजजी को समर्पित है। जब सेवा की जाती है तो हम हर संभव कोशिश करते हैं कि सेवा के परिणाम संपूर्ण और यथासंभंव सही आएँ हालाँकि जब सब कुछ कयिा और कहा जा चुका हो तब परिणाम आपको कैसा दखिाई देता है उससे संलग्न नहीं हो सकते। सेवा को सही ढंग से करने में अपना और उनका जिनकी सेवा हो रही है दोनों का लाभ होता है। एक महत्वपूर्ण विशेषता है कि सेवा के आपके सेवा-कार्य के भीतर प्रेम और सकारात्मक मंशा की एक प्रेरणा है। यह प्रेम और सकारात्मक मंशा सेवा करने वाले और जिनकी सेवा की जा रही है, दोनों के लिए लाभदायक है।

महाराजजी ने कहा, "काम पूजा है।"

आप सेवा में अपना समय महाराजजी पर ध्यान लगाने के लिए खर्च करना चाहते हैं, ताकि महाराजजी आपको यह सुनने में मदद करें कि वह आपसे क्या करवाना चाहते हैं। भोजन तैयार करने में कुछ विशिष्ट नियम हैं। अमेरिकी संस्कृति में इसे कहा जाने लगा है "इरादे से खाना पकाना"। फिर भी इरादे में एक विचार प्रक्रिया निहित है। आश्रम में खाना बनाने के लिए आपमें स्वयं को और अपने मन को उस समीकरण से अलग करने की गुणवत्ता होनी चाहिए और इस तरह महाराजजी जो कुछ भी इरादा भोजन में डालना चाहें आप उसका एक माध्यम बनें। हम महाराजजी को भोग लगाने से पहले कभी भी भोजन नहीं चखते।

राम राम राम राम राम राम राम राम राम राम राम राम

एक तरह का पागलपन

कई भक्तों के लिए, महाराजजी के प्रति समर्पण के साथ एक प्रकार का पागलपन या उन्माद जुड़ा हुआ है। अपने जीवन के मतभेदों को देखने के मामले से भक्त निबिट रहे हैं जैसे कि तर्कसंगत मन स्वीकार करने के लिए मना कर देता है। विशेष रूप से अन्य लोगों के मन। अक्सर महाराजजी के भक्तों के परिवार नहीं समझ पाते कि उन्हें क्या हो गया है। वे नहीं समझ पाते कि आपको कुछ हो गया है और आप एक अलग मार्ग का अनुसरण कर रहे हैं, एक अलग दिशा में बढ़ रहे हैं। यह आपके परिवार के प्रति द्वेष के कारण नहीं है बल्कि अपने नए मार्ग पर अपार सद्भावना के कारण है।

एक अन्य कहानी जो गुरुदतजी ने मुझे बताई थी वह इस प्रकार है। "एक आदमी महाराजजी के दर्शन कर रहा था। महाराजजी ने उसे पूड़ियों का एक बड़ा डिब्बा दिया।[58] इस पैकेज में करीब 36 पूड़ियाँ

थीं। वह आदमी इतना प्रसाद लेने से मना करने की कोशशि कर रहा था क्योंकवि वह ट्रेन से यात्रा कर रहा था और उसके बाकी सामान के साथ बहुत मुश्कलि हो जाता। फरि भी, महाराजजी ने हठ कयिा और आदमी ने पूड़ियाँ ले लीं। ट्रेन पर जाते हुए आदमी ने महसूस कयिा कि ट्रेन थोड़ी धीमी होने लगी है और उसी समय उसने ध्यान दयिा कि दूर से एक हाथी ट्रेन की तरफ दौड़ा चला आ रहा है। जैसे-जैसे ट्रेन धीमी होती गई वैसे-वैसे हाथी भी ट्रेन की तरफ दौड़ता गया। जब ट्रेन अंत में रुक गयी तो हाथी सीधे खड़िकी की तरफ आया। आदमी ने सभी पूड़ियाँ हाथी को खलिा दीं।[59]

तपस्या

महाराजजी के प्रति समर्पण अक्सर एक 'तपस्या' है। यहाँ वकिपिीडयिा से एक अच्छी परभिाषा है। "तपस (तपस, संस्कृत: तपस्) का मतलब है गहरा ध्यान, आत्मज्ञान प्राप्त करने के लएि प्रयास, कभी कभी एकांत, संन्यास या तप सम्मलिति होते है, यह धातु रूप तप (तप् या ताप संस्कृत) से लयिा गया है जसिका मतलब संदर्भ के आधार पर अग्नि या मौसम, या ज्वाला, जलन, चमक, तपस्या, दर्द, पीड़ा, वैराग्य से 'गर्मी' है। हदिू धर्म के वैदकि साहत्यि में, तपस के आधार पर संलयन शब्द व्यापक रूप से कुछ आध्यात्मकि अवधारणाओं, जो गर्मी या आंतरकि ऊर्जा, जैसे ध्यान, से वकिसति होती हैं, वशिेष अवलोकन व अंतर्दृष्टि तक पहुँचने की कोई भी प्रक्रयिा, एक योगनि या तपस (एक वृद्धि व्युत्पन्न शब्द जसिका अर्थ है "तपस्या का साधक, तपस्वी") का आध्यात्मकि परमानन्द, यहाँ तक की यौन अंतरंगता की गर्मी की व्याख्या करने के लएि इस्तेमाल कयिे जाते हैं। कुछ संदर्भों में, इस पद का मतलब तपस्या,

पीड़ा, पवति्र गतविधि, साथ ही दुख के अर्थों में भी प्रयोग होता है। उदाहरण के लिए संलयन शब्द तपस्वनिी (संस्कृत: तपस्वनिी), का अर्थ है, एक महलिा भक्त या धर्मपरायण महलिा 'एक तपस्वनिी, जो साधना कर रही है' या कुछ संदर्भों में यह गरीब, दुखी महलिा हो सकती है। योग परंपरा में भीतर जो आग जलती है, ज्ञान के बहुत ही मुश्कलि लक्ष्य को प्राप्त करने के लिए सन्यासी को आत्म नयिंत्रण, एकाग्रता और ध्यान, सादगी, बुद्धि और अखंडता को बढ़ावा देने के लिए उस आग की आवश्यकता होती है। शरीर के अनुशासन के माध्यम से, सही भाषण, केवल सच बोलना, सही सोच, अहसिा, सही कर्म, सभी के लिए प्रेम, भगवान के प्रति समर्पण, हर स्थिति मिें शांत और संतुलति रहने की क्षमता के वकिास, कसिी भी स्वार्थी मकसद या इनाम के बारे में सोचे बनिा कयि गये कार्य, भगवान में एक स्थरि वशि्वास के साथ शरीर, मन और चरति्र को वकिसति एवं अनुशसति करने, मन को नयिंत्रति करने और सभी इच्छाओं के पूर्ण उन्मूलन के लिए इसका प्रयोग कयिा जाता है। "60

महाराजजी हमेशा इस प्रक्रिया में रहते हैं कि आप अपने कर्म, अपनी प्रोग्रामिंग, और वर्तमान जीवन में अपने भाग्य के अनुसार एक अधिक पवित्र, अधिक प्रसन्न, अधिक सुन्दर और अधिक शक्तिशाली व्यक्ति बनें। इसका मतलब यह नहीं है कि आप महाराजजी के लिए समर्पित हैं और फिर वे आपको एक फिल्मी सितारा बना देंगे। वे आपको किसी तरह से एक सितारा बना देंगे लेकिन इसकी भी सम्भावना है कि बाद में वे आपसे यह प्रसिद्धि वापस छीन लें और फिर इस प्रसिद्धि को किसी और तरह से वापस लौटा दें।

महाराजजी ने कहा, "अगर आप भगवान के दर्शन करना कहते हैं तो इच्छाओं को मारना होगा। इच्छाएँ मन में हैं। यदि आपको किसी चीज़ की इच्छा है, इस पर कार्यवाही न करें, इच्छा चली जाएगी। अगर आपको इस चाय को पीने की इच्छा है, मत पीजिये, इच्छा दूर हो जाएगी।"

बस यही है तपस की अग्नि के बारे में। और जैसे जैसे आग जलती है, यह उन चीज़ों को हटा देती है जो आपको प्रेम की मुख्य-धारा से बाहर रखती हैं, जो कि अस्तित्व का मूल है, भले ही बाहर की दुनिया में प्रत्यक्ष अभिव्यक्ति हो। राम दास ने कहा, " प्रसिद्धि और शर्म और खुशी और दर्द सभी एक ही हैं।" यह सब आप के भीतर तपस की आग्नि के बारे में है।

राम राम राम राम राम राम राम राम राम राम राम राम

मानवीय इच्छाओं से कोई फर्क नहीं पड़ता

आपकी मानवीय इच्छाओं से वास्तव में कोई फर्क नहीं है। मस्तिष्क, अक्सर मस्तिष्क का निम्न कार्य ज़्यादातर इच्छाओं को पैदा करता है हालाँकि कई इच्छाएँ आपके कर्मों का प्रभाव हैं। आपके कर्मों के परिणाम का कोई फर्क नहीं पड़ता। आप किसी भी परिणाम के साथ संलग्न नहीं हो सकते। क्या मायने रखता है? सभी से प्रेम करना, सभी की सेवा करना, भगवान को याद करना और सच बोलना।

प्रत्यक्ष विकल्पों की सूची जो आपके दिमाग में है, यह वह सूची नहीं है जो महाराजजी आपके जीवन के लिए देखते हैं। आपका सूची बहुत सीमित है इसलिए यही सबसे अच्छा है कि महाराजजी के लिए अपने आत्मसमर्पण के माध्यम से आप इसे पूरी तरह निरस्त कर

दें। आप यह नहीं कह सकते हैं,"ठीक है, महाराजजी, मैंने समर्पण कर दयिा। अब मुझे एक मलियिन डॉलर दे दीजिए।" यह उस तरह काम नहीं करता। हो सकता है कि किसी दनि महाराजजी आपको एक मलियिन डॉलर दे देंगे। वह नशि्चति रूप से आपको करोड़ों डॉलर देने में कहीं अधकि सक्षम हैं। ऐसा होने की अधकि संभावना है कि अगर आपको करोड़ों डॉलर प्राप्त करने हैं, तो महाराजजी आपको एक मलियिन डॉलर प्राप्त करने के रास्ते पर डाल देंगे। आपको इस तरह की कसिी चीज़ के होने के लिए तैयार होना चाहिए ताकि अगर आपको वह प्राप्त करना है तो महाराजजी आपको इतनी राशि के साथ धर्म के अनुसार रहने के लिए तैयार करेंगे।

लोग अक्सर उन चीज़ों की इच्छा करते हैं जो इस जीवन में नहीं दी जा सकती, और वे बाह्य समस्या पर ही अटके रह जाते हैं। अपने जीवन की फिल्म में बस भगवान को देखना ही बेहतर है। पुराना ब्रिटिश नारा, "शांत रहें और आगे बढ़ते रहें" एक ऐसा वाक्यांश है जो राधिका ने चारों ओर, सत्संग में और ताओस के लोगों में अच्छे प्रभाव के लिए फैलाया। ये हम सभी के लिए ज्ञानपूर्ण शब्द हैं। यदि हमें लगता है कि हमने महाराजजी के समक्ष पूरी तरह से समर्पण कर दिया है, और फिर वह हमारी कथित सूची पर जो चीज़ें हैं वे हमें नहीं देते, हम परेशान हो जाते हैं और महाराजजी को दोष देते हैं। कितनी मूर्खतापूर्ण बात है। यह तो वही बात है कि महाराजजी आपको सबसे बढ़िया दूध से बनी मिठाई दे रहे हैं, और आप परेशान हैं कि उन्होंने आपको खीर नहीं दी।[61] आपको खीर के बारे में बिना सोचे उस मिठाई को आनन्द लेकर खाना चाहिए और उसके अद्भुत स्वाद को महसूस करना चाहिए, हालाँकि खीर निश्चित रूप से किसी और समय पर ज़रूर आएगी।

रब्बू जोशी की अद्भुत कतिाब "आई एंड माई फादर आर वन" (I And My Father Are One) में उन्होंने लखिा है, “ऐसा लगता है कि महाराजजी ने आपके अंदर एक “चपि” रख दयिा हो।” यह सच है। बहुत सारे भक्त इस अवधारणा को समझ सकते हैं। अक्सर यह चपि वहाँ इस एहसास के होने से बहुत पहले डाल दी जाती है कि महाराजजी कौन हैं या यह उन्होंने कयिा है।

यदि आप मुश्कलि समय से गुज़र रहे हैं तो याद रखयि कि महाराजजी ने हर दरवाज़े पर आपकी मदद और सेवा के लिए लोग तैनात कर रखे हैं। महाराजजी की कृपा पाने के लिए मन को खुला रखिए। हालाँकि आपके खुलेपन की भी आवश्यकता नहीं है। महाराजजी में कसिी भी स्थिति में अपनी कृपा भर देने की पर्याप्त शक्ति है।

राम राम राम राम राम राम राम राम राम राम राम राम

महाराजजी क्षमा कर देते हैं

महाराजजी आपकी दोष-स्वीकृति की आवश्यकता के बनिा ही सब कुछ क्षमा कर देते हैं। हो सकता है आप अच्छे होंगे, फरि भी आप जिसे अच्छा सोचते हैं हो सकता है कि जो आपको सखिाया गया है, वह उससे थोड़ा अलग हो। महाराजजी, एक पूर्ण साधति वभूिति होने के नाते आपके अस्तित्व के सब प्रत्यक्ष अच्छे और बुरे तत्व देख सकते हैं।

एक तरह से "अच्छा होना" एक लक्ष्य नहीं है। यदि कोई लक्ष्य होता तो वह महाराजजी होना होता। क्या अद्भुत दुनिया होती अगर हम महाराजजी हो पाते। महाराजजी से बेहतर क्या प्रेरणास्रोत हो सकता था ? उसी तरह, महाराजजी के आश्रम आपके घरों के लिए प्रेरणास्रोत के तौर पर इस्तेमाल किए जाने के लिए एक बढ़िया

उदाहरण हैं। इसका अर्थ यह नहीं है कि आप अपने घर को भी एक आश्रम बना दें बल्कि आप अपने घर में भी उसी तरह रहें जिस तरह आप आश्रम में रहेंगे। सब हिन्दू घरों में मंदिर होते हैं, वास्तव में घर ही मंदिर हैं। यदि आप सोचेंगे कि आप आश्रम में रह रहे हैं, तो निश्चित रूप से आप दिन को एक अलग दृष्टिकोण से देखेंगे।

इतनी सारी अराजक दखिाई देने वाली गतविधियिों के बीच अपनी खुद की शांत का केंद्र ढूँढना ही कुंजी है। भक्तों के लिए, आपका घर ही आपका आश्रम होना चाहिए। आपके घर में एक पवति्र गुण होना चाहिए जो आप अपने घर की सप्राणता में लाना चाहते हैं। एक छोटा सा नजिी मंदरि आपके पर्यावरण में पवति्र गुणवत्ता को बनाए रखने में मदद करता है। सभी भक्तों के पास देवी-देवताओं के साथ, महाराजजी तथा अन्य महान संतों की तस्वीरों के साथ "पूजा वेदी" है। यह आपके घर की ऊर्जा के रखरखाव में एक अनविार्य तत्व है।

राम राम राम राम राम राम राम राम राम राम राम राम

राम राम

"राम राम राम राम राम राम" वह मंत्र है जो महाराजजी लगातार जपा करते थे। यह भी बताया गया है क कभी-कभी महराजजी "राधा, राधा, राधा, राधा, राधा राधा," राधा का नाम लेते हुए मंत्र जपा करते थे। राधा-कृष्ण की सखी, और हदिू देवी लक्ष्मी का अवतार, राधा रानी को भारत के ब्रज [62] क्षेत्र के लोग बहुत प्यार करते हैं।

लेकनि आमतौर पर महाराजजी राम का नाम लगातार और चुपचाप लयिा करते थे। एक पश्चमिी भक्त जो उनके साथ 70 के दशक में था कहता था क पिश्चमिी बच्चे मज़ाक कयिा करते थे कि

ऐसा लगता था कि महाराजजी गम चबा रहे हों क्योंकि मंत्र जपते रहने की वजह से उनका जबड़ा हमेशा हिलता रहता था।

महाराजजी अक्सर कागज़ और कॉपियों पर राम लिखकर जाप [63] किया करते थे। महाराजजी ने कई ऐसे कागज़ भक्तों को भी दिए।

निश्चितरूप से यही कारण है कि महाराजजी के सत्संग एक दूसरे का अभिवादन राम राम कहकर करते हैं, साथ ही यह चित्रकूट के आस पास स्थानीय क्षेत्र में प्रचलित है। "राधे राधे" और "हरे कृष्ण" बड़े पैमाने पर ब्रज, मथुरा, वृंदावन और क्षेत्र में, इस्तेमाल किये जाते हैं, "ओम नमः शिवाय" पहाड़ों में, और "जय गुरुदेव" महर्षि महेश योगी जैसे अन्य सत्संग के बीच में। भारत के कई हिंदू संप्रदायों के बीच कई अलग अलग प्रकार के अभिनंदन हैं। महाराज जी ने कहा कि राम का नाम लेने से, सब कार्य पूरे हो जाते हैं।

हालाँकि, यह तथ्य महत्वपूर्ण है कि महाराजजी राम राम मंत्र को साधना के रूप में जपा करते थे बजाय सिर्फ एक अभिनंदन के रूप में प्रयोग करने के। इसलिए यह लगता है, कि हमारे पास इस से सीखने के लिए कुछ है। निश्चित रूप से यह एक बहुत अच्छा विचार लगता है कि लगातार चुपचाप और बिना दिखावे के राम के नाम का जाप करने की आदत अपने अंदर डालनी चाहिए।

"महाभारत" में शिव जी कहते हैं कि तीन बार "राम" का नाम लेना ईश्वर के एक हजार अन्य नाम उच्चारित करने के बराबर है। महात्मा गांधी भी अक्सर राम मंत्र का प्रयोग किया करते थे! तब जब उनकी हत्या कर दी गयी थी। "राम राम" वह आखिरी शब्द थे जो उन्होंने कहे थे

अतुलनीय भगवान दास, निम्नलिखित अंतर्दृष्टि प्रदान करते हैं, "एक बार, मैंने एक एक दोस्त की लैंड रोवर उधार ली और वृंदावन में एक

छोटी सी आध्यात्मकि सभा में महाराजजी के दर्शन करने गया। आम तौर पर जैसा होता था, सब कुछ सुंदर था। हर कोई खुश और परपूिरण था । अचानक, महाराजजी अपने तख़्त से कूद गए और घोषणा की, 'चलो,आगरा चलें !' हर कोई उनको बाहर तक छोड़ने के लिए आगे बढ़ा। मैंने सोचा था कि वे अन्य कारों में से एक में जायेंगे और मैं पीछे-पीछे चलूँगा। उन्होंने लैंड रोवर की तरफ देखा, जल्दी से उसमें बैठ गए और दरवाज़ा ज़ोर से बंद कर दयिा। मैं अंदर गया, और जल्द ही हम वृन्दावन से आगरा की तरफ मुख्य-मार्ग पर जा रहे थे। भारतीय सड़कों पर, राष्ट्रीय राजमार्ग सहति गाय, रक्शिा वाले, कुत्ते, जंगली बकरयिाँ,और स्वछंद मुरगयिाँ भी थीं ! यह बेहद खतरनाक था, और घातक दुर्घटनाएँ असामान्य नहीं थीं। मैं पैंतालीस मील प्रतिघंटे की गतिसे चला रहा था, जो भारत में बहुत तेज़ होता है।

महाराजजी ने मेरी ओर देखा और कहा,"जल्दी करो, जल्दी करो !" और मैं थोड़ी और तेज़ी से चलाने लगा। फिर महाराजजी चिल्लाए ,"जल्दी, जल्दी, जल्दी करो !" और मैं थोड़ी और तेज चला वे संतुष्ट प्रतीत नहीं हुए, इसलिए मैं उसे आगरा तक भगा कर ले गया। जैसे ही गति में वृद्धि हुई, हम इतनी तेज़ जा रहे थे कि मैं स्टीयरिंग व्हील को बहुत मुश्किल से ही पकड़ पा रहा था। जीप ऊबड़ खाबड़ सड़क पर बेतहाशा लड़खड़ा गयी।

“फिर सबसे अजीब बात हुई। मैंने महाराजजी की सीट पर देखा, वहाँ सिर्फ उनका मुड़ा-तुड़ा कम्बल पड़ा था। मैंने एक हाथ से स्टीयरिंग संभाला और दूसरे हाथ से कम्बल - और वहाँ वास्तव में कुछ भी नहीं था! मैंने खुद की कसम खाई कि मैं दोबारा इतनी तेजी से गाड़ी कभी नहीं चलाऊँगा। मैंने सोचा, 'यह नहीं हो सकता है; यह सच नहीं हो सकता है।' लेकिन मैं कुछ भी नहीं कर सकता था सिवाय यह पल कैसा होना चाहिए के बारे में अपने विचारों पर ध्यान

न देने के और ऐसा करने से मैं एक महत्त्वपूर्ण खोज कर पाया। मैंने महसूस किया कि किसी भी समय में, वह केवल क्षण था। न कुछ अधिक, न कुछ कम। केवल क्षण। और फिर एक तीव्र प्रवाह आया। मेरा पूरा शरीर परमानन्द से फड़कने लगा। यह एक अविश्वसनीय अनुभव था, एकाएक दो ब्रह्मांडों में होने की तरह। वह क्षण यहीं था, और मैं भी। मैं नहीं जानता कि कब तक यह चला (आगरा तक डेढ़ घंटा लगता है) क्योंकि मैं अनंत काल में था। मैंने फिर से देखा और वहाँ महाराजजी मेरे बगल में बैठे थे, अपना कंबल ओढ़े हुए, राम नाम जपते हुए। 'राम राम राम राम राम राम राम राम'। हम आगरा पहुँचे। महाराजजी ने दरवाज़ा ज़ोर से खोला और उन्होंने एक बन्दर की तरह बाहर छलांग लगाई। महाराजजी राम के संचारक थे। वह उद्घोष ध्वनि की तरह सुनाई दे रहे थे। 'राम राम राम राम राम राम राम राम!' महान संतों की सिद्धियों में से एक है कि वे संचार स्टेशन बन जाते हैं। लौकिक चैनल पर प्रसारित होते हैं। महाराजजी दिन के हर क्षण आशीर्वाद प्रसारित कर रहे थे। 'राम राम राम राम राम राम राम राम' राम राम राम राम राम राम राम [64]

राम राम राम राम राम राम राम राम राम राम राम राम

एक नया आदर्श / आद्यरूप

मानव अस्तत्वि के एक पूरी तरह से नए युग की शुरुआत में, शारीरकि रूप में महाराजजी के प्राकट्य का सर्वोच्च महतत्व है। महाराजजी सब चीज़ों में, एक आध्यात्मकि अधार्मकि, पूरण साधति, परम चैतन्य तरीके से काम करते हैं फरि भी वह पूरी तरह त्यागी रहते हैं, दुनयिा में दखिाई देते हैं लेकनि दुनयिा से अनासक्त हैं। महाराजजी पौराणकि देवताओं की सभी शक्तयिों को दर्शाते हैं।

हालाँकि, महाराजजी राक्षसों के खिलाफ लड़ाई करने के लिए शक्तिशाली सेना को नहीं लगाते जैसा कि भगवान कृष्ण और भगवान राम द्वारा किया गया था। महाराजजी ने भगवान् बुद्ध की तरह, दुनिया की सहायता करने के लिए विनम्र तथा सौम्य, भक्तों की सेना को उन्मुक्त किया है। इस वर्तमान समय में, महाराजजी के भक्तों ने एक नए युग में सेवा करनी शुरू की है जब मानव जाति ने इतनी प्रौद्योगिकी के साथ भविष्य के लोगों के लिए मानव जीवन के अनुभव को वास्तव में एक उदात्त अनुभव में बदलने में मदद करने के लिए खुद को इतना सशक्त बना लिया है। मानव जाति पृथ्वी को भर रही है और वास्तव में हमारे सौर मंडल के ग्रहों की ओर और अंततः सितारों की तरफ़ जाने के साहसिक कार्य की शुरुआत कर रही है I प्रौद्योगिकी का यह विस्फोट भी महाराज जी की प्रेरणा का एक पहलू है।

महाराजजी एक नए प्रेरणा स्रोत हैं, मानवता के लिए एक नए आद्यरूप। महाराजजी के बारे में सब कुछ प्रेम की एक लीला है। महाराजजी के नाम पर हत्या करना अकल्पनीय है। यहाँ तक कि महाराजजी के नाम पर कलह करना भी अकल्पनीय है। महाराजजी का अर्थ है त्याग। महाराज जी दूसरों के प्रति अनासक्ति और निःस्वार्थ सेवा के प्रतीक हैं। महाराज जी परमेश्वर के प्रेम के प्रतीक हैं, सबका प्रेम - वो सब जो था, वो सब जो है और वो सब जो कभी होगा।

गुरु दत्त शर्मा ने बताया कि "महाराजजी बहुत गतिशील रहते थे। आश्रम बनने से पहले वे बहुत ज़्यादा यात्राएँ करते थे। और जब वे घरों में रुकते थे वे अक्सर उन कमरों को बदलते रहते थे जिनमें वे रहते थे। और यदि वे एक ही कमरे में भी रुकते थे, तो वे वह अक्सर अपनी स्थिति बदलते रहते थे जहाँ वे रुकते थे (और सोते थे)," 65

लगता है महाराजजी ने पूरा भारत घूमा है वशिेष रूप से उत्तर मध्य भारत। फरि भी महाराजजी के बारे में कहानयिाँ हैं जनिसे पता चलता है कि वे बहिार राज्य में, पूरवी भारत में, दक्षणि भारत में, मुंबई में और भारत के पश्चमिी तट पर गए थे। एक कहानी यह भी है कि कुछ भक्त महाराजजी को बहुत ही कम समय के लिए इंग्लैंड भी ले गए थे।

क्योंकि महाराजजी एक हमिशैल की तरह है, जहाँ हमिशैल का केवल 10% भाग देखा जा सकता है, 90% पानी के नीचे छपिा रहता है, हम कभी महाराजजी के कामों की हर अद्भुत कहानी पता नहीं कर सकते। प्रत्येक कहानी इस बात का संकेत है कि महाराजजी ने क्या किया और आज भी कर रहे हैं।

राम राम राम राम राम राम राम राम राम राम राम राम

खूबसूरत दुनिया

हम इंसानों को यह सूचना प्रौद्योगिकी (भीतर से) इसलिए दी गयी है कि हम अपनी दुनिया में मौजूद सब कुछ देख सकें। अंत में, मानव अस्तित्व के कई सदियों के बाद, पृथ्वी के साथ चल रहे सब कुछ समझने के लिए, अब एक रास्ता है। हम समझ सकते हैं कि संपूर्ण संत्रास से लेकर सर्वथा उदात्त अच्छाई तक, इस पैकेज में सब कुछ है। महाराजजी खास लोगों के लिए इस अवतरित प्रयास में मदद करने के लिए एक प्रेरणा हैं।

भवषि्य के साम्राज्य बनेंगे और गरिंगे। बड़ी बातें और छोटी बातें होंगी। लेकनि आप यहाँ अपने आप पर काम करने के लिए हैं। आपकी जीवात्मा आपके काम का मूल है। बाहर से आपको कोई पूरी तरह से नहीं बता सकता कि आपका काम क्या है। केवल आपको यह पता है।

संसार में वस्तुतः अरबों जीवन कथाएँ हैं अब। वे केवल कहानियाँ हैं। जो "हम" कर रहे हैं वह अद्भुत है। जो आप कर रहे हैं, वह अद्भुत है। जो काम आप अपने ऊपर कर रहे हैं, वह कई रास्ते ले सकता है। हम सब में बहुत सी बातें समान हैं। महाराजजी के भक्त सबसे अच्छे रास्तों पर चलने के लिए नर्दिेशति होते हैं, चाहे वे यह माँगे या न माँगे। जब भी, "जो आप सोचते हैं क आप हैं" आपके रास्ते से अलग हो जाता है। तब जादू होता है।

महाराजजी हमें यह खूबसूरत दुनिया उसके सभी रूपों में दिखाते हैं। एक दुनिया जिसमें चीज़े सुरूचिपूर्ण तरह से समाई हुई है और सभी व्यक्ति अपनी भूमिकाएँ बखूबी निभाते हैं। महाराजजी हमें दिखाते हैं कि सांसारिक के अलावा भी बहुत कुछ सराहनीय है। महाराजजी हमें वह देते हैं जो हमें अगले कदम तक पहुँचने के लिए बहुत ज़रूरी है। महाराजजी हमारे पिता हैं और वे अत्यंत प्रेम से हमारी देखभाल करते हैं। महाराजजी हमारे साथ खेलते हैं जब हम अकेले होते हैं और जब हम एक साथ होते हैं। महाराजजी हमें हमारी क्षमताओं की सीमाओं के बाहर ले जाते हैं और वह हमें उन तरीकों से विकसित करते हैं जो हमें असंभव लगते। महाराजजी ने आपको अपने संरक्षण में ले लिया है और अनुग्रह पर कभी रोक नहीं लगायी।

मुकुंदाजी ने लिखा है, "... बहुत धीरे-धीरे और बहुत आत्मविश्वास से बाबाजी ने खुद की ओर मुझे आकर्षित किया। उन्होंने विशेष रूप से मुझे अपने पास लाने के लिए कितना परिश्रम किया होगा। मैं जो किसी भी भक्ति से पूरी तरह रहित था और बहुत ही मुश्किल समय और भाग्य से गुज़र रहा था। और, मैं वास्तव में सभी प्रकार के पाप और बुरे कार्यों से भरा पूर्णतः सांसारिक व्यक्ति था। अब यह लगभग, एक बंजर भूमि में बीज बोने, रोपने और फिर

पानी देने, फिर इसका पोषण करने की तरह था ताकि इसमें से फूल और फल आ सकें। "इस गतिविधि की गहराई में जो कुछ भी हुआ वह वास्तव में एक लीला या एक नाटक की तरह था, जिसमें आप एक छोटे से हठी लड़के को आकर्षित करने की कोशिश करते हैं या कुछ न कुछ देकर उसे लुभाने का प्रयास करते हैं। लेकिन मुझे उस वक्त इस बात का बिलकुल पता नहीं था न ही किसी तरह की बुद्धि या ज्ञान था कि किस तरह मुझ जैसे मूर्ख व्यक्ति को एक बहुत ही अनोखे, महान भगवान स्वरुप विभूति से बिना शर्त के प्रेम और अनुग्रह प्राप्त हो रहा था।

"वास्तव में मेरा अहंकार इतना मज़बूत था और गर्व इतना तीव्र था कि उसने मेरी बुद्धि और विवेक, और चीजों के बीच अंतर करने की क्षमता पर पूरी तरह से पर्दा डाल रखा था। वास्तव में अपने ही [उद्धरण या भागवद][66] में लोग इन भ्रामक और धोखे से भरी हुई लीलाओं के बारे में बात करेंगे जिनसे लोग अपने बहुत बौद्धिक और घमंडी रवैये के कारण पीछा छुड़ाना चाहेंगे। उन्हें समझाने के लिए वहाँ निरंतर संदेह होगा, और इनकी व्याख्या करने के लिए तर्कों को निरंतर तोड़-मरोड़ कर प्रस्तुत किया जाएगा और वास्तव में उन पर हमारे व्यक्तिगत विश्वास को हिलाने के लिए ये संदेह और इसी तरह के तोड़े-मरोड़े गए तर्कों का भी प्रयोग किया जाता है। मैं और मेरी पत्नी इन लीलाओं पर चर्चा करेंगे जो हमें काफी भ्रमित करती थीं और जिनके पीछे के रहस्य को खोजने के लिए हमें बहुत मेहनत और संघर्ष करना पड़ता था। और इसका परिणाम बहुत सरल होता कि हमारा दिमाग इन अजीब लीलाओं और महाराजजी के व्यक्तित्व में और उलझ कर रह जाता और वास्तव में हम इनके पीछे की सच्चाई को कभी भी समझ नहीं पाते थे। और, परिणामस्वरूप हम और अधिक बेचैन हो जाते थे। और

इस तरह से, हम इस पूरी नष्क्रियिता के चरम पर पहुँच जाते थे यह न जानते हुए क किसि तरफ मुड़ें और न तो हम उन्हें पूरी तरह अपने जीवन से बाहर नकिाल पाएँगे और न ही उन्हें पूरी तरह गले लगा पाएँगे।"[67]

राम राम राम राम राम राम राम राम राम राम राम राम

मुकुन्दा महाराजजी के साथ अपनी पहली मुलाकात का वर्णन करते हैं, "क्योंक उनके घर के आस पास बहुत भीड़ थी, मुझे भी जज्ञासा हुई और मैं अंदर चला गया। और वहाँ मैंने देखा क एक अधेड़ उम्र का, थोड़ा भारी, कुछ-कुछ साधु जैसे कपड़े पहने हुए एक व्यक्ति, छोटे से तख़्त पर बैठा है। वास्तव में उनकी धोती थोड़ी ऊपर उठी हुई थी, वे अंतःवस्त्र पहने हुए थे, और एक साधारण सा काला और सफ़ेद चारखाने वाला कम्बल ओढ़े हुए थे। उनकी छोटी-छोटी दाढ़ी थी, उनका सरि थोड़ा सा गंजा था और वे एक खोये हुए से और पागल व्यक्ति की तरह दखि रहे थे। वे भक्तों से घर‍ि हुए थे। जब मैंने पूछा क वे कौन थे, मुझे पता चला क वे बाबा नीम करौली थे। यह एक बहुत ही अजीब नाम था, लेकनि मैंने भी उन्हें प्रणाम कयिा। मैं कुछ समय के लिए वहाँ बैठा और इस पूरी बैठक के दौरान वह छोटे छोटे वाक्यों में बहुत हल्के और बहुत धीरे से बोल रहे थे और वे एक तरह से मुस्कुरा रहे थे। मैं उनके चेहरे को देख रहा था, यह मेरे दलि को बहुत भाया, फरि मैं उठा और वहाँ से चल दयिा। और उसी वर्ष हमारे प्रभु, श्री बाबा नीम करौली महाराज ने मेरी होने वाली पत्नी को भी वास्तव में, जाकर दर्शन दिए, जैसा क मुझे बाद में पता चला। लेकनि वास्तव में यह हमारे जीवन में बस घटति हुआ, और बात वहीं ख़त्म हो गयी। इसके बारे में वास्तव में महत्वपूर्ण कुछ भी नहीं था। "[68]

1990 में, डैनयिल जी ने मुझे बताया कि कैसे वे पहली बार महाराजजी से मलि थे। उन्होंने कहा कि वह कई यूरोपीय युवाओं में से एक थे जो हमिालय पर "भगवान को चुनौती देने के लिए" नंगे पाँव और लगभग बनिा कसिी संपत्ति के गए थे। उन्होंने कहा कि वे एक पहाड़ी पगडण्डी पर अकेले चल रहे थे जब उन्होंने उसी सड़क पर सफेद कपड़े पहने लोगों के एक समूह को दूर से आते देखा। वे उनसे मलिना नहीं चाहते थे इसलिए उन्होंने वह रास्ता छोड़ दयिा और पहाड़ के ऊपर गए एक बड़ी चट्टान के पीछे छुपने के लिए। जब वह समूह उनसे काफ़ी नीचे से गुज़र रहा था तब वे उनको ऊपर से झाँक कर देख रहे थे। अचानक वह समूह रुका, समूह से एक युवक ऊपर आधे रास्ते तक उनकी तरफ़ चढ़ा और उसने उन्हें नीचे आने के लिए कहा। डेनयिल ने उन्हें कहा कि वे नीचे नहीं आएँगे और उन्हें अकेला छोड़ दें। युवक वापस समूह के पास चला गया। फरि वह डैनयिल के और करीब ऊपर चढ़ गया और डैनयिल को नीचे आने के लिए कहा, महाराजजी उनसे मलिना चाहते थे। फरि डेनयिल नीचे आकर महाराजजी के समूह के साथ कैंची आश्रम आये। आश्रम में उसे खाना दयिा गया, उसके बाद भवाली में एक घर में ले जाया गया, जहाँ उसे रहने के लिए कहा गया। उन्होंने बताया कि वह एक बड़ा घर था लेकनि उन्होंने सोने के लिए एक कमरे के छोटे से कोने में अपने लिए जगह बनाई। अगले कुछ दनिों में, महाराजजी ने उस घर में रहने के लिए कई पश्चमिी युवाओं को भेजा, जब तक वह भर नहीं गया। डैनयिल ने भगवान को चुनौती दी थी और भगवान ने उन्हें ढूँढ लयिा। आज तक महाराजजी डेनयिल का अमेरकिा में भी, ख़्याल रखते हैं।

मैंने कई भक्तों से इस बारे में बात की है कि वे पहली बार कब महाराजजी से मलि और आखरिी बार कब उनके साथ थे। बस कुछ

उदाहरण। सरस्वती ने वर्णति कयिा क कैसे वे महाराजजी से मलिने कैंची में उनके ऑफसि[69] में आखरिी बार गयीं। जब महाराजजी तख़्त पर बैठे थे, उन्हें प्रणाम कयिा। उन्होंने बताया क प्रेम की एक बड़ी लहर उन्हें बहा कर ले गयी। शविाय बाबा ने मुझे बताया क जिब वे महाराजजी के साथ आखरिी बार थे, महाराजजी घूमे और उन्होंने शविाय को पीछे दरवाज़े की तरफ धक्का देते हुए उनकी छाती के बीच में लात मारी। शविाय को महाराजजी की ओर से अपनी ओर अगाध प्रेम का एक झोंका बहता हुआ महसूस हुआ। जब मैंने इसके बारे में भगवान दास से पूछा तो एक पल सोचने के बाद वे मेरे सामने फर्श पर गरि पड़े और मेरी ओर इस तरह देखा जैसे पहले कभी नहीं देखा था। उनका चेहरा प्रेम और वस्मिय और श्रद्धा से भर उठा। कुछ समय के बाद उन्होंने कहा, "इसी तरह का था यह।"

राम राम राम राम राम राम राम राम राम राम राम राम

देवता बहरे हैं

मैंने सुना है क सिद्धि माँ ने कसिी से कहा था क अगर उन्हें लगता है क हिनुमान जी उनकी नहीं सुन रहे हैं तो मंदरि में उनके सामने चल्लिाएँ। यह उनका ध्यान आकर्षति करने के लए है। हन्दिू धर्म कभी कभी वास्तव में एक बहुत कोलाहलपूर्ण प्रथा हो सकती है। अक्सर यह कहा गया है, "देवता बहरे होते हैं।" हन्दिू पूजा के दौरान इतने सारे घंटे और घड़यिाल प्रयुक्त होते हैं। सरस्वती ने, जो 70 के दशक में भारत में महाराजजी के साथ थीं, कई साल बाद, कहा क वहि कभी-कभी महाराजजी से बहुत नाराज़ हो जाती हैं और मंदरि के कमरे में जाकर

महाराजजी से झगड़ा करती हैं, जब उन्हें ऐसा लगता है कि महाराजजी उनकी देखभाल नहीं कर रहे।

आप महाराजजी के भक्त हो सकते हैं लेकिन अगर आप महाराजजी को अपने गुरु के रूप में मानते हैं तो आपको पूरा अधिकार है कि आप उनसे अपना ध्यान रखने के लिए अपना भरण-पोषण करने के लिए और अपनी मदद के लिए माँग करें। इसका मतलब यह है कि आपको कभी- कभी कार्रवाई करनी चाहिए। वास्तव में महाराजजी कभी-कभी आपको मजबूर और प्रेरित करते हैं कि आप क्रिया करें, और प्रतिक्रिया भी। महाराजजी आपको निकम्मा नहीं देखना चाहते। कभी कभी आपको पागल हो जाना पड़ सकता है।

आप महाराजजी से गुस्सा हो सकते हैं। आप खाना खाने से मना कर सकते हैं अगर वे आपकी बात नहीं सुनते। आप अपनी पूजा की चौकी एक तरह से चूर-चूर कर सकते हैं। आप सचमुच पागल हो सकते हैं। आप महाराजजी के साथ बातचीत करने के लिए अपने इस अनूठे रिश्ते का, जो महाराजजी ने आपके साथ विकसित किया है कुछ भी कर सकते हैं। आप भोजन करने से इनकार करके भूखे रह सकते हैं। आप अपनी गुफा में जा सकते हैं (जैसा कि महिलाओं से अधिक पुरुष करते हैं) जब तक कि महाराजजी आपको दोबारा न बुलाएँ। आप इतने गुस्सा हो सकते हैं कि आपका सर घूमने लगे और आपके कानों से धुआँ निकलने लगे (जैसा कि मैंने महिलाओं को करते देखा है)। मुझे लगता है, कि इस तरह का कार्य एक प्रकार की भक्ति है हालाँकि शायद किसी भी परंपरागत तरीके से नहीं। आप अपनी तपस्या को बढ़ा सकते हैं और अपने कीर्तन और पूजा की साधना बढ़ा सकते हैं।

ताओस से राधा रानी, एक दिन महाराजजी से इतनी गुस्सा हो गयीं कि उन्होंने हमारे घर से महाराजजी की सभी तस्वीरें हटा दीं। उन्हें

लगा कि महाराजजी उनकी बात नहीं सुन रहे और हमारा ख्याल नहीं रख रहे हैं। वह उन्हें इस बात से अवगत करा रही थी। मैं बाहर अहाते में एक बड़ी घास काटने की मशीन का इस्तेमाल कर रहा था। कुछ समय बाद मैं तेज़ धूप और गर्मी से राहत पाने के लिए और पानी पीने के लिए अंदर गया। जैसे ही मैं अपनी हौंडा एलमिंट के पास से गुज़रा, मैंने देखा कि चालक के पीछे वाली सीट की छोटी सी खिड़की का शीशा टूटा हुआ था। यह कार की वह खिड़की थी जिस पर महाराजजी की तस्वीर का स्टिकर लगा हुआ था। मैं हैरान रह गया कि महाराजजी ने अपनी बची हुई आखिरी तस्वीर हटाने में राधा की मदद की। बेशक, यह केवल एक समक्रमिकता थी। मैं स्पष्ट रूप से इसकी वजह था फिर भी मैं नहीं था। ऐसा कोने के लिए एक लंबे समय से बहुत सारी घटनाओं की श्रृंखला क्रमबद्ध थी इस घटना के बाद राधा रानी के अंदर का सारा क्रोध भाप बनकर उड़ गया। महाराजजी ने अपने आप को प्रकट कर दिया था। 2-3 दिनों के बाद महाराजजी की कई तस्वीरें हमारे घर भर में अपनी जगह में वापस आ गयी थीं ....और कार में खिड़की को महाराजजी की एक नई स्टिकर तस्वीर के साथ बदल दिया गया था।

भगवान दास ने अपनी पुस्तक में निम्नलिखित कहानी सुनाई, "एक आदमी महाराजजी को देखने के लिए इसलिए आया था क्योंकि उसके पास केवल एक रुपया था। उस आदमी ने कहा, 'महाराजजी मेरे पास केवल यह एक रूपए का नोट ही है - मुझे और चाहिए।' महाराजजी ने कहा 'मुझे अपना रुपया दे दो,' उन्होंने आदमी का रुपया ले लिया और खाना पकाने के चूल्हे की आग में डाल दिया। आदमी चिल्लाया 'आप यह क्या कर रहे हैं ? मेरे पास बस यही था,' महाराजजी ने चिमटा उठाया और मैंने उन्हें सौ सौ के कई नोट आग से बाहर निकालते हुए और उस आदमी को देते हुए देखा।" [70]

राम राम राम राम राम राम राम राम राम राम राम राम

महाराजजी आपको भीतर से खुश देखना चाहते हैं। यहाँ तक कि हार के बीच में भी, आपकी जीवात्मा के भीतर भी गहराई तक, महाराजजी आपको खुश देखना चाहते हैं। मैंने सचमुच में माँग की है कि महाराजजी यह साबित करें कि उन्होंने मुझे छोड़ा नहीं है। इसके लिए मैंने कुछ मायनों में पागलों की तरह भी व्यवहार किया है जो वास्तव में परिणाम लाता है।

यह विश्वास के बारे में नहीं है। एक तरह से यह विश्वास के खोने के बारे में है। जब आप यह महसूस कर रहे होते हैं या सोच रहे होते हैं कि महाराजजी आपसे दूर चले गए हैं और अब आप महाराजजी के प्रेम की लीला के भीतर नहीं हैं, यह सही समय होता है कि आप महाराजजी से माँग करें कि वे आपको जवाब दें और साबित करें कि वे हैं और अपनी कृपा और लीला को आपके लिए वास्तविक बनाएँ। लोग कहते हैं कि वे महाराजजी से कभी माँगते नहीं हैं, लेकिन मैं माँगता हूँ और उन्होंने मुझे कभी निराश नहीं किया। वे भगवान हैं और भगवान मुझे प्यार करते हैं।

जैसा कि मैंने पहले लिखा है, मैं माँग करता हूँ कि वे अपनी लीला इतनी स्पष्ट करें कि मेरे जैसा मूर्ख भी समझ जाये कि वे मेरे साथ हैं और मुझे कभी नहीं छोड़ेंगे। मैं संकेत, सार्थक संयोग और लीलाओं की माँग करता हूँ। कई सालों से, वे ऐसा करने में कभी विफल नहीं रहे। मैं यह नहीं कह रहा हूँ कि महाराजजी मेरे और आपके जैसे एक बच्चे को अपने ऊपर नियंत्रण करने देंगे। वे एक विशेषज्ञ बाल-मनोवैज्ञानिक की तरह हैं, और हम बच्चे हैं। आप अपने सर्वज्ञ देहरहित गुरू के आगे और क्या हो सकते है?

इसका अर्‌थ है वस्‌तुतः कुछ भी और सब कुछ जो आप अपनी बात उन्‌हें सुनवाने के लिए सचमुच कुछ भी कर सकें। इसका यह अर्‌थ नहीं है कआिप अन्‌य सभी लोगों से अपनी मदद या अपनी समस्‌या को हल करने के लिए या अपने लिए कुछ साबति करने के लिए कहें। आपका ध्‌यान वशिषरूप से महाराजजी पर केंद्‌रति होना चाहिए। यह सब महाराजजी और आपके बारे में है (जो भी आप वास्‌तव में हैं)।

मुझे नहीं लगता कआिप महाराजजी से धन या गहनों या शक्‌ति की इसलिए माँग कर सकते हैं कमिैंने यह सब महाराजजी से पहले नहीं माँगा। लेकनि शायद आप ये सब चीज़ें संतोषजनक परणिामों के साथ माँग सकते हैं। वे चीज़ें तो कसिी भी अन्‌य चीज़ों के समान हैं। यद‌ि आपको वही चाहिए तो नश्‌चति रूप से महाराजजी उन चीज़ों के आपकी ओर जाने के लिए दरवाज़े खोल देंगे। वास्‌तव में, महाराज जी के कई सत्‌संग हैं जो बहुत अच्‌छी तरह से रहते हैं।

राम राम राम राम राम राम राम राम राम राम राम राम

1996 में जब मैं वृन्दावन में कई महीनों तक रहा था, महाराजजी के आश्रम से यमुना नदी तक जाना मेरी आदत बन गयी थी। लुंगी कुरता और सैंडल पहने हुए, कभी कभी चरस पीते हुए, मैं पूरी तरह से वर्तमान समय से बाहर चला जाता था जैसे कि मैं मध्ययुगीन प्रतिवेष पर कर रहा होऊँ। दूसरे दिन मैंने एक साधु को बाँस की एक छडी लिए हुए देख जो शायद 18 इच लंबी थी। क्या कमाल की छड़ थी! मैंने अपने लिए वैसी ही एक छड़ी की मन की गहराई से इच्छा की। तीसरे दिन, मैं नदी के पास एक विशेष मोड़ पर पहुँच गया जहाँ से मैं उस स्थान पर जाकर नदी के किनारे प्रतिदिन लगभग एक घंटे तक ध्यान लगा कर बैठता था। आज वहाँ कुछ

अलग था। बीच रास्ते में ठीक वैसी ही छडी थी, जिसकी मैंने एक दिन पहले इच्छा की थी। मैं दंग रह गया और उस ग्रामीण क्षेत्र में नदी के पास चारों दिशाओं में देखा। कहीं भी कोई भी दिखाई नहीं दे रहा था। महाराजजी ने मेरी इच्छा को पूरा किया था और मेरी छड़ी को मुझ तक पहुँचा दिया था। इस छोटी सी चीज़ ने, जो मुझे बहुत बड़ी लग रही थी, मुझे बहुत गहराई तक छू लिया था। जब महाराजजी ने मुझे छड़ी दी, तो मुझे लगा कि मैं वर्तमान समय से निकल कर, मध्ययुगीन समय से परे, हज़ारों वर्ष पूर्व भगवान कृष्ण के युग में पहुँच गया। मैंने वृन्दावन में शेष समय यह छड़ी अपने पास रखी और फिर अपने साथ ताओस ले गया।

"आई एंड माई फादर आर वन" (I And My Father Are One) कतिाब में लेखक रब्बू जोशी ने नमि्नलखिति वर्णन कयिा है : भव्य एकीकरण के भौतकिी का स्वप्न जो ब्रह्मांड के गठन की पूरण व्याख्या करेंगे। यह होना अभी बाकी है। लेकनि इस तरह के स्वामी के पास स्वयं के साथ आपके एकीकरण की कुंजी है। उसने आपके बनिा जाने, आपके अंदर महज़ एक नज़र से या छूने से या गले लगाने से, एक चपि डालकर, आपको यह प्रदान कयिा है । दूसरे शब्दों में, आप पर जीवन भर नजर रखी जाएगी। वे आपके जीवन के दौरान आप पर नजर रखते हैं और भौतकि और आध्यात्मकि इच्छाओं को प्राप्त करने में आपकी मदद करते हैं। हालाँकि वे आपको बनिा कोई कर्म कयि भी वरदान दे सकते हैं, लेकनि वे चाहते हैं कि आप अपने आप कर्म करके फल अर्जति करें। कर्म में भी बंधन है। अपने सभी पछिले जन्मों में आप कर्म बंधन जमा करते आ रहे हैं, लेकनि जब इस जन्म में आप अपने गुरु से मलिते हैं आप उन संचति बंधनों से मुक्त हो जायेंगे ।[71]

जब बाइबल में यह बात आती है, 'जब "वह" दरवाजे खोलता है, कोई भी उन्हें बंद करने में सक्षम नहीं होता; जब "वह" दरवाजे बंद कर

देता है कोई भी उन्हें खोलने में सक्षम नहीं होता,'[72] मैं महाराजजी के बारे में सोचता हूँ। जो दरवाज़े आपको बंद दखिाई देते हैं, उन्हें खोलने के लिए महाराजजी वहाँ होते इस हैं ताक‍ि इस जीवन में सकारात्मक आपकी अच्छाई बढ़े। वे उन दरवाज़ों को बंद करने के लिए वहाँ हैं जो बंद रहने चाहयिें ताक‍ि आप भौतकि तल की हानकिारक ताकतों से दूर रह सकें और वे "बुराई को नष्ट करने वाली" अपनी शक्तयिों का आपकी रक्षा करने के लिए उपयोग करते हैं।[73] तो महाराजजी के साथ अपने संबंध का आनंद लजिए लेकनि याद रहे आपका लेज़र की तरह ध्यान उनपर कुँजी है। महाराजजी की लीला मैं सब खेल है तो “इसके साथ खेलयि”। आप महाराज जी के "बच्चे” हैं। आपको अपने पिता के साथ खेलने की अनुमत‍ि है ।

राम राम राम राम राम राम राम राम राम राम राम राम

समय के साथ खेलना

महाराजजी के आस पास कई विसंगतियाँ हैं, उनमें से समय का सवाल भी कम बड़ा नहीं है। समय-निर्धारण ही सब कुछ है। समक्रमिकता महाराजजी की लीला का एक बड़ा तत्व है। महाराजी के भक्त अक्सर ये कहानियाँ एक-दूसरे को सुनाते हैं। ये अक्सर प्रकट करती हैं कि कैसे महाराजजी समय का उपयोग करते हैं। उदाहरण के लिए, जब दो भक्त इस तरह से मिलते हैं, जो उन्होंने करने का इरादा किया होता है, वह बदल जाता है। ये बैठकें एक विशेष स्थान पर 1 या 2 मिनट की छोटी-छोटी समयावधियों के भीतर, और कभी कभी सिर्फ 1-2 सेकंड की हो सकती हैं। अक्सर महाराजजी आपको देर करवा देते हैं या तय समय से पहले पहुँचा देते हैं। भक्तों के दैनिक जीवन में इसके बारे में कई कहानियाँ हैं। ये कहानियाँ शायद ही कभी महाराजजी की लीला की किताबों में छपें क्योंकि उन्होंने हरेक को व्यक्तिगत तौर पर छुआ था।

ठीक समय पर होना बहुत ही अजीब है। मुझे समय को सँभालने के लिए महाराजजी पर भरोसा करने की आदत हो गई है। अब मेरा इससे निबटने का तरीका पहले की तुलना में, जब मैं छोटा था, बिलकुल अलग है। महाराजजी के श्रेष्ठ समय-निर्धारण की बहुत सारी कहानियाँ हैं। मैं हमेशा महाराजजी से समय के बारे में सुनने की कोशिश करता हूँ -जैसे मुझे कब स्थान बदलना चाहिए या फ़ोन करने के लिए सबसे अच्छा समय कौनसा रहेगा ? मैं हमेशा "सही निशाना लगने" "हिट" मिलने के इंतज़ार में रहता हूँ। इस की वजह से, जब मैं यह सही ढंग से करता हूँ, मैं किसी को फोन करता हूँ और वे कहते हैं, "वाह ! आपने बिलकुल सही समय पर फ़ोन किया।" फिर ऐसे समय भी हैं कि मैंने एक व्यक्ति को दर्जनों बार फ़ोन करने की

कोशिश की और कोई जवाब नहीं आया । इसका श्रेय भी मैं महाराजजी को देता हूँ "ओह, महाराजजी नहीं चाहते कि मैं उस व्यक्ति से बात करूँ।" फिर कुछ समय बाद मुझे एहसास होता है कि अच्छा ही हुआ कि एक या अन्य कारण से मैंने उस व्यक्ति से बात नहीं की।

महाराजजी के समय-निर्धारण का उल्लेख उनकी लीलाओं की कहानियों में है । एक आदमी जो अपना फ्रूट बेचने के लिए आश्रम से निकलना चाहता था, केवल महाराजजी की वजह से उसे देर जाती है। उसे बाद में पता चलता है कि अगर वह बाजार में फल ले जाता, उसे पैसों का बहुतभारी नुकसान होता। लेकिन क्योंकि महाराजजी की वजह से उसे जाने में देर हो गयी, वह एक अलग बाजार में मुनाफा कमा पाया। एक दंपत्ति जो ट्रेन पकड़ने जा रहा था, महाराजजी ने उसे देर करवा दी और उसकी ट्रेन छूट गयी। बाद में उसे पता चलता है कि जिस विशेष रेल गाड़ी में वह जाने वाला था, उसकी दुर्घटना हो गयी और उसमें कई लोगों की मौत हो गयी ।

उदाहरण के लिए, जब वे महाराजजी को ट्रेन के पास लेकर आ रहे थे, महाराजजी ने उन्हें इतना दौड़ाया और फिर उन्हें एक लंबे समय स्टेशन पर इंतजार करना पड़ा। कभी-कभी महाराजजी अचानक उस रिक्शा को, जिस पर वह सवार होते थे, सड़क की एकतरफ, किसी आदमी को दर्शन देने के लिए, उसके घर ले जाते थे। जब भक्त कहते थे कि उनकी ट्रेन निकल जाएगी, तो वे कहते थे कि ट्रेन देर से आएगी। निःसंदेह, ट्रेन देर से आती थी और निःसंदेह महाराजजी की टोली स्टेशन बिलकुल सही समय पर पहुँचती थी। ऐसा प्रतीत होता था कि महाराजजी स्टेशन पर बिलकुल उसी स्थान पर खड़े होते थे जहाँ पहुँच कर उनकी गाड़ी के डिब्बे का दरवाज़ा खुलता था ।

राम राम राम राम राम राम राम राम राम राम राम राम

जो मानते हैं कि महाराजजी परिस्थितियाँ रचते हैं, वे कृपा के पात्र होते हैं

जनवरी 2001 में मैं कुछ हफ़्तों के लिए वृन्दावन आश्रम में रह रहा था, और हर रोज़, धर्मानुष्ठान के लिए एक पंडित और ताओस की एक 18 वर्षीय महिला, पार्वती (जिलियन) के साथ महाराजजी के जन्म स्थान अकबरपुर यात्रा करता था। मैं उस धर्मानुष्ठान की शूटिंग एक विडियो बनाने के लिए कर रहा था जो बाद में ऑनलाइन पोस्ट किया गया। लगभग पचास हज़ार भारतीयों के बीच हम ही पश्चिमी देशों से थे लेकिन फिर भी उस भीड़ के बीच हमें अगाध परमानन्द महसूस हो रहा था। अगले हफ्ते पार्वती को दिल्ली जाना था लेकिन वह उस शहर से अपरिचित थी। तो मैं उसे वहाँ ले आया ताकि कुछ हफ्ते बाद अमेरिका वापस जाने के लिए वह व्यवस्था कर सके।

पार्वती कई महीनों से भारत में थी। अनुस्मारक के रूप में कि पश्चिम भी अस्तित्व में है, मैं उसे पश्चिमी शैली के रेस्तराँ, निरुलाज ले गया जो पैलेस हाइट्स होटल के पास, कनॉट प्लेस के बाहरी सर्कल पर था। एक समय में यह जगह बड़े पैमाने पर महाराजजी के सत्संग द्वारा इस्तेमाल की जाती थी। बाद में जब हम रेस्तराँ की सीढ़ियों से नीचे उतर रहे थे मुझे एक तीव्र इच्छा हुई कि हम कार में वापस जाने से पहले थोड़ा पैदल चलें। हम इनर सर्किल की तरफ चल पड़े। मैं एक तरफ अपने ड्राइवर रूप सिंह को यह बताने चला गया कि हम थोड़ा पैदल चलेंगे जबकि पार्वती आगे चल पड़ी।

जब मैं पार्वती तक पहुँचने की कोशिश कर रहा था, मैंने उसे भीड़ में आगे, प्रसन्नता से फुदकते देखा। जैसे ही मैं उसके पास पहुँचा, मैंने अपनी बहुत प्रिय मित्र कृष्णा (कोनी) को वहाँ बैठे एक ऑटो रिक्शा का किराया चुकाते देखा। उसने कहा कि वह दक्षिण भारत में महाराजजी के आश्रम में थी और अभी अभी रेलवे स्टेशन से यहाँ

पहुँची थी। उसने बताया कि उसने अपना सामान पैलेस हाइट्स में रखा था और बाहर सिर्फ 1-2 मिनट के लिए ऑटो चालक का किराया देने के लिए आयी थी।

मैंने पूछा, "क्या आप महा कुंभ मेले में जा रही हैं। उन्होंने कहा, "ओह, मैं नहीं जानती। मैं इसके बारे में सोच रही थी, लेकिन स्पष्ट नहीं है। "मैंने कहा, "ठीक है, हम दो दिनों में वापस वृन्दावन जा रहे हैं, उसके बाद कुंभ मेले में सम्मिलित होने के लिए इलाहाबाद जाएँगे। आपको हमारे साथ आना चाहिए।"पार्वती और मैं कृष्णा के साथ उनके होटल के कमरे में चले गए और हमने शाम तक बातें करते-करते कुछ अच्छा समय बिताया।

अगले दिन हमने दिल्ली में अपने छोटे मोटे काम निबटाये और उससे अगले दिन हम वृन्दावन चले गए जहाँ पर हमने एक रात बिताई। उसके बाद हम गुरु दत्त शर्मा जी के घर कानपुर चले गए जहाँ हम एक रात रुके। अगली सुबह हम मेरी कार में इलाहबाद के लिए निकल पड़े, हमारे साथ गुरु दत्त जी और उनकी पत्नी थीं उनका भी नाम कृष्णा था।

हम लाल मकान पर पहुँचे, वह घर जो महाराजजी ने चर्च लेन पर बनाया था, जहाँ दादा और दीदी कई सालों तक रहते थे। ताओस से कई युवा महिलाएँ वहाँ घर पर थीं, जो कुंभ मेले में महाराजजी के शिविर में जाने की तैयारी कर रही थीं। मेरे कार वापस लेकर वृंदावन जाने से पहले हमने वहाँ कई अद्भुत दिन बिताए।

जब हम दिल्ली में फुटपाथ पर कृष्णा से मिले तो सब कुछ बदल गया। जब हम सब एक साथ थे तो हमारे लिए बहुत आसान हो गया। भारत के बारे में कृष्णा का ज्ञान और सब व्यवस्था करने में उनकी मदद हम सब के लिए महाराजजी की तरफ से वरदान साबित हुआ। इस विशेष समय को, दिल्ली में महाराजजी के त्रुटिहीन समय-निर्धारण की वजह से हम सब आज तक अतिस्नेह से याद करते हैं।

कई भक्त इस प्रकार की साधारण परिस्थितियों में समय और, और समक्रमिकता के बारे में बात करते हैं। चाय पीते हुए महाराजजी के भक्तों से सही समय पर असंभव बैठकों के बारे में सुनने में मज़ा आता है।

राम राम राम राम राम राम राम राम राम राम राम राम

महाराजजी का कथन "अक्सर हम एक चीज़ के लिए निकलते हैं और कोई अन्य पाते हैं", भक्तों का जीवन पथ पर मार्गदर्शन करने के लिए एक नौसंचालक उपकरण हो सकता है। यह आपको अपने स्वयं के कार्यों की व्यापक तस्वीर के लिए खोलता है। कोई इसका अर्थ बहुत साधारण बात हो सकती है, जैसे, आप खाद्य बाजार जाने के लिए शहर गए, एक बिलकुल सांसारिक बात, और क्योंकि आप शहर में थे, आप किसी ऐसे व्यक्ति से मिलते हैं जो आपको नौकरी दे देता है जिससे आप अगले दो वर्षों तक अपना गुज़ारा कर पाते हैं। इसका यह भी मतलब है कि हर क्रिया में आप जागरूक हो जाते हैं कि शुरू में जिस बात पर आपने ध्यान केंद्रित किया था, उसके अलावा अन्य पहलू भी हैं। महाराजजी के आश्रम विशेष रूप से उनके दर्शन के लिए जाना वहाँ जाकर पता चलना कि आपके बहुत सारे प्यारे दोस्त भी महाराजजी के दर्शन के लिए आये हुए हैं। एक काम के लिए जाना और दूसरे कई अन्य लाभकारी कार्य हो जाना धन्यवाद, महाराज जी।

राम राम राम राम राम राम राम राम राम राम राम राम

महाराजजी अपने भक्तों को चुनते हैं

महाराजजी वृन्दावन में कुछ भक्तों के साथ चल रहे थे जब वे बकरियों के झुण्ड को ले जाते कुछ आदमियों के पास से गुजरे। उनमें से एक आदमी चिलम पी रहा था (हशिश और तम्बाकू मिलाकर मिट्टी की चिलम में पी जाती है)। महाराजजी ने उस आदमी को रोका और पूछा, "तुम कौन हो ?" आदमी ने जवाब दिया, "तुम कौन हो?" महाराजजी ने दोहराया, "तुम कौन हो? " जिसके जवाब में आदमी ने फिर से कहा "तुम कौन हो?" महाराजजी ने कहा, "मैं एक सफाई कर्मचारी हूँ ।" (एक निम्न जाति) (महाराजजी वास्तव में एक ब्राह्मण थे)। आदमी ने कहा," मैं एक बकरी चरानेवाला (सफाई करने बालों की तुलना में एक उच्च जाति) हूँ ।" महाराजजी ने उस आदमी से चिलम का एक कश लेने के लिए माँगा। जैसे ही उस आदमी ने चिलम बढाई महाराजजी ने अपनी हथेली से उसके माथे पर मारा। तब वे उस आदमी को पास के एक आश्रम में ले गए और उसे नहलाकर पवित्र वेश भूषा पहनाई। फिर उस आदमी को दीक्षा दी गयी और पहाड़ों में एक आश्रम में ले जाया गया।

कुछ वर्ष पहले वृन्दावन में मुझे कर्नल मैककेना (McKenna) के बारे में यह कहानी बताई गयी। कर्नल को साधु या कसिी भी प्रकार के बाबा बलिकुल पसंद नहीं थे। जब कर्नल घर पर नहीं थे तब महाराजजी उनके घर गए, और शयन कक्ष में जाकर उनके बसि्तर पर बैठ गए। भारतीय नौकर उन्हें ऐसा करने से रोक नहीं पाए। जब कर्नल मैककेना घर लौटे तो नौकरों ने उन्हें बताया कि महाराजजी वहाँ हैं। कर्नल बहुत गुस्से में थे, अपने शयन कक्ष में महाराजजी को गालयिाँ देने के लिए दनदनाते हुए पहुँचे। महाराज जी ने बस कर्नल को देखा, उन्होंने कर्नल को प्रेम से इतना दीप्तमिान कयिा होगा कि कर्नल तुरंत

एक भक्त में बदल गए। कर्नल ने साधुओं के प्रति अपने बुरे व्यवहार को बंद कर दिया और बाद में जनरल मैककेना के पद पर पदोन्नत हुए।

"बेयरफुट इन द हार्ट" (Barefoot In The Heart) में एक पुरानी कहानी का ब्योरा दिया गया है जो महाराजजी के अत्यधिक गूढ दृष्टिकोण का दृष्टान्त देती है। मेरे पति के एक मुस्लिम सहयोगी थे जो लगातार उनका मज़ाक बनाते थे क्योंकि मेरे पति बाबा जी से बहुत सम्मोहित थे। वे कहते थे, "मुझे विश्वास नहीं होता कि आप इन धोखेबाज़ लोगों की बातों में आ जाते हैं। वैसे भी, ये सब निरर्थक बातें हैं, और मैं हैरान हूँ कि आपके जैसा बुद्धिमान और वैज्ञानिक व्यक्ति इनके चक्कर में पड़ गया है !" मेरे पति उनसे कहते थे कि क्योंकि वे उनसे विश्वास करने को नहीं कह रहे थे इसलिए उन्हें अकेला छोड़ देना चाहिए। एक दिन, बाबा जी शहर में थे और इस सहयोगी ने मेरे पति से कहा कि वे मेरे पति के साथ जाकर उस व्यक्ति से मिलना चाहते थे जो मेरे पति जैसे बुद्धिमान व्यक्ति को मूर्ख बना सकता है। वे बाबा जी से मिलने के लिए गए। जैसे ही उन्होंने कमरे में प्रवेश किया, बाबाजी ने इस सज्जन को देखा और कहा, "आप आज अपना ताबीज़ पहनना भूल गए हैं। आपको ऐसा फिर कभी नहीं करना चाहिए । (ताबीज एक छोटा लॉकेट जो हिन्दुओं और मुस्लिमों में समान रूप से पहना जाता है ।)" आदमी ने अपने सीने पर हाथ रखा और पीला पड़ गया। वे मेरे पति की तरफ मुड़े और उन्होंने बताया कि जब वे एक छोटे से बच्चे थे, तब गंभीर रूप से बीमार हो गए थे। एक मुस्लिम मौलवी ने उन्हें यह ताबीज़ दिया था और कहा था कि इसे कभी न उतारना, क्योंकि यह उनकी रक्षा करेगा। यह पहली बार था कि वे इसे पहनने के लिए भूल गए थे। वे इसे सुबह बाथरूम में छोड़ आये थे और स्नान के बाद पहनना भूल गए थे। वे उस दिन से भक्त बन गए ।[74]

महाराजजी अपने भक्तों को अपनी तरफ खींचने के लिए कुछ भी करेंगे। मैंने हाल ही में नई दिल्ली में यह कहानी सुनी। हिमालय की तलहटी में बहुत ऊँचाई पर, कैंची से कई किलोमीटर आगे, कबीर अल्मोड़ा में रह रहे थे। वे साधुओं और चिलम बाबाओं के साथ घूम रहे थे और उन्हें महाराजजी पसंद नहीं थे। वे महाराजजी को "सड़क की पटरी वाला बाबा" कहा करते थे, जो कुछ नहीं बस फर्जी था। एक दिन कबीर को एक नाग ने डस लिया और उनका जीवन खतरे में आ गया । उन्हें महाराजजी के पास कैंची लाया गया। कबीर स्वस्थ हो गए और उन्होंने महाराजजी को कभी नहीं छोड़ा। आज तक कबीर महाराजजी के सबसे प्यारे और प्रभावशाली भक्तों में से एक हैं। क्योंकि कबीर की हिंदी भाषा पर पकड बहुत अच्छी थी, वे अक्सर अंग्रेजी बोलने वाले उन बच्चों के लिए जो महाराजजी के पास आया करते थे, अनुवादक का काम किया करते थे ।

मैं पहली बार महाराजजी से कई साल पहले भवाली में मिला। महाराजजी अक्सर वहाँ एक माँ के घर जाया करते थे। मैंने उनसे कहा कि मैंने महाराजजी के बारे में सुना था लेकिन कभी मिला नहीं था, और मैंने उनसे कहा कि महाराजजी आएँ तो वे मुझे ज़रूर बताएँ। लगभग एक सप्ताह बाद महाराजजी रात में आए। सुबह मेरे लिए सन्देश आया और मैं वहाँ तुरंत चला गया। मैंने उन्हें खाट पर लेटे देखा। उन्होंने मेरी ओर देखा और फिर एक पल के लिए अपनी आँखें बंद कर ली। उन्हें एक दम मालूम चल गया कि मैं कौन था, मैं पहले कौन था और इस दुनिया में क्या करने वाला था। कुछ सेकंड में, उन्होंने कहा, मुझे तुम्हें देखकर बहुत खुशी हुई, जो उन्होंने कई बार दोहराया। महाराजजी रात के दौरान नैनीताल से भवाली पैदल चल कर आये थे। उन्होंने कहा, 'तुम मुझे यहाँ लाये हो ! मैं तुम्हें हल्द्वानी में फिर से मिलूँगा ।' फिर महाराजजी अल्मोड़ा वाली एक बस में चढ़े। (उन दिनों वे ज़्यादातर बस से यात्रा किया करते थे, गाड़ी से नहीं।)

लोगों ने मुझे उन्हें गंभीरता से न लेने की चेतावनी दी थी : 'नीम करोली एक बड़ा झूठा है। वह बहुत ही कम सच कहता है। आप उस पर निर्भर नहीं रह सकते।' खैर, मैं हल्द्वानी चला गया। कुछ दिनों के बाद कोई मेरे कमरे में आया और मुझसे कहा कि महाराजजी हल्द्वानी आये हैं और मुझे उनका पता दिया। मैं उनसे तब मिला और तब से उनके साथ हूँ। [75]

राम राम राम राम राम राम राम राम राम राम राम राम

कबीर दास मेरे पास महाराजजी की कैसेट रिकॉर्डिंग को डिजिटल में करवाने के लिए लाये। एक दिन मैं इस परियोजना पर काम कर रहा था और मेरे स्टूडियो में शेम और एरियाना नामक महाराजजी की एक युवा भक्त जोड़ी आयी। एरियाना सड़क के पार एक दुकान पर चली गयी और शेम वहाँ बैठकर उसका इंतज़ार करने लगा। मैंने कहा, "आप महाराजजी को बोलते हुए सुनना चाहेंगे?" उसने कहा, "हाँ!" उसने अपने हैड फ़ोन लगाए और थोड़ी देर के लिए बात सुनी उसके चेहरे पर एक हैरानी थी। हम बात कर रहे थे जब एरियाना कमरे में आयी। मैंने उसे यह कहते हुए हेडफोन सौंप दिया "लो, यह सुनो।" एक या दो मिनट सुनने के बाद उसने पूछा, "यह कौन है?" मैंने कहा, "महाराजजी।" तो फिर उसने काफी देर तक गहराई से और जी लगाकर सुना। जब उसने हैड फ़ोन निकाले उसे देख कर ऐसा लग रहा था कि वह इस अनुभव से पूरी तरह स्तंभित थी। उसने कहा, "यह बहुत अजीब है। दो दिन पहले मैंने अपनी पूजा की चौकी की से महाराजजी की तस्वीरें हटा दीं क्योंकि मैं यह सोच रही थी, 'महाराजजी मेरे गुरु कैसे हो सकते हैं अगर मैंने उनकी आवाज़ कभी नहीं सुनी?'" वह लगभग सदमे की स्थिति में

थी। मैं स्तब्ध रह गया। जब बाद में मैंने इस बारे में कबीर दास को बताया वे भी स्तब्ध रह गए।

राम राम राम राम राम राम राम राम राम राम राम राम

अक्सर महाराजजी की तरफ से संकेतो का बहुलीकरण हो सकता हैं। कभी-कभी महाराजजी की तरुफ से किसी भी "संकेत" के बिना कई सप्ताह बीत जाते हैं। उस समय आप इस बारे में चिंतित होना शुरू हो सकते हैं। शायद महाराजजी ने आपको त्याग दिया है। फिर आपको सभी प्रकार के संकेत देने के लिए कि महाराजजी ने आपको छोडा नहीं है, अचानक कई सार्थक संयोग घटनाएँ, विभिन्न चीजें अचानक न जाने कहाँ से सामने आ जाती हैं।

राम राम राम राम राम राम राम राम राम राम राम राम

एक पश्चिमी औरत उमा जो महाराजजी के ताओस आश्रम के बोर्ड पर सेवारत थी, वह विष की पत्नी है, जो 70 के दशक में महाराजजी के साथ भारत में रहता था। उमा महाराजजी की भक्त है और उसने कई वर्षों तक इतने अद्भुत तरीकों से महाराजजी की सेवा की, हालाँकि महाराजजी उसके गुरु नहीं थे। विश्वविद्यालय में बिताये दिनों के लगभग बीस वर्षों के बाद, उसकी पुरानी रूममेट, कुछ दिनों के लिए उसके साथ रहने के लिए आई। जब उसकी रूममेट पहुँची, उसने घर में महाराजजी की कई तस्वीरों में से एक को देखा और कहा, "तुम्हारे घर में मेरे गुरु की तस्वीरें क्यों हैं?" उमा चकित थी कि नीम करोली बाबा उसकी रूममेट के गुरु थे। रूममेट ने कहा, "वे हमेशा से मेरे गुरु हैं। मेरे पास महाराजजी की तस्वीर छात्रावास के उस कमरे में थी जिसमें हम साथ रहा करती थीं। उमा ने उस पर कभी

ध्यान नहीं दिया था हालाँकि ऐसा लगता है कि महाराजजी उसे देख रहे थे।

राम राम राम राम राम राम राम राम राम राम राम राम

जब आप सर्वशक्तिमान होते हैं तो आप अनाम रहने को बुरा नहीं मानते। महाराजजी इस बात की परवाह नहीं करते कि आपको उनके बारे में पता चला है या नहीं। आपके जीवन में महाराजजी के बहुत से कार्य पश्च-दृष्टि के अलावा आसानी से पहचाने जाने योग्य नहीं हैं। आपको एहसास हो सकता है कि एक अनदेखी शक्ति ने आपके जीवन को लंबे समय तक प्रभावित किया है। शायद उस समय में आपने इस शक्ति को एक अनाम सरंक्षक देवदूत के रूप में सोचा होगा। गुरु हमेशा अपने हृदय से आपका सर्वोत्तिम हित चाहेगा। अगर और जब गुरु आपको यह जानने की अनुमति दे कि आपके जीवन को कौन प्रभावित कर रहा है, यह एक अद्भुत बात है।

जो लोग महाराजजी को समझ सकते हैं, अक्सर इस जीवन में कई जीवन का अनुभव करते हैं। टिमोथी लियरी (Timothy leary) ने कहा, "हम हर बार इतनी मुश्किल से मरते हैं ।" महाराजजी के कितने भक्त जीवन जी रहे थे और परिथितियों वश वह जीवन ही मर गया ताकि वे उस समान जीवन को दोबारा न जी पाएँ, हो सकता है कि एक रॉकस्टार के रूप में आपका कैरियर ख़त्म हो और आप अब रॉकस्टार की तरह न जी सकते हों और आप टैक्सी के एक मैकेनिक के रूप में काम करने पर मजबूर हो गए हों। या फिर आप एक माँ के रूप में जीवन जी रहे थे और अचानक आपके बच्चे या बच्चों की दुखद मृत्यु हो जाती है, इसलिए आप अब और बच्चे न चाहते हों, इसलिए अब आप एक माँ का जीवन न जी पाएँ। मान लीजिए कि आप एक उत्कृष्ट एथलीट थे और इस तरह से घायल हो गए कि आप

अब एक एथलीट का जीवन नहीं जी सकते। अपने जीवन को खोने के और यहाँ तक कि अपने गुरुत्वाकर्षण के पूरे केंद्र को खोने के भी हज़ारों उदाहरण हैं। फिर भी उस जीवन से परे एक जीवन है। मैं महाराजजी के कई भक्तों से मिला हूँ जिन्होंने ऐसा अनुभव किया है। महाराजजी कई मामलों में उनके अगले जीवन में उनकी जीवन रेखा रहे हैं।

जब आपके साथ महाराजजी हैं, आप कभी भी अपनी राह नहीं भटक सकते क्योंकि सबसे भयानक परिस्थितियों में भी महाराजजी आपके साथ रहते हैं और आपके गुरुत्वाकर्षण का केंद्र बनकर रहते हैं, जब तक कि आप अपने शरीर में हैं......., या उससे परे भी हैं ।

मैं एक बार लामा में राम दास रिट्रीट में था। मैं विक्टोरिया से शिकायत कर रहा था कि राम दास ने मुझ से बात नहीं की या मुझे अभिस्वीकृति नहीं दी और कहा कि मैं उनके साथ कोई व्यक्तिगत समय भी नहीं बिता पाया। कुछ मिनट बाद हम सब हाथ पकड़े हुए एक बहुत बडा गोला बनाकर खड़े थे। कोई किसी प्रकार का निर्देशित ध्यान कर रहा था और फिर वहाँ एक प्रार्थना थी। थोड़ी देर में किसी ने गोले में प्रवेश किया और मेरा दाहिना हाथ पकड़ लिया। पाँच मिनट बाद जब मैंने अपनी आँखें खोली, मेरी नज़रें सामने विक्टोरिया से मिलीं। उन्होंने अपनी आँखों से मेरी दाहिनी ओर इशारा किया, मैंने देखा, और वहाँ राम दास थे, मेरा हाथ पकड़े। वृत्त के बाद राम दास और मैंने थोड़ी देर के लिए बातचीत की। मैं अपनी अप्रसन्नता पूरी तरह से भूल गया। महाराजजी ने मेरी शिकायत को कुछ मिनटों के अंदर ही दूर कर दिया और मैं खुश था।

हमारे जीवन में महाराज जी के प्रभाव के बारे में लिखने के साथ समस्या यह है कि इसका इतना सारा भाग बहुत ही गूढ़ है।

राम राम राम राम राम राम राम राम राम राम राम राम

अभ्यास

महाराजजी पूजा या आरती के बारे में नहीं हैं। महाराजजी की आरती की जाती थी। गुरुदत्त जी ने मुझे निम्न लीला की कहानी सुनाई।

महाराजजी और गुरु दत्त शर्मा बरेली में थे और वे वहाँ आश्रम में ठहरे थे। स्थानीय माँओ[76] को एक समूह आश्रम में प्रतिदिन महाराजजी की आरती करने का आदी था, लेकिन आज महाराजजी आश्रम में नहीं थे। वे कुछ किलोमीटर दूर सड़क के किनारे गुरु दत्त जी के साथ बैठे थे।

कुछ समय बाद माँओं को महाराजजी के स्थान के बारे में पता चला जहाँ वे उस समय थे और वे वहाँ आयीं और वहीं सड़क के किनारे वे महाराजजी की आरती करना चाहती थीं। उन्होंने इसकी अनुमति नहीं दी और बार बार उन्हें वापस भेज दिया। महाराजजी ने कहा कि यह सही नहीं है कि वे इस तरह सड़क पर उनकी आरती करें। फिर भी वे बार बार वापस आ जाती। गुरुदत्त ने कहा कि ये माँएं उनकी आरती किये बिना नहीं मानेंगीं क्योंकि यह उनका अभ्यास था ।

महाराजजी नरम पड़ गए और माँएँ बहुत खुश हो गयीं। उनके पास आरती की बत्ती[77] जलाने के लिए कोई माचिस नहीं थी। उन्होंने गुरुदत्त से पूछा, जिन्होंने जवाब दिया कि वे धूम्रपान नहीं करते थे इसलिए उनके पास माचिस नहीं थी। क्या किया जा सकता था ? अंत में महाराजजी ने बत्ती अपने हाथ में ली, हाथ हवा में ऊपर उठाया और लगभग तीस सेकंड में बत्ती जल गयी। इस प्रकार ये माँएँ महाराजजी की आरती कर पायीं ।[78]

राम राम राम राम राम राम राम राम राम राम राम राम

महाराजजी ने तथापि बहुत सारे भक्तों को हिन्दू भजन गाने के अभ्यास के लिए प्रोत्साहित किया। महाराजजी के सभी मंदिरों में दिन में दो बार अभ्यास (प्रार्थना) किया जाता है। महाराजजी के सत्संग के घरों में भी अभ्यास किया जाता है। यह अभ्यास घरों में थोड़ा बहुत अलग हो सकता है लेकिन सभी मंदिरों में बहुत समान है। तीस से भी अधिक प्रार्थनाएँ हैं जो महाराजजी के मंदिरो में गायी जाती हैं।[79]

राम राम राम राम राम राम राम राम राम राम राम राम

कीर्तन

महाराजजी का सत्संग उदाहरण के लिए इस्कॉन की तरह एक संगठित संस्था नहीं है। इसमें कोई श्रेणीबद्ध संरचना नहीं है। इसमें अध्ययन के कोई पाठ्यक्रम नहीं हैं। सब कुछ बहुत सालों से महाराजजी के आस पास स्थापित परंपरा पर आधारित है और यह परंपरा भारत और अमेरिका के महाराजजी के आश्रमों और मंदिरों में तथा अलग-अलग घरों मे परिवारों में, निरन्तर चली आ रही है। महाराज जी का सत्संग वास्तव में इस अर्थ में एक धर्म है। साधना में आरती, कीर्तन, विभिन्न पूजा, साथ ही दैनिक सेवा कर्तव्यों का निष्पादन शामिल है।

महाराजजी के आश्रमों की परंपराएँ उन्ही के द्वारा स्थापित हैं और भारतीय मुख्यधारा की हैं। महाराजजी के वृंदावन आश्रम के प्रबंधक, भास्कर ने एक दिन मुझे बताया था कि महाराजजी ने कहा, "आप दैनिक प्रार्थना करते रहें," और यही परंपरा महाराजजी के सभी आश्रमों में उचित तरीके से बरकरार है।

अमेरिका के नीम करौली बाबा आश्रम के ताओस हनुमान मंदिर की प्रार्थनाएँ भारत में महाराजजी द्वारा स्थापित परम्पराओं का प्रतिबिम्ब हैं।

विशेष रूप से दिन में दो बार की गयी आरती में सम्मिलित हैं- जय जगदीश हरे[80], हनुमान चालीसा[81], हनुमान अष्टक[82], विनय चालीसा[83], गुरु स्तोत्र[84], जय गुरुदेव और श्री राम जय राम। रविवार को हनुमान जी की स्तुति में 11 बार हनुमान चालीसा गायी जाती हैं। मंगलवार की शाम को, "श्री राम, जय राम," "सीता राम," और 'हरे कृष्ण हरे राम" कीर्तन गाया जाता है। ये शुरू से ही सत्संग की परंपरा के अनुसार हो रहे हैं। अक्सर दूसरे कीर्तन में भगवान शिव, भगवान कृष्ण, भगवान विष्णु, और कभी कभी अन्य विशिष्ट देवताओं के भजन भी गाये जाते हैं ।

कलयुग[85] में महाराजजी के भक्तों के बीच कीर्तन करना पसंदीदा अभ्यास है। पश्चिमी भक्त सभी कारणों से "हनुमान चालीसा" गाने में विश्वास करते हैं।

राम राम राम राम राम राम राम राम राम राम राम राम

महाराजजी ने कहा, "भगवान के नाम का लगातार जाप, यहाँ तक कि भक्ति की भावनाओं के बिना, क्रोध या सुस्ती में भी उनकी कृपा लाता है। एक बार यह एहसास हो गया तो, आशंका के लिए कोई जगह नहीं रह जाती।

राम राम राम राम राम राम राम राम राम राम राम राम

प्रयि कीर्तन वाला, कृष्ण दास के "पलिग्रमि ऑफ़ द हार्ट" (Pilgrim Of The Heart) की ऑडियो शृंखला से

नम्नलखिति अंश है : “इन मन्त्रों के शब्दों को परमात्मा के नाम कहा जाता है, और ये उस स्थान से आते हैं जो हमारे हृदय, वचिार और मन से भी गहरा है। इसलए जब हम उन्हें गाते हैं वे हमें अपने आप की ओर, और अपने आप में मोड़ते हैं। वे हमें अंदर की ओर लाते हैं, और जब हम ऐसा अनुभव करते हैं, यह अनुभव हमें बदल देता है। इन्हें जपते हुए जो अनुभव हमें होता है उसके अलावा इन मन्त्रों का कोई और अर्थ नहीं है, वे हदि परंपरा से आते हैं, लेकनि यह एक हन्दि होने के बारे में नहीं है, या पहले से कुछ भी वश्विास के बारे में नहीं है। यह सर्फि करने के बारे में और अनुभव के बारे में है। आपको कहीं शामलि होने की आवश्यकता नहीं है। आप सर्फि बैठयि और गाइये।

सत्संग वह है जहाँ लोग एक साथ स्मरण करने के लए, भीतर झाँकने के लए, और भगवान की तरफ अपना आतंरकि पथ खोजने के लए एकत्रति होते हैं। जब हम इस तरह गाने के लए एक साथ इकठ्ठा होते हैं तब हम अपने रास्ते खोजने के लए एक दूसरे की मदद कर रहे होते हैं। हम सबको अपने आप से इस मार्ग से यात्रा करनी चाहए, क्योंक हम में से प्रत्येक हमारे अपने मार्ग हैं। ये सभी रास्ते अपने तरीके से घूमते हैं, लेकनि सच में हम सब एक साथ यात्रा कर रहे हैं और जब तक हम में से अंतमि पहुँच नहीं जाता तब तक हम सब यात्रा करते रहेंगे। तो चलए , गायें ![86]

राम राम राम राम राम राम राम राम राम राम राम राम

कीर्तन के मास्टर संगीतकार जय उत्तल ने कहा, " कीर्तन एक पुकार है, रुदन है, अनंत अंतरिक्ष के पार पहुँचना है, दिल की गहराई तक खोदना और फिर दिव्य उपस्थिति द्वारा छुए जाना है। देवी देवता,

एक ईश्वर की बहुरंगी इंद्रधनुषी अभिव्यक्तियों के कई नामों को, बार बार गाना ही कीर्तन है। ऐसा कहा जाता है कि नाम और नाम वाले में कोई अंतर नहीं है, और जैसे ही गीत के शब्द हमारे होंठों पर आते हैं, अनंत का आह्वाहन होता है, आमंत्रित होता है, और हमारे दिलों में प्रकट होता है। कीर्तन, योग के एक प्राचीन रूप का नाम है जो भक्ति या भक्ति योग के नाम से जाना जाता है। लेकिन भक्ति में हम "भक्ति" को पुनः परिभाषित करते हैं, हम इसके अर्थ के विस्तार में मानवीय भावनाओं की रंग पट्टिका के हर रंग सम्मिलित करते है। गीत, नृत्य और पूजा के माध्यम से भगवान की ओर मुड़ते। ये मंत्र सहस्राब्दी से संतों, पापियों, भक्तों, और महान आदिकालीन योगी रसज्ञों द्वारा गाये गए हैं । और जब हम गाते हैं, हम सदियों पार लाखों लोगों की आत्माओं को छू लेते हैं जिन्होंने समान भजन गाये हैं और समान आँसू बहाए हैं। जब हम गाते हैं हम स्वयं को प्रार्थना की एक अंतहीन नदी में विसर्जित कर देते हैं, जो पहले मनुष्य के जन्म से, अपने रचयिता को जानने की लालसा में बह रही है ।"[87]

भारत में महाराजजी के मंदिरों में एक बहुत बड़ा आरती का कार्यक्रम होता है और महाराजजी के सभी भारतीय आश्रमों में प्रत्येक देवी देवता के मंदिर होते हैं। वृन्दावन और कैंची आश्रम में सुबह की आरती से शाम की आरती तक कीर्तन वाले 'हरे कृष्ण हरे राम' गाते हैं।

राम राम राम राम राम राम राम राम राम राम राम राम

हनुमान चालीसा

जब पश्चिमी देशों के लोग हनुमान चालीसा याद करना शुरू करते थे, ताकि वे इसे कंठस्थ करके गा सकें, तो मैंने कइयों को सुझाव दिया कि यह अंग्रेजी बोल वाले गाने सीखने के विपरीत, यह सीखने की अरेखीय प्रक्रिया है। यह प्रक्रिया आम तौर पर एक लंबा समय लेती है, कभी-कभी अकेले और समूह में सालों दोहराने के बाद। मैं हमेशा चकित रह जाता हूँ कि कैसे इतनी जल्दी कुछ युवा भक्तों ने हनुमान चालीसा के उत्कृष्ट संस्करण सीख लिए हैं। गीत के समय के माध्यम से, वहाँ थोड़े छंद या वाक्यांश होंगे जो समूह के साथ गाते वक्त याद रह जायेंगे। आपको वास्तव में एहसास होगा कि आपको याद हो रहा है।

छंद 37: "जै जै जै हनुमान गोसाईं, कृपा करो गुरुदेव की नाईं" (जय,जय,जय हनुमान देव एक गुरू की तरह सदा हम पर कृपा करें) या छंद 17: "तुम्हरो मन्त्र विभीषण माना लंकेश्वर भए सब जग जाना" (विभीषण ने भी आपका परामर्श माना और लंकेश्वर हो गए यह पुरे जग ने जाना) या छंद 22: "सब सुख लहै तुम्हारी शरना तुम रक्षक काहू को डरना" (आपकी शरण में आकर सब सुख मिल जाते हैं जब आप हमारे रक्षक हैं तो किस बात से डरना) को अन्य भागों से पहले याद किया जा सकता है। छंदों की पुनरावृत्ति ही कुंजी है। हनुमान चालीसा को 108 बार गाने के बाद आपको इसके काफी हिस्से याद हो जायेंगे। 1008 के बाद आपको यह पूरा याद हो सकता है। कल्पना कीजिये 10008 बार गाने के बाद निश्चित रूप से आपको यह पूरा कंठस्थ हो जायेगा और आपके शरीर की हर कोशिका में बस जायेगा।

पश्चिमी देशों के लोगों को अक्सर लगता है कि हनुमान चालीसा एक "प्रार्थना" है, लेकिन ऐसा नहीं है। हनुमान चालीसा एक "मंगलाचरण है।" हनुमान चालीसा हनुमान जी के आह्वान के लिए

गाया जाता है ताकि वे प्रेममयी प्रशंसा के गीतों और आपके द्वारा सामने रखे भोजन प्रसाद के साथ अपने मूर्त शरीर में और उपस्थित हो सकें। उनका आपके पास होना कितना अद्भुत होगा। हनुमान काफी स्वाभाविक रूप से सभी उपस्थित भक्तों के मन (अनकही प्रार्थनाएँ) पढ़ लेते हैं। विनय चालीसा और अन्य प्रार्थनाओं के बारे में भी यही कहा जा सकता है।

राम राम राम राम राम राम राम राम राम राम राम राम

महाराजजी ने कहा, "सन्यासियों ने 10000 सालों तक जप और साधना की, तभी वे ध्यान, योग और जप में सफल हो सके। लेकिन लोग केवल 5-7महीने के भीतर विशेषज्ञ बनना चाहते हैं।" यह आपके हनुमान चालीसा सीखने के साथ-साथ अन्य प्रथाओं के लिए भी लागू किया जा सकता है। समय की एक लंबी अवधि में सही पुनरावृत्ति कुंजी है।

इस अभ्यास का एक अन्य पहलू स्वर है। भक्त, हनुमान जी को और महाराजजी को खुश करने के लिए हनुमान चालीसा गा रहे हैं। विस्तार के रूप में मुख्य संगीतकार (निर्देशक) हनुमान जी या महाराजजी हैं। यह निर्णय गायक नहीं कर सकते कि उनका गायन "अच्छा है" या नहीं। बस देवताओं को आप स्वयं पर नियंत्रण करने दें। दुनिया भर में हर रोज़ लाखों बार हनुमान चालीसा गाए जाते हैं। बस अपना दिल खोलकर गाइये और सब ठीक हो जायेगा। शर्माइये नहीं, डरिये नहीं, झिझकिये नहीं। भगवान आपको सुनना चाहते हैं।

राम राम राम राम राम राम राम राम राम राम राम राम

विनय चालीसा

विनय चालीसा (नीम करौली बाबा की स्तुति में चालीस छंद) अब महाराजजी के सत्संग के सभी भक्तों द्वारा दिन में दो बार आरती के समय पर गायी जाती है। हमेशा ऐसा नहीं था। जब विनय चालीसा लिखने वाले व्यक्ति[88] ने महाराजजी के पहली बार दर्शन किये तो वे इतने प्रभावित हो गए कि वे घर गए और उन्होंने विनय चालीसा की रचना कर डाली। जब बाद में इसे महाराजजी के पास लाया गया, महाराजजी ने इसका खंडन किया, कहा कि यह कचरा था, फाड़ डाला, और फर्श पर फेंक दिया। भक्तों ने सहज रूप से इसके टुकड़े इकट्ठा किये, जब महाराजजी नहीं देख रहे थे, उन्हें एकसाथ टेप से जोड़ दिया और इसकी नकल की, और कुछ समय के बाद जब महाराजजी ने शरीर छोड़ दिया, श्रद्धालुओं को यह वितरित किया। अब विनय चालीसा हर जगह गायी जाती है। महाराजजी कितने नटखट हैं।

राम राम राम राम राम राम राम राम राम राम राम राम

पूजा

हिंदू पूजा भगवान को एक 800 नंबर घुमाने की तरह है। आपको इसे सही तरह से करना है। इसीलिए महाराजजी ने ताओस में पश्चिमी लोगों को सेवा और पूजा करने के लिए एक हनुमान दिया क्योंकि हमारे प्यारे वानर परम सपूर्णता की माँग नहीं करते। हनुमानजी थोड़े अधिक क्षमाशील हैं और हम सबको अपनी मामूली गलतियों को उनकी एक प्यारी मुस्कान प्राप्त होती है। हाँ यदि आप अपनी पूजा सही ढंग से नहीं करते तो आपके पास सीधे संपर्क का बहुत कम मौका है। यही कारण है कि ब्राह्मण हिंदू प्रथाओं के अपने अनुप्रयोग के प्रति बहुत कट्टर हैं। जब आप इसे सही ढंग से करते हैं,

तो आपका भगवान के साथ एक सीधा संपर्क हो जाता है क्योंकि आपकी साधना की पक्की गुणवत्ता और पवित्रता की वजह से आपके मार्ग में कोई भी बाधा नहीं आयी। ब्राह्मण पंडितों और पुजारियों को कई वर्षों के लिए सिखाया जाता है और वे अपने आप भी कई वर्षों तक अध्ययन करते हैं। उन लोगों का जीवन सबके लाभ के लिए पूजा करने और भजन गाने के प्रति गहरी भक्ति का जीवन होता है। [89]

महाराजजी के लगभग हर भक्त के घर में, जनिसे कभी मैं मलिा हूँ, पूजा की चौकी है। भक्त के वंश और उनके झुकाव के आधार पर ये पूजाएँ आमतौर पर महाराजजी, माताजी, हनुमान, कई शालग्िराम, यंत्र, हद्िू देवी-देवताओं की वभिन्नि छवयिों पर केंद्रति होती हैं। क्योंक महाराजजी के यहूदयिों, ईसाइयों और सक्िखों से आग्रह की वजह से यह असामान्य नाम नहीं है क दीपाधार (Menorah) या मसीह की या बुद्ध की, या सखि गुरु की तस्वीर भी वहाँ हो। इनमें से कुछ घर की पूजा की चौकयिाँ बहुत बड़ी होती हैं, यहाँ तक क पूरे कमरे जतिनी भी। भारत में हर घर में, दुकान और कार्यालयमें पूजा स्थल होता है और वास्तव में भारत में सभी नए घरों का नक्शा एक मंदरि के लएि कमरे के साथ तैयार कयिा जाता है।

तथापि, महाराजजी पूजा करने पर जोर नहीं देते थे, और वास्तव में पूजा समारोह में आपकी भागीदारी में बाधा भी डाल सकते थे। यह सब उनका खेल है। गुरुदत्त शर्मा ने मुझे बताया कि एक किसी हिन्दू पवित्र दिन पर वे बहुत ज्यादा चाहते थे कि एक पूजा का और यज्ञ का आयोजन करवाएँ। उन्होंने महाराजजी से बहुत परेशान किया कि वे उन्हें पूजा करवाने दें। महाराजजी नरम पड़ गए और उन्होंने गुरुदत्त से कहा कि उन्हें पूजा करने की अनुमति थी। गुरुदत्त जी के नेतृत्व में पूजा शुरू हुई। 15-20 मिनट के बाद, महाराजजी ने गुरुदत्त को बुलाया और अपने पास बैठने को कहा शेष बची पूजा में

वे वहीं बैठे। शायद महाराजजी गुरुदत्त के इस तरह की पूजा के करने के प्रति लगाव को तोड़ना चाहते थे, हालाँकि उसके बाद भी गुरुदत्त ने निश्चित रूप से कई पूजाओं में भाग लिया।

राम राम राम राम राम राम राम राम राम राम राम राम

महाराजजी को स्मरण करना

मैंने हर मिनट महाराजजी को याद करने की कोशिश की है। यह, काफी स्वाभाविक रूप से असंभव है। फिर भी यह संभव है कि आप दिन में किसी न किसी समय महाराजजी की ओर अपना ध्यान ले जाएँ। रुक कर महाराजजी का शुक्रिया अदा करने के लिए या दिशा निर्देश के लिए या क्या करना है पूछने के लिए, या फिर बार-बार बस महाराजजी का मंत्र "राम राम राम राम" दोहराने के लिए। यह बहुत उपयोगी है। यह याद रखने के लिए कि महाराजजी आपके साथ हैं, बहुत मददगार होता है। उसी रूप में महाराज जी ने हमें राम नाम लेने के लिए प्रोत्साहित किया। चाहे कुछ भी हो रहा हो, आप रुक कर, गहरी साँस लेकर राम नाम दोहरा सकते हैं, और महाराज जी को याद कर सकते हैं और........ उनका प्यार महसूस कर सकते हैं।

राम राम राम राम राम राम राम राम राम राम राम राम

महाराजजी ने कहा, " राम का नाम लेने से सब काम पूरे हो जाते हैं।

महाराजजी ध्यान के बारे में नहीं हैं। असल में, जब भक्तों ने महाराजजी के आसपास रहते हुए ध्यान लगाने की कोशिश की, उन्होंने उन लोगों को कभी-कभी बाधित करने, परेशान करने और उन लोगों के बीच हस्तक्षेप करने के लिए कई चीजें कीं। एक पुस्तक

में यह कहानी है कि महाराजजी ने पश्चिमी लोगों के एक युवा समूह को ध्यान लगाने के लिए कहा, उसके बाद वे स्वयं चुटकुले सुनाकर सबको हँसाने लगे। फिर भी लगता था कि राम दास महाराजजी की उपस्थिति में बहुत ही उच्च कोटि का ध्यान लगा लेते थे।

महाराजजी ने कहा, "सभी महिलाओं को माँ के रूप में देखिये। उनकी अपनी माँ की तरह सेवा कीजिये। जब आप पूरी दुनिया को माँ के रूप में देखते हैं, अहंकार दूर हो जाता है।"

जब आश्रम में रहने वाले एक जवान पश्चिमी भक्त ने एक बिल्ली की देखभाल करनी शुरू की - उसे भोजन देने लगा और अपने कमरे में रखने लगा, तब महाराजजी ने कहा, "मैं यहाँ बता रहा हूँ कि आसक्ति का त्याग कैसे करें, और अब तुमको एक से बिल्ली लगाव हो रहा है।"

पश्चिमी देशों के अधिकांश लोग बहुत कम समय के लिए महाराजजी के साथ थे। कुछ भक्त जो अपने पूरे जीवन के लिए महाराजजी से प्रभावित हुए, शारीरिक रूप से वे केवल 15 मिनट महाराजजी के साथ थे। कुछ महीनों तक महाराजजी के साथ रह पाए थे। पश्चिमी बच्चे जो महाराजजी के साथ थे वे काफी युवा थे- ज्यादातर 20 वर्ष से कम आयु के थे। तस्वीरों में उनके चेहरे देखिए। महाराज जी ने हर एक को इतनी गहराई से छुआ। यदि सबके नहीं तो भी अधिकाँश के जीवन अद्भुत थे। ऐसा लगता है कि महाराजजी के मात्र एक पल की उपस्थिति वाले दर्शन से ही कृपा प्राप्त हो जाती है।

राम राम राम राम राम राम राम राम राम राम राम राम

गुरु - गुरु धर्म - गुरु भक्त

हिंदू धर्म बहुत जटिल है। वास्तव में, हिंदू धर्म पूरे अस्तित्व के जितना जटिल है। 33 लाख सूचित हिन्दू देवताओं को देखते हुए यह काफी स्वाभाविक है। नीम करौली बाबा का अस्तित्व एक हिन्दू दुनिया में था और महाराजजी का परिवार ब्राह्मण है, लेकिन उन्होंने हिंदू धर्म नहीं सिखाया, कम से कम पश्चिमी देशों के जो युवा उनके पास आये, उन्हें तो नहीं। वे परमेश्वर का स्वरुप हैं। वे परमात्मा हैं। महाराजजी आवश्यक रुप से एक "हिंदू गुरु" नहीं हैं। महाराजजी, गुरुओं के गुरु के रूप में एक "वैश्विक गुरु" या एक "सार्वभौमिक गुरु" हैं।

मैं स्वयं को एक "गुरु भक्त" मानता हूँ इस तरह मेरी प्रधान भक्ति और पूजा मेरे गुरु, महाराजजी नीम करौली बाबा के लिए है। महाराजजी के कई पश्चिमी सत्संग वास्तव में गुरु भक्त हैं। वे महाराजजी से प्यार करते हैं और उनकी सेवा अपने गुरु के रूप में करते हैं। उनकी परवाह की जाती है और उनके गुरु उनको निर्देशित करते हैं। गुरु धर्म का यह रूप ऐसा नहीं है जिसके बारे में हिन्दू जगत में हिन्दू या कोई और ज़्यादा बातें करते हों।

तथापि हिन्दू धर्म की कई वंशावलियों में गुरु हैं। कई तो पृथ्वी पर रहने वाले महानतम लोगों में से एक हैं।

हिंदू धर्म की इस बेहद जटिल दुनिया में महाराजजी की दर्शन खोना बहुत ही आसान है क्योंकि वे तो बहुत गूढ़ हैं, फिर भी यह कहा जाता है कि हिन्दू धर्म का हर वंश महाराजजी के पाँव भगवान की एक अभिव्यक्ति के रूप में छूता है और उन्हें नमन करता है।

गुरु धर्म बहुत सरल है। हिन्दू धर्म की सभी जटिलताएँ महाराजजी द्वारा अक्सर इस्तेमाल किये गए एक वाक्यांश में

अभिव्यक्त हैं- "सब एक"। सभी देव और देवी, सभी वंश, सभी साधनाएँ, सभी रूप, सभी सिद्धांत, वास्तव में सभी लोग सभी एक ही चीज़ हैं। एक पूर्ण साधित अस्तित्व को स्वीकार करना अर्थात वे ही वह एक चीज़ हैं। महाराजजी एक गुरु थे जिन्होंने मानव रूप लिया। अब, महाराजजी वे गुरु हैं जिनका ज़रूरी नहीं कि वही रूप हो जो हमने कई वर्षों तक देखा है। महाराजजी के अनुसार, वे एक नया शरीर धारण करनेवाले थे, और जिसको हम तब तक नहीं पहचानेंगे जब तक वह स्वयं को फिर से दिखाने के लिए तैयार न हों।

महाराजजी उस व्यक्ति से कहीं परे हैं जिन्हें हम नीम करौली बाबा कहते हैं।

राम राम राम राम राम राम राम राम राम राम राम राम

महाराजजी ने कहा, "गुरु चाहे जो भी हों - वे पागल हो सकते हैं या एक साधारण व्यक्ति। एक बार जब आपने उन्हें स्वीकार कर लिया है, वे प्रभुओं के प्रभु हैं।

राम राम राम राम राम राम राम राम राम राम राम राम

गुरुओं के गुरु

महाराजजी ने बहुत लोगों को सांसारिक अस्तित्व के बाहर निकाला है और उन्हें ज़िन्दगी का एक अद्भुत परिप्रेक्ष्य दिखाया किया है। साथ ही हैरत, चमत्कार और लीलाओं का एक मार्ग प्रदान किया है जिस पर चल कर वे इस जीवन को पार लगा सकें।

कई वर्ष पहले भारत में एक बुद्धिमान व्यक्ति ने मुझसे कहा, "गुरुओं का गुरु" होने के नाते महाराजजी का काम चेले बनाना नहीं

है। महाराजजी का काम गुरु बनाने का है। मैंने इस पर कई सालों तक विचार किया है और पाया है कि यह सच है ।

जबकि इस शब्द का प्रयोग एक गैर-आध्यात्मिक खोज का वर्णन करने के लिए किया जा रहा है उदाहरण के लिए "आर्थिकगुरु," "मनोरंजन गुरु," या यहाँ तक कि जैसे कुछ "प्लंबिग गुरु," लेकिन महाराजजी जो गुरु बनाते हैं, वे वास्तव में आध्यात्मिक गुरु हैं। जैसे महाराजजी अपने भक्तों का आध्यात्मिक मार्गदर्शन करते हैं, ये भक्त बदले में "नए" भक्तों का महाराजजी के मार्ग पर मार्ग-दर्शन करते हैं, शायद व्यवहार में वे अपने खुले हृदय से महाराज जी को अन्य लोगों का मार्गदर्शन करने देते हैं। ये लोग अलग-अलग तरीकों से प्रतिभान बनकर अपने यानी योग, भक्ति योग, खुले दिल और अहंकार हीनता से दूसरों के जीवन से अज्ञान का अंधकार दूर करने में मदद करते हैं।

गुरू अब सबसे दुरुपयोग किये जाने वाले शब्दों में से एक बनने लगा है। यह हर जगह इस तरह की सांसारिक चीजों के लिए प्रयोग किया जाता है।फिर भी, यह स्वाभाविक ही है कि यह होना चाहिए। पहले गुरु शब्द पश्चिम में निश्चित ही बहुत कम लोगों द्वारा जाना जाता था लेकिन मूल रूप से यह दुनिया भर मे बड़ी संख्या में तब बढ़ने लगा जब राम दास हलकों हरदम बढते दायरों में महाराजजी को गुरु की तरह संबोधित करते हुए बात करने लगे। ऐसा लगता है इस शब्द में इतनी ऊर्जा भरी है कि यह अप्रत्याशित तरीके से लोक-प्रिय हुआ है। गुरु एक ईश्वरीय शब्द है। इस शब्द के लगभग सभी अन्य उपयोग इसके वास्तविक अर्थ के सांसारिक संस्करणों के हलके रूप हैं।

कई पश्चिमी लोग जो महाराजजी के साथ थे, इतने वर्षों में किसी न किसी तरह से मेरे गुरु की तरह थे। उन्होंने गहराई से और स्थायी रूप से ज़िन्दगी के प्रति मेरे दृष्टिकोण को प्रभावित किया है और अपने मार्ग पर संकेद्रित रहने में मेरी मदद की है। वृहत परिप्रेक्ष्य

में, महाराजजी के सत्संग में कोई विशिष्ट वंशवाली नहीं है, सर्वोच्च अर्थों में कोई पद धारक नहीं है जिसे पदा पर नियुक्त किया गया हो।

कई भक्त जो तब महाराजजी के साथ थे, जब वे भौतिक शरीर में थे उनके चमत्कारों के बारे में अद्भुत बातें बता सकते हैं और अपने तरीकों से उन लोगों को प्रबुद्ध और सूचित करने में मदद कर सकते हैं जो इनका पालन करेंगे। और यह वास्तव में चलता जाता है क्योंकि महाराजजी असल में बाह्य की तुलना में आंतरिक पर ज़्यादा काम कर रहे थे। यह महाराज जी की कृपा है वे दुनिया में खुलकर ज्ञान, सत्य, और प्यार का प्रसार करते हुए एक नए तरीके का उपयोग कर रहे हैं।

राम राम राम राम राम राम राम राम राम राम राम राम

महाराजजी की भक्तियाँ

शायद आप हमें बस "महाराजजी के भक्त" कह सकते हैं क्योंकि हम प्रेम रस में डूबे भक्त हैं । महाराजजी हमारे व्यक्तिगत इष्ट देवता हैं । [90] भक्ति में भगवान द्वारा दोष नहीं देखे जाते।

भक्ति के बारे में: वाल्मीकि रामायण में राम इस मार्ग को नौ विधाओं के रूप में वर्णन करते हैं। (नव-विधा भक्ति)

"इस तरह की शुद्ध भक्ति नौ रूपों में व्यक्त की जाती है। प्रथम है सत्संग या प्रेम रस में डूबे भक्तों की मंडली। दूसरा है मेरी अमृतमयी कहानियाँ सुनने के लिए स्वाद विकसित करना। तीसरा है गुरु की सेवा करना (......) चौथा मेरे कीर्तन गाना (......), जप या मेरे पवित्र नाम का जाप करना और मेरे भजन गाना पाँचवी अभिव्यक्ति है। शास्त्रों में लिखित निषेधाज्ञा का हमेशा पालन करना, इंद्रियों पर नियंत्रण का अभ्यास करना, चरित्र की भद्रता और निःस्वार्थ सेवा, ये भक्ति की छठी विधि की अभिव्यक्ति हैं। इस दुनिया में हर जगह मुझे प्रकट

देखना और मेरी तुलना में मेरे संतों की अधकि पूजा करना भक्त कि की सातवीं वधिा है। कसिी में कोई दोष न नकिालना और जो कुछ भी है उसमें संतुष्ट रहना भक्त कि की आठवीं वधिा है। मेरी शक्त पिर पूरण वशि्वास के साथ नषि्कपट आत्मसमर्पण नौंवी और उच्चतम अवस्था है। शबरी, जो कोई भी भक्त कि की इन नौ वधिाओं में से एक का भी अभ्यास करता है, वह मुझे बहुत प्रयि होता है और मुझ तक नशि्चति ही पहुँच जाता है।[91]

हनुमान दास ने मुझे बताया कि 1990 के दशक में वे चित्रकूट में एक बूढ़े साधू बाबा से मिले। जिन्होंने बताया कि 1929 में वे हिमालय की दूरदराज की तलहटी में कैंची[92] नामक एक पहाड़ी घाटी में एक साधु की गुफा में गए जहाँ कुछ नौ सौ साधु एक पूर्ण साधित जीव के दर्शन के लिए और उनका आशीर्वाद प्राप्त करने के लिए एकत्र हुए थे। वे बाबा नीब करौरी थे जो बाद में पश्चिम में नीम करौली बाबा के नाम से जाने जाते थे। यह उस स्थान पर हुआ जहाँ बाद में महाराजजी ने कैंची आश्रम बनवा दिया। इस तरह की घटना निश्चित रूप से एकमात्र घटना नहीं थी जब कि महाराजजी के आस पास इस तरह की सभा हुई हो।

राम राम राम राम राम राम राम राम राम राम राम राम

कौन कल्पना कर सकता है कि महाराजजी का सत्संग 100 वर्षों में किस तरह का होगा ? केवल महाराजजी जानते हैं। जब से उन्होंने अपना नीम करौली बाबा वाला शरीर छोड़ा है, महाराजजी ने अपनी तरफ बहुत से लोगों को खींचा है। उनकी लीला जारी है। जब उनकी लीला में प्रवेश करने वाले यह पहचान लेते है कि यह लीला कौन रच रहा है तब यह विशुद्ध कृपा है।

राम राम राम राम राम राम राम राम राम राम राम राम

महाराजजी ने बहुत से भक्तों को अन्य गुरुओं और शिक्षकों के पास भेजा। महाराजजी उन्हें बाहर नहीं फेंक रहे थे। वे उन्हें सिर्फ वहाँ भेज रहे थे जिनके पास उन्हें सिखाने के लिए सबसे ज़्यादा था। मैंने एक जगह यह सुना कि महाराजजी ने एक पश्चिमी भक्त को बताया कि राम दास उनके गुरु थे।

राम राम राम राम राम राम राम राम राम राम राम राम

महाराजजी ने कहा, "हम केवल उन लोगों से मिलते हैं जिनके साथ हमारा मिलना पूर्वनिर्धारित होता है। प्रत्येक व्यक्ति के साथ साहचर्य की अवधि भी पूर्व निर्धारित होती है। अगर हम अलग हो जाएँ या साहचर्य लंबे समय तक न रहे तो हमें दुखी नहीं होना चाहिए।"

राम राम राम राम राम राम राम राम राम राम राम राम

सब कुछ भगवान के दर्शन

महाराजजी ने कहा बस "सभी वस्तुओं में भगवान को देखो"। अगर आप सच में प्रत्येक चीज़ में भगवान के दर्शन करते हैं तो शायद आप समझ जायेंगे कि आपका जीवन संभवतः पूर्व निर्धारित है और इसके साथ लंबे समय तक रहने के बाद आप अपने जीवन के पूर्व निर्धारण को यथार्थता के रूप में जानेंगे इससे किसी भी तरह फर्म क्यों पड़ेगा ? कोई फर्म नहीं पडता। आपका जीवन ग्रह की हर परिक्रमा के साथ, सूर्य के चारों तरफ के हर फेरे के साथ बीत रहा है। आपका जीवन शुरू होता है और आपका जीवन समाप्त होता है। फिर एक और जीवन शुरू होता है और वह जीवन समाप्त होता है। आपकी

जीवात्मा इन सभी दूसरे जीवन को जानती है। जब आप अपनी जीवात्मा के करीब जाते हैं, आप अस्तित्व के इस तीन आयामी भौतिक तल के सुन्दर सच के करीब जाते हैं।

राजिदा लिखते हैं, "भगवान का अस्तिव प्रकृति, अपनी रचना, के हर पक्ष में है। वे हर जगह हैं तो हमारी दृष्टि से कभी दूर नहीं होते हैं। गलती हमारी है, अगर हम उसे देख नहीं पाते या गंभीरतापूर्वक उसे देखने की कोशिश नहीं करते। हमें अपनी दृष्टि को सीमित नहीं करना चाहिए। हमारे मन की संकीर्ण प्रवृत्तियाँ हमें सांसारिक गतिविधियों में इतना उलझा कर रखती हैं कि हमें उसके बारे में पता नहीं है। हमारे अशुद्ध विचार मन की शांति और दिव्य प्रेम प्राप्त करने से रोकते हैं।" 93

राम राम राम राम राम राम राम राम राम राम राम राम

महाराजजी का भारत

आप महाराजजी से वशीभूत हो जाते हैं तो भारत जाकर उनके मंदिरों और आश्रमों की यात्रा करना एक बहुत अच्छा विचार है। यह आपको महाराजजी को एक सांस्कृतिक, ऐतिहासिक, स्पंदनिक तथा आध्यात्मिक संदर्भ में देखने में मदद करेगा। यह आसान लगता है पर है नहीं। उन पश्चिमी भक्तों के विकास में, जो महाराजजी के बाद भारत आये हैं भारत की यात्रा एक महत्वपूर्ण हिस्सा रही है। भारत संतों और ऋषियों की भूमि है। भारत में इतना कुछ है जो आपको गहराई से आध्यात्मिक रूप से छू जायेगा। भारत में आप महाराजजी के जितना करीब रह सकें उतना अच्छा है।

ऐलेन वॉट्स (Alan Watts) [94] ने कहा, "यीशु मसीह जानते थे कवि परमेश्वर थे। तो जागयि और पता लगाइये कअिंतत: में आप कौन हैं। हमारी संस्कृत मिं, बेशक वे कहेंगे कआिप पागल हैं, और आप

ईशनदिात्मक हैं और वे या तो आपको जेल में डाल देंगे या पागल खाने में (जो कि लिगभग समान है।) तथापि अगर आप भारत में जागें और अपने दोस्तों और रिश्तेदारों से कहें, 'हे भगवान, मुझे अभी पता चला है कि मैं भगवान हूँ,' वे हसेंगे और कहेंगे, 'ओह बधाई हो, आखरि आपको पता चल ही गया।'"

राम राम राम राम राम राम राम राम राम राम राम राम

भारत यात्रा

सस्ते में भारत की यात्रा करने को कुछ हल्के में नहीं लिया जा सकता है, लेकिन यह बहुत संभव है। भारत पूरी तरह लोगों से भरा हुआ है। भारत की यात्रा से पहले पर्याप्त सांस्कृतिक और आध्यात्मिक अध्ययन और मानसिक तैयारी करनी चाहिए। अगर आप ऐसा करेंगे तो यह निश्चित रूप से बहुत सार्थक होगा। जो लोग महाराजजी के स्थानों की तीर्थ यात्रा करते हैं और महाराजजी की लीलाओं के अध्ययन और भारत में महाराजजी "दृश्य" में निहित प्रथाओं में अपने आपको डुबो देते हैं उनके लिए कभी भी सबकुछ वही नहीं रहता। इसे किसी दर्शनीय स्थल की यात्रा या फ़ोटो विकल्प, छुट्टी या खरीददारी की मौज-मस्ती का दौर नहीं समझना चाहिए। निश्चित तौर पर, ये चीज़ें भी हो सकती हैं। कोई बात नहीं। लेकिन जो तीर्थ यात्री महाराजजी में डूबा हुआ है, उसके लिए एक नयी दुनिया प्रकट होती है।

जैसा कि आप जानते हैं भारतीय, अमेरकियों की तुलना में थोड़ी अलग तरह से अंग्रेजी बोलते हैं। अपनी पहली भारत यात्रा [95] में आप पाएँगे कि बहुत से भारतीय अंग्रेजी बोलते हैं। तथापि, भारत में अंग्रेजी में अक्सर जनि अंग्रेजी शब्दों और वाक्यांशों के आप आदि है उनसे

अलग शब्दों और वाक्याशों का उपयोग होता है। इतनी सारी भन्निताएँ हैं कि इस वषिय पर एक पूरी कतिाब लखिी जा सकती है। एक उदाहरण केरूप में, शब्द "Mantal" जब अमेरकियिों द्वारा बोला जाता है, वह सोच की क्रयिाओं की ओर संकेत करता है और शायद मानसकि दूर संवेदन की ओर या इस तरह की बातों की ओर। भारतीयों के लएि, Mantal का मतलब पागलपन हो जाता है, जैसे कि मानसकि संस्थान में या बहुत ज्यादा सोचना, इस हद तक कि व्यक्ति के वचिार नयिंत्रण के बाहर हो जाएँ। दूसरा उदाहरण है कि लोग " Marriage" शब्द का उल्लेख करते हैं और लगता है कि वे " Wedding" शब्द नहीं जानते। तो कृपया अपनी आँखें और कान खुले रखें। और याद रखें कि आप भारतीयों से यह उम्मीद नहीं कर सकते कि वे पश्चमिी लोगों द्वारा इस्तेमाल कयि जाने वाले Slang शब्द और बोलचाल के वाक्यांश समझें। सबसे सही तरीका यह होगा कि आप वही अंग्रेजी इस्तेमाल करें जो आपको स्कूल में सखिाई गयी थी।

अगर आप इतने भाग्यशाली हैं कि आपको महाराजजी के किसी आश्रम में रहने की अनुमति मिल जाती है ,तो सबसे अच्छा होगा कि आप आश्रम की दिनचर्या का सख्ती से पालन करें। इसका अर्थ है कि आप सूर्योदय के समय उठें, स्नान करें, चाय पिएँ, सुबह आरती में भाग लें, लोगो से मिले-जुले, पवित्र पुस्तकों का अध्ययन करें, ध्यान या सेवा करें, निर्धारित समय पर दोपहर का भोजन करें, दोपहर में आराम करें, चार बजे चाय पिएँ, शाम की आरती में भाग लें, शाम के भोजन के समय खाना खाएँ और अपने कमरे में जाकर सो जाएँ। अगली सुबह फिर उसी तरह दिन बिताना शुरू करें। यह महाराजजी के सभी आश्रमों की दैनिक दिनचर्या का बुनियादी कार्यक्रम है। आश्रम में कुछ समय व्यतीत करना, शांत होने और

केंद्रित होने तथा अपनी बैटरियों का पुनर्भरण करने का एक अच्छा तरीका है ।

राम राम राम राम राम राम राम राम राम राम राम राम

महाराजजी भारत में क्यों थे ?

आपको आश्चर्य होगा कि नीम करौली बाबा की लीला के दौरान महाराजजी भारत में क्यों थे, पश्चिम में क्यों नहीं ? महाराजजी ने कहा था, "भारत संतों और ऋषियों की भूमि है। "यह इतना साधारण है। एक बात तो है, भारत ने हमेशा प्राकृतिक चिकित्सकों, महान आध्यात्मिक शिक्षक संतों और गुरुओं को पोषित और प्रोत्साहित किया है। दूसरी तरफ, पश्चिम में, अगर आपने स्वतंत्र रूप से थोड़ी सी भी आरोग्यकर शक्ति होने के प्रति झुकाव दिखाया, या आत्माओं के साथ बात की, या दैववाणी, या कैथोलिक चर्च से भटकते हैं, या साधारण से हट कर कुछ भी, कुछ सकारात्मक तरीके में करते हैं, तो आप मार दिए जायेंगे या जला दिए जायेंगे या काट दिए जायेंगे । इस बात का पर्याप्त प्रमाण है । [96]

मुझे लगता है कि पश्चिम, संतों और ऋषियों के लिए एक खतरनाक जगह है।पश्चिम एक बहुत "सांसारिक" जगह है। आधुनिक पश्चिमी संस्कृति, चीज़ों की एक अंतहीन धारा बना देती है ताकि आप वास्तविक आध्यात्मिक अभ्यास के रास्ते से दूर रहें। और इस मामले में, मेरा अभिप्राय है, अपने सर्वोच्च स्वरुप की तरफ आध्यात्मिक जागृति का रास्ता। उदाहरण के लिए, टेलीविज़न पर लगभग हर बात एक "घटना" के बारे में है, जो आपके साथ नहीं हो रही है। यह दुनिया चक्रण और अन्यमनस्कता और अक्सर बेकार बातों और निरर्थक कार्यों, और सर्वथा गढ़े हुए झूठों की दुनिया है।

बेशक महाराजजी भारत में थे क्योंकि कम से कम भारत में उच्च शक्ति वाले प्राणियों का डीएनए है जिसका पश्चिमी चर्च यूरोप में सफाया कर रहे थे। महाराजजी मतभेद द्वारा नहीं सिखाते थे लेकिन अगर आप गहरायी से देखें तो यहाँ प्रत्यक्ष रूप से विशाल सांस्कृतिक मतभेद हैं। कहने का अर्थ यह नहीं है कि भारत पश्चिम (यूरोप, अमेरिका, ऑस्ट्रेलिया) की तुलना में बेहतर है, और न ही पश्चिम भारत से बेहतर है। अमेरिकी मूलरूप में वास्तव में अच्छे लोग हैं। एक ऐसे देश में रहने वाले वे पृथ्वी पर पहले थे जहाँ आम जनता को कहीं भी घूमने की स्वतंत्रता दी गयी थी, किसी भी प्रकार का काम, जिसमें वे सक्षम थे, कर सकते थे, सरकार की आलोचना और चर्चा कर सकते थे, और वास्तव में सरकार में सक्रिय रूप से भाग ले सकते थे। लेकिन अमेरिका का प्रयोग शुरू होने के ढाई सौ सालों के अंदर दुनिया काफी बदल गयी। दुनिया में हर जगह स्पष्ट अराजकता है, फिर भी यह अराजकता नियंत्रण में है। महाराजजी ने हमें, पश्चिम में, जीवन की परेशानियों से बहुत दूर, खुद को एक जादुई वातावरण में, ढूँढने दिया। महाराज जी हर जगह हैं। लेकिन उन्होंने भारत पर कृपा की और अपनी लीला हमारे लिए इस तरह चलने दी।

राम राम राम राम राम राम राम राम राम राम राम राम

अशोक महान

दुनिया में सबसे बड़े शासक शायद भारत के सम्राट अशोक हैं। वे सबसे पहले और इकलौते शासक थे जिन्होंने मसीह के समय से कुछ 350 साल पहले और बुद्ध के समय के लगभग 150 साल बाद एक पूरी तरह से अहिंसक राज्य स्थापित किया। अशोक एक योद्धा राजा थे जिन्होंने एक भारतीय साम्राज्य के निर्माण की ओर, विजय अभियान के अपने युद्ध के दौरान, बहुत लोगों की हत्या करने का

आदेश दिया था। एक दिन लड़ाई के शीघ्र बाद अशोक लड़ाई के मैदान में गए। वे युद्ध के भयानक परिणाम रक्त, जमा हुआ रक्त और कई निर्दोष लोगों की मौत देख कर अचंभित रह गए।

वे इतने ज़्यादा आशाहीन हो गए कि वे एक बौद्ध बन गए। वे सम्राट अशोक थे जिन्होंने दुनिया में हज़ारों बौद्ध भिक्षुओं को अहिंसक बौद्ध धर्म के धर्म सिद्धांतो का प्रचार करने के लिए भेजा। सम्राट के बौद्ध धर्म में धर्मांतरण ने उन्हें "खूँखार अशोक" से "अशोक महान" बना दिया। अशोक ने कई फरमान जारी कर के शासन किया। सबसे महत्वपूर्ण फरमान, ग्रामीण इलाकों के कई क्षेत्रों में पत्थर के स्तंभों पर खुदे हुए हैं। सम्राट अशोक द्वारा स्थापित किए गए राज्य में चीज़ें बदल गयीं। उदाहरण के लिए, सम्राट ने भोजन के लिए जानवरों की हत्या पर प्रतिबंध लगा दिया और मृत जानवरों की मात्रा अपने पूर्व स्तर से 10% नीचे गिर गयी।

अशोक ने अहिंसा की स्थापना की, जिसका संस्कृत में अर्थ है "चोट न पहुँचाना," और सबसे पहले इसका वर्णन ऋग्वेद में (1700 ईसा पूर्व के आसपास) वाक्यांश, "किसी को नुकसान मत पहुँचाओ'' में किया गया था।[97] भारत राष्ट्र के वर्तमान झंडे पर, अशोक का चक्र, 24 तीलियों के साथ एक चक्र, बना हुआ है। चक्र एक संस्कृत अर्थ है जिसका अर्थ है आवर्तन या स्वआवर्ती प्रक्रिया" भी है। यह समय के चक्र का प्रतीक है यानि कैसे समय के साथ दुनिया बदलती है।[98] नि:संदेह इस शासक (जिनको बोधिसत्व प्राप्त हुआ), द्वारा स्थापित यह शांतिपूर्ण साम्राज्य केवल 30-40 सालों तक चला, लेकिन इन्होंने एक शांतिपूर्वक शासित राष्ट्र और शांति के राष्ट्रीय दर्शन का आदर्श प्रदान किया। महाराजजी ने कहा, "भारत संतों और ऋषियों की भूमि है।"

राम राम राम राम राम राम राम राम राम राम राम राम

मैं सुन्दर मंदिरों का निर्माण करता हूँ

महाराजजी ने कहा, "मैं सुंदर मंदिरों का निर्माण इसलिए करता हूँ ताकि लोग इनकी तरफ आकर्षित हों और अंत में अपने भीतर बसे भगवान से प्यार करें।"

मंदिर भगवान का निवास स्थान हैं। यह एक शांत जगह है जो मुख्य रूप से ध्यान, पूजा और प्रार्थना के लिए इस्तेमाल होती है और इसकी पवित्रता बनाये रखने के लिए अत्यंत सावधानी बरतनी चाहिए।

रमणीय पुस्तक, "प्रेमावतार" में मुकुन्दा जी महाराजजी के आश्रमों के बारे में लिखते हैं। महाराजजी के वे भक्त असंख्य हैं, जो उनके अनुग्रह के अधिकारी थे - कश्मीर से कन्याकुमारी तक, पंजाब से असम तक और यहाँ तक कि विदेशी देशों में भी। भले ही, अपने नाम से, आयोजित सत्संग के उद्देश्य के साथ, उन्होंने किसी भी संस्था की स्थापना नहीं की थी। घुमक्कड़ साधु, आज यहाँ, कल कहीं और होते हैं। वे कभी किसी मंदिर या आश्रम से संलग्न नहीं थे। शरीर छोड़ने से कुछ साल पहले उन्होंने मंदिरों और आश्रमों के प्रबंधन को व्यवस्थित किया। ऐसा करने के पीछे उनके दो उद्देश्य थे— पहला, उनके शरीर छोड़ने के बाद, जो भक्त उन पर पूरी तरह से निर्भर थे, उनके लिए कोई स्थान होना चाहिए। और दूसरा, उनकी इस इच्छा को पूरा करने के लिए कि कलियुग में, प्रत्येक व्यक्ति के अंदर इन मंदिरों और आश्रमों के माध्यम से, आध्यात्मिक भावनाएँ जागृत हों।

उन्होंने कभी भी अपना नाम उनके साथ जुड़ने नहीं दिया लेकिन एक बार स्थापना होने के बाद उन्होंने हनुमान ट्रस्ट का गठन करवाया और सब उन्हें सौंप दिया। यह केवल उनके महाप्रयाण (अंतिम यात्रा) के बाद हुआ कि भक्तों ने उनका नाम मंदिरों और आश्रमों के साथ जोड़ दिया।

"उनका एक सिद्धांत था, एक सराहनीय गुण और उद्देश्य - प्रत्येक का और सबका कल्याण। इसलिए, सभी लोग - उच्च या निम्न जाति के हिन्दू, मुस्लिम, ईसाई, सिख, जैन और यहाँ तक कि विदेशी भी उनकी कृपा के प्राप्तकर्ता थे।"[99]

जब लोग "हमारे" बारे में सोचते हैं वे आमतौर पर एक संगठन, जो एक संस्था है, उसके बारे में सोच रहे होते हैं। "हमने किया।" ऐसे। यह एक राष्ट्रीय, स्थानीय, कॉर्पोरेट, या यहाँ तक कि आदिवासी पहचान को भी दर्शा सकता है। "हम" एक अस्थायी दल का भी उल्लेख हो सकता है। महाराजजी के सत्संग के साथ, वहाँ कोई संस्था नहीं है जो कि सत्संग को चलाती है कोई संस्था नहीं है जो कि नए नियम पारित करती है। महाराजजी को समर्पित अलग अलग-आश्रम और मंदिर हैं जो कि आवश्यकतावश संगठित हुए हैं।

राम राम राम राम राम राम राम राम राम राम राम राम

महाराजजी के कई नियम थे

ऊषा जी ने मुझे एक दिन बताया, "महाराजजी के कई नियम थे और वे उन्हें सख्ती से लागू करते थे।" ये महाराजजी के वही नियम हैं जो परम्पराओं के रूप में समर्थित हैं। पारंपरिक प्रथाएँ सामान्य नियम हैं।उन्होंने बताया कि महाराजजी आश्रमों के छोटे से छोटे पहलू को नियंत्रित किया करते थे। वे सब कुछ जानते थे। उन्हें दूध, पानी, कंबल, घी और भोजन की सभी आपूर्ति के बारे में पता था। और वे कुछ चमत्कारी ढंग से आवश्यक वस्तुओं को प्रकट कर सकते थे।

इस का एक उदाहरण उनकी लीला की उस कहानी में बताया गया है जहाँ कसिी ने भी बड़े भंडारे के लिए पत्तल लाने की नहीं सोची। आखरिकार दनि के अंत में, हर कोई यह सोचकर महाराजजी के आसपास बैठा था कअिगले दनि के वशिाल भंडारे के लिए सब कुछ 100% तैयार

था। महाराजजी ने पूछा कि उन्होंने इतने सारे भोजन को लोगों को कैसे परोसने की योजना बनाई है। और तभी यह पता चला कि वे पत्तल भूल गए थे। वहाँ देर रात को मंदिर में भोजन परोसने के लिए पत्तल मिलने की कोई उम्मीद नहीं थी तभी जब एक कारवाँ दूरी में देखा गया महाराजजी ने अंधकार से उन्हें प्रकट कर दिया। ये लोग गधों की पीठ पर अपना सामान बाज़ार ले जा रहे थे। गधों के ऊपर पत्तलें लदी हुई थीं। [100]

ऊषा जी आगे बताती हैं कि महाराजजी के शरीर छोड़ने के बाद कोई नहीं जानता था कि कैंची आश्रम को दैनिक आधार पर कैसे संचालित किया जाये। छह वरिष्ठ भक्तों का समूह भारत के कई सम्मानित आश्रमों में गया और प्रबंधकों से बातचीत करके आश्रम प्रबंधन के उनके तरीकों के बारे में पता लगाया। फिर उन्होंने इनमें से सबसे अच्छे तरीके का चयन करके कैंची और महाराजजी के अन्य आश्रमों का संचालन किया। यह भी, निश्चित रूप से महाराजजी की लीला थी क्योंकि वे आज तक भी सब कुछ नियंत्रित करते हैं। महाराजजी ने भक्तों से अध्ययन किये हुए, तार्किक और परखे हुए दृष्टिकोण से आश्रम का प्रबंधन करवाया। महाराजजी की प्रबंधन लीला का अंत नहीं हुआ, लेकिन अब दैनिक संचालन के लिए एक आधार-रेखा थी।

राम राम राम राम राम राम राम राम राम राम राम राम

परमपावन परंपरा

महाराजजी के आश्रमों और मंदिरों में परंपरा परम आवश्यक है। नए विचारों की आवश्यकता नहीं हैं। हाँ, ऐसी स्थितियाँ होती हैं जहाँ मामूली समायोजन की आवश्यकता होती है, लेकिन वह सब महाराजजी ने हमारे लिए जो वर्णन किया उस की छत्र-छाया में होता है। महाराजजी संगठन हैं, हमारे अनदेखे, हमेशा महसूस किये जाने वाले हमेशा नियंत्रण में-हमारे गुरु। आश्रम के भीतर, मंदिरों में, जो अभ्यास, गीत, मन्त्र तथा आरती की जाती है, वे एक ख़ास प्रकार के हैं ताकि आश्रम की भावनात्मक तरंग महाराजजी की इच्छानुसार सुनिश्चित हो। आश्रम के दैनिक जीवन का संचालन महाराजजी द्वारा स्थापित बहुत सरल परम्पराओं द्वारा किया जाता है। इसका प्रदर्शन कई वर्षों के समय में बड़े समूहों को खाना खिलाने के रूप में, तथा उन असामाजिक तत्वों को पहचानने और भगाने द्वारा किया गया जो आश्रम के वातावरण और आशय को दूषित कर सकते हैं।

महाराजजी ने हमारे लिए यह सब रचा है, और यह सब परमपावन है। इसलिए आश्रम की परम्पराओं में सही बैठने के लिए उसके संचालन का अध्ययन करना एक नए व्यक्ति के हित में होता है जैसा कि महाराजजी के दिल्ली के आश्रम के प्रबंधक, बाबा शर्मा ने कहा है, "अपने आस पास दूसरे लोगों को सेवा करते हुए देखिये और फिर इस सेवा में उसी तरह सम्मिलित हो जाइये जिस तरह वे कर रहे हैं।" महाराजजी के आश्रम के भीतर किसी भी अन्य महागुरु की आवश्यकता नहीं है। जैसा कि पहले सूचित किया गया था, महाराजजी, गुरुओं के गुरु हैं और कई मायनों में आश्रम के आश्रमवासी और आगंतुक छोटे या बड़े गुरू का रूप हैं, लेकिन कोई भी किसी भी प्रकार से महाराजजी का स्थान नहीं ले सकता।

सत्संग के अधिनायक केवल महाराजजी हैं। वे अपनी लीलाओं और प्रत्येक भक्त के साथ आंतरिक संचार के माध्यम से ऐसा करते

हैं। इसका अर्थ बिलकुल यह नहीं है कि जब उनके आश्रमों और मंदिरों की बात होती है तो महाराजजी बताएँगे कि "यह ऐसे होता है"। यह किसी मुद्दे पर एक मोर्चा हो सकता है जो महाराजजी चाहते हैं कि उस पल आप संभाले। हो सकता है कि महाराजजी ने किसी अन्य भक्त को आतंरिक रूप से उसी मुद्दे पर विरोधी मोर्चा लेने का निर्देश दिया हो। वे जैसे चाहेगे वैसे सब चलाएँगे ताकि आपसे लगाव न हो जाए। महाराजजी की सेवा बिना आसक्ति के करें।

किसी आश्रम में जाने से पहले आपको अपनी सोच को आश्रम के फाटक के बाहर छोड़ देना चाहिए। महाराजजी को सब सोचने दीजिये और अपना मन महाराजजी, अन्य भक्तों और साधना की तरफ लगाइये। आश्रम का एक मुख्य उद्देश्य आपकी सोच को शांत करना है। ऐसा होने दीजिये और अपने मन को महाराजजी और उनके प्रेम से भर लीजिये।

प्रत्येक आश्रम से परे, महाराजजी को छोड़कर, कोई संगठन नहीं है। हमें महाराजजी के आसपास घूमती, दुनिया की विकेन्द्रीकृत प्रकृति पर विश्वास करना चाहिए। आपके लिए महाराजजी के मंदिरों और आश्रमों में हमेशा जाना आवश्यक नहीं है। अगर वे आपको बुलाते हैं आपको अवश्य आना चाहिए। अगर वे नहीं बुलाते, तो उसका कोई प्रभाव नहीं पड़ता।

राम राम राम राम राम राम राम राम राम राम राम राम

मंदिर सब के लिए हैं

महाराजजी यहाँ दलतिों की मदद करने के लएि आए थे। "एक बार बाबाजी केहर सहि की गाड़ी से लखनऊ हनुमान मंदरि गए। उमा दत्त शुक्ला भी उनके साथ थे। बाबा जी मंदरि के अंदर गए और हनुमान जी की तरफ मुख करके सड़क के कनिारे बाड़ के पास बैठ गए। ड्राइवर की भी हनुमान जी का दर्शन करने की इच्छा हुई। इसलएि उसने कार बंद की और सड़क के कनिारे पुल पर से मंदरि के अंदर चला गया। जब शुक्ला जी ने उसे देखा, वे दौड़ते हुए आये और पुल पर आधे रास्ते में ही उसे बाहर धकेल दयिा। परमात्मा बाबा जी ने, यह सब देख लयिा हालाँकि उनकी पीठ उन लोगो की तरफ थी। वे भागते हुए आये और ड्राइवर को इतने बल के साथ छुड़ाया कि उमा दत्त धक्का सहन न कर सके और एक तरफ गरि पड़े। शुक्ला जी को उलाहना देते हुए उन्होंने पूछा, 'तुम कौन होते हो उसे रोकने वाले ? तुम्हे लगता है मैंने यह मंदरि तुम्हारे लएि बनवाया है ? यह उनके लएि (नम्नि जातयिों, गरीबों, दुखी और पीड़तिों के लएि) बनाया गया है।' ऐसा कहते हुए वे उस कोइरी (नम्नि जात) का हाथ पकड़ कर हनुमान जी के पास ले गए और उसका सरि झुकाकर हनुमान जी को प्रणाम करवाया। केहर सहि जी इस घटना के एक चश्मदीद गवाह थे।"[101]

किसी न किसी समय पर सभी को जाने लिए कहा जाता है। और यह ठीक है। गुरुदत्त जी ने बताया कि "किस तरह महाराजजी ने बहुत से लोगों को जाने के लिए कहा। अति विशिष्ट व्यक्ति आते थे, अपने लड्डू लेकर महाराजजी के साथ रहना चाहते थे। महाराजजी चुटकी बजाते थे और उन्हें जाने का इशारा करते थे। अगर वे एक सेकंड भी हिचकिचाते थे तो महाराजजी अपना आदेश और कठोरता

से दोहराते थे। ऐसा अति विशिष्टतम लोगों के साथ भी हुआ। महाराजजी को परवाह नहीं थी कि कोई अमीर था या प्रसिद्ध।"

राम राम राम राम राम राम राम राम राम राम राम राम

इन आश्रमों में महाराजजी विषय हैं। भक्त अक्सर यह भूल जाते हैं और सोचना शुरू कर देते हैं कि यह उनके बारे और अन्य विषयों के बारे में है। फिर भी महाराजजी इतने सारे सूक्ष्म तरीकों से हमेशा इन भक्तों का उनके स्वयं के विशेष आध्यात्मिक पथ पर मार्गदर्शन करते हैं। भक्त पूरी तरह नहीं समझ सकते हैं कि वे खोएँगे नहीं। यह उन लोगों के लिए उनके प्यार की वजह से है। समय के साथ उन सब को एहसास हो जाता है कि महाराजजी ने उनके जीवन को कितनी गहरायी से प्रभावित किया है।

ऊषा बहादुर ने उनके आश्रमों में बेकार बात पर महाराजजी की नीति के बारे में निम्नलिखित कहानी सुनाई। कुछ युवा लोग कैंची आश्रम [102] में समय बर्बाद कर रहे थे और ऊँची आवाज़ में अपनी बातों और दिलचस्पियों के बारे में और कुछ अपने व्यवसाय की बातें कर रहे थे। महाराजजी अपने कमरे से तूफान की तरह चिल्लाते हुए बाहर निकले और उनका पीछा करते हुए उन्हें आश्रम से बाहर भगा दिया। वे आश्रम से बाहर भाग गए और महाराजजी उनके पीछे चिल्लाते हुए भागते रहे। उन्होंने पुल केपार भी उनका पीछा किया। महाराजजी ने कहा कि आश्रम सांसारिक विचारों के लिए एक जगह नहीं है। आश्रम वह जगह है जहाँ आपके दिल और विचार एक हो पाते हैं। आश्रम में एक साल तक रहना 'अपनी बैटरी का पुनर्भरण' करने का एक तरीका है और उसके बाद आप दुनिया में सही तरीके से फिर से अपना काम करने के लिए वापस जा सकते हैं। यही कारण है कि

महाराज जी के कई नियम थे और उन्होंने इन नियमों को बहुत सख्ती से लागू किया।" [103]

आश्रम शांति, चिंतन, आत्मनिरीक्षण, आंतरिक साधना, धार्मिक अध्ययन, और ध्यान के स्थान होते हैं। सार्वजनिक आश्रमों में ज्यादातर हमेशा सार्वजनिक मंदिर होते हैं। मंदिरों में कभी-कभी त्योहारों पर और कई हिंदू पर्वों वाले दिनों पर बहुत भीड़ होती है जब लोग पूजा और यज्ञों के लिए इकठ्ठा होते हैं। वहाँ अक्सर, ऐसे अवसरों पर ज्यादा शोर और हंगामा और गतिविधियाँ होती हैं जो आश्रम के उद्देश्य के विपरीत हैं। यह एक गतिविज्ञान है जो दुनिया की प्रकृति का दर्पण है।

महाराजजी के पंडित, गुरुदत्तजी ने मुझसे महाराजजी के आश्रमों के संगठन की बात यह कहते हुए की कि अखंडता-सभी चीज़ों में सहयोग अच्छा है। विघटन-किसी सहयोग के बिना, चीज़ें बिखर जाती हैं। एकीकरण के बिना, आप गुरु की कृपा के लायक नहीं है।"

राम राम राम राम राम राम राम राम राम राम राम राम

प्रत्येक व्यक्ति को भोजन कराओ

ताओस में मेरे घर पर विडियो शूटिंग के दौरान राम दास, बलराम दास, कृष्णा दास, और सीता शरण महाराजजी द्वारा भक्तों को खाना खिलवाने के बारे में बात कर रहे थे। राम दास ने कहा, "मुझे आश्चर्य होता है कि वे हमें इतना क्यों खिलाते थे।" सीता ने सुझाव दिया, "मुझे लगता है कि वे हमें सुलाना चाहते थे क्योंकि सभी गूढ़ कार्य तभी होते हैं जब हम सो रहे होते हैं।" और मज़ाक में कहा, "वे भोजन में नशीली दवा मिलाते थे।" सब हँसे और सहमति दी हालाँकि वहाँ कोई वास्तविक नशीली दवाएँ नहीं थीं।

प्रसाद वह है जिसे एक संत का आशीर्वाद प्राप्त होता है। कुछ भी जिसे महाराजजी ने आशीर्वाद देकर आपको दिया है, प्रसाद है। महाराजजी के हाथ से सब कुछ प्रसाद है। उदाहरण के तौर पर आप हनुमान प्रसाद हनुमान मंदिर में, शिव मंदिर में शिव प्रसाद या साधु की धूनी लेते हैं। प्रसाद का अर्थ है "एक अनुग्रह रूपी उपहार। प्रसाद में कृपा है। आणविक से लेकर नैनो कण स्तर तक, प्रसाद आपके लिए अच्छा है। प्रसाद लेने से कभी इनकार नहीं करना चाहिए। अगर आप प्रसाद ग्रहण नहीं करना चाहते तो आपको उसे लेकर किसी और को दे देना चाहिए। महाराजजी के नाम से कुछ भी ठीक से बनाया और आपको दिया गया हो प्रसाद हो सकता है।

राम राम राम राम राम राम राम राम राम राम राम राम

ऊषा बहादुर ने मुझे बताया कि महाराज जी ने कहा कि, "यह आश्रम की परंपरा के पूरी तरह से खिलाफ है कि किसी को भोजन दिए बिना जाने दिया जाए।"

राम राम राम राम राम राम राम राम राम राम राम राम

भंडारा

भंडारे का मतलब वस्तुत: भंडार गृह खोलकर वहाँ से सबकुछ खाना लेकिन निश्चित रूप से वहाँ एक भंडार गृह भर भोजन से कहीं अधिक भोजन परोसा जाता था। महाराजजी ने कहा, "भगवान भूखों के लिए भोजन के रूप में आते हैं।" जो अभिमंत्रित भोजन महाराजजी खिलाते हैं वह प्रेम और कल्याण की भावनात्मक तरंगों से भरपूर होता है।

यह कहा जाता है कि कानपुर उत्तर प्रदेश (भारत) [104] में पनकी हनुमान मूर्ति की प्राण-प्रतिष्ठा और मंदिर के लिए भंडारे में महाराजजी ने पूरे कानपुर शहर को भोजन करवाया। यह अतिशयोक्ति है लेकिन स्पष्ट रूप से वहाँ एक बड़ी भीड़ होगी जिसे महाराजजी ने खिलाया।

ये सच के बहुत करीब होगा जब यह कहा गया कि परिक्रमा मार्ग पर वृन्दावन आश्रम के उदघाटन पर महाराजजी ने वृन्दावन के हर स्कूली बच्चे को भोजन करवाया।

यहाँ तक कि वर्तमान समय तक, महाराजजी के कैंची आश्रम में 15 जून के भंडारे पर, जोकि इसके उदघाटन की वर्षगाँठ के लिए मनाया जाता है, एक से सवा लाख लोगों को भोजन करवाया जाता है।

यह कहा जाता था कि अकबरपुर के एक छोटे से कृषि ग्राम में महाराजजी के जन्म स्थल पर एक मंदिर की प्राणप्रतिष्ठा के भंडारे के लिए जनवरी 2001 में एक दिन 50,000 लोगों को भोजन करवाया गया। मैं उस दिन वहाँ उपस्थित था इसलिए कह सकता हूँ कि वहाँ सारा दिन भारी मात्रा में लोगों को खिलाया गया था।

ऐसा लगता है कि अगर आप महाराजी को खुश करना चाहते हैं तो जब संभव हो सके दूसरों को खाना खिलाएँ। यह अपने घर आये हर मेहमान को चाय पिलाने जितना सरल भी हो सकता है या बड़े पैमाने पर भोजन प्रसाद बाँटने के लिए खुद के भंडारे करने जितना बड़ा भी हो सकता है। महत्वपूर्ण यह है कि महाराजजी के नाम पर दिए जाने वाले सभी खाद्य पहले महाराजजी को उनके आशीर्वाद के लिए चढ़ाये जाएँ और फिर भोजन प्रसाद के रूप में, हर किसी को वितरित किया जाए। यह प्रसाद अपरोक्ष और विस्तृत हो सकता है, या अप्रकट रूप से सूक्ष्म जैसे कि चुपचाप राम का नाम जपते हुए अपने मन में महाराजजी को याद करना।

आश्रम में रोज़ साधारण भोजन परोसा जाता है। भोजन में दाल, सब्ज़ी (उबले हुए आलू के साथ कुछ उबली सब्जियाँ), रोटी (या चपाती) और चावल होते हैं। कभी-कभी खीर होती है। और सबसे बढ़िया होती है हरी मिर्च या अचार।

भंडारे में विविध प्रकार के भोजन परोसे जाते हैं खाने में तीन चार सब्जियाँ हो सकती हैं- रोटी की जगह पूड़ी, मिठाई के रूप में लड्डू, और बहुत बड़े भंडारे में माल पुए हो सकते हैं।

चाय भारत में लगातार परोसी जाती है। चाय, चायपत्ती, पानी, दूध, चीनी, अदरक और इलाइची से बनाई जाती है। भारत में, पश्चिमी सत्संग ज्यादातर "स्पेशल चाय," जो केवल दूध से, स्पष्ट कारणों से बिना पानी के बनाई जाती है। अदरक की तासीर गरम होती है और इलाइची की तासीर ठंडी होती है। सर्दियों में, चाय में अदरक की मात्रा बढ़ा दी जाती है और इलाइची की मात्रा कम कर दी जाती है। गर्मियों में इलाइची की मात्रा (शायद एक चुटकी भर) बढ़ा दी जाती है, अदरक की मात्रा बहुत कम कर दी जाती है (शायद सर्दियों की मात्रा 20-30%)। उत्तम चाय मादक पेय से बहुत बढ़िया होती है। यह औषधीय होती है और आध्यात्मिक साधना को प्रोत्साहन देती है। विनोद जोशी ने मुझे बताया कि महाराजजी अपनी चाय में कभी चीनी नहीं लेते थे।

यह महाराज जी के आश्रमों और मंदिरों में खाद्य सेवा की परंपरा की एक झलक है।

राम राम राम राम राम राम राम राम राम राम राम राम

वृंदावन आश्रम

बहुत साल पहले, जब मैं महाराजजी के वृंदावन आश्रमपहुँचा तो कबीर दास वहाँ कमला के साथ रह रहे थे। मेरा वहाँ पहला दिन था, कबीर दास ने कहा, "आप अपने पिता के घर पर हैं, आप यहाँ वैसे ही आचरण कीजिए जैसे आप अपने पिता के घर करते हो।" यह महाराजजी और उनके आश्रमों के बारे में सबसे गहरी और यादगार बातों में से एक है जो मैनें कभी भी सुनी।

जब से महाराजजी ने परिक्रमा मार्ग[105] पर, एक शांतिपूर्ण ग्रामीण क्षेत्र में अपना आश्रम स्थापित करवाया है, वृन्दावन जैसे कुछ क्षेत्रों में आश्चर्यजनक रूप से विकास हुआ है। कुछ निश्चित दिनों पर परिक्रमा मार्ग पर, जो तीर्थयात्रियों द्वारा वृंदावन के पवित्र शहर में, इस्तेमाल किया जाने वाला मार्ग है, एक लाख से अधिक लोग महाराजजी के आश्रम के सामने से गुज़रते हैं। फिर भी वृन्दावन वह जगह है जहाँ लोग महाराजजी की अनूठी उपस्थिति महसूस कर सकते हैं। महाराजजी ने वृन्दावन को अपना अंतिम ज्ञात शरीर छोड़ने के लिए चुना, और इस आश्रम में उनका महासमाधि मंदिर है। वृंदावन निर्विवाद रूप से हिंदू धर्म का एक पवित्र शहर है और ईश्वरीय मद और भक्ति आंदोलन का केंद्र है। वृंदावन पवित्र यमुना नदी के तट पर स्थित है और यहाँ करीब 5000 सार्वजनिक मंदिर हैं जो कि भारत जहाँ पवित्र मंदिरो की भरमार है, के सबसे पवित्र मंदिरों में से एक हैं। मुझे बताया गया था कि वृंदावन में एक अनुमान के अनुसार करीब 50,000 निजी मंदिर भी हैं। इस प्रकार, वृंदावन में कुछ 55,000+ सार्वजनिक और निजी मंदिरों की परिक्रमा एक बहुत ही शुभ बात है। महाराजजी के आश्रम में रह रहे भक्त अक्सर अपनी परिक्रमा आश्रम के गेट के बाहर से शुरू और खत्म करते हैं।

ऊषा बहादुर ने मुझे बताया कि एक वसंत पंचमी (भारतीय वसंत ऋतु के पाँचवें दिन का उत्सव) पर सुबह महाराजजी उनके घर

आये और सारा दिन लगातार विभिन्न लोगों को पूरे भारत में टेलीफ़ोन करते रहे। वे चकित थीं कि उन्हें इतने अधिक फ़ोन कॉल करने के बावजूद कोई भी बिल नहीं आया। महाराजजी की इस लीला की वजह से, कुछ समय बाद, यह ऊषाजी थीं जिन्होंने यह सुझाव दिया कि वृंदावन में महाराज जी के महासमाधि मंदिर की प्राण प्रतिष्ठा 1981 में वसंत पंचमी के दिन होनी चाहिए।

महाराजजी के सुपुत्र धर्म नारायण ने राधा रानी को बताया कि महाराजजी ने उन्हें वृंदावन आश्रम चलाने के बारे में कई निर्देश दिए थे। महाराजजी ने उन्हें बताया कि वृंदावन आश्रम के सामान्य आश्रमवाले नियम नहीं थे। उन्होंने कहा कि इस आश्रम में आश्रमवासियों को, और अधिक स्वतंत्रता होगी। वे खरीददारी करने जाएँ या न जाएँ, आरती करें या न करें, आश्रम का भोजन करे या न करें, बाहर के साधुओं से मिलें या न मिलें, आदि यह सब उनपर निर्भर है।

राम राम राम राम राम राम राम राम राम राम राम राम

कैंची आश्रम

दूसरी ओर, कैंची में बहुत कम विकास हुआ है, अभी भी वह छोटे पैमाने पर चल रहा है और वहाँ बहुत शांति है और यही कारण है कि उनका आश्रम वहाँ स्थापित हुआ। पश्चिमी लोग अक्सर कैंची में छोटे किन्तु पूर्णतया अगाध दुर्गा महोत्सव तथा 15 जून के विशाल भंडारे की ओर आकर्षित होकर आते हैं। कैंची से आस पास के स्थानों जैसे काकड़ीघाट, जागेश्वर जहाँ हज़ारों सालों से हर रोज़ दिन में कई बार भगवान शिव की पूजा होती है और छोटा चार धाम[106] पर जाना बहुत आसान है कैंची की दूसरी तरफ, करीब 30-38

किलोमीटर दूर, महाराजजी द्वारा स्थापित भूमियाधार और हनुमानगढ़ मंदिर हैं।

राम राम राम राम राम राम राम राम राम राम राम राम

भूमियाधर आश्रम

1965 में नैनीताल के पास हनुमानगढ़ में महाराजजी का पहला मंदिर बनने के बाद, महाराजजी वहाँ ज्यादा नहीं गए। भूमियाधर बहुत छोटा आश्रम और मंदिर है जिसे कहा जा सकता है कि महाराजजी ने अपने संचालन के केन्द्र के रूप में इस्तेमाल किया। यह नैनीताल और कैंची आश्रम से बहुत दूर नहीं है। महाराजजी को गेथिया-भूमियाधर सड़क पर स्थित भूमियाधर गाँव जाना पसंद था, वहाँ महाराजजी का कोई कमरा नहीं था लेकिन वे बाहर जहाँ चाहते थे वहीं कहीं भी सो जाया करते थे। जब उनके भक्तों को पता चलता था कि महाराजजी वहाँ हैं तो वे उनके दर्शन करने आते थे भंडारे और पूजा आयोजित करते थे, और उनकी आरती करते थे। एक भक्त ने सड़क के किनारे जमीन का एक टुकड़ा दे दिया और वहाँ एक छोटी कुटिया बनाई गई। फिर उसके बाद एक मंदिर का निर्माण हुआ। इसी जगह से महाराजजी आस-पास के क्षेत्रों में जाया करते थे। कभी-कभी जाने के लिए भूमियाधर एक रमणीय जगह होती है और किसी-किसी समय वहाँ प्रवेश करना भी मुश्किल होता है। माताजी कभी-कभी वहाँ रहती हैं और दर्शन देती हैं।

राम राम राम राम राम राम राम राम राम राम राम राम

अकबरपुर जन्म भूमि मंदिर

महाराजजी के जन्म स्थान अकबरपुर का दौरा, जो कि आगरा से 38 किमी दक्षिण पूर्व में है, एक बहुत ही गहरा अनुभव हो सकता है।

यह एक छोटा सा कृषि गाँव है जो आलू के खेतों से घिरा हुआ है, और उन्ही भारतीय गाँवों की तरह है जो हज़ारों नहीं तो सैकड़ो वर्षों से वैसे ही हैं। लक्ष्मी नारायण शर्मा का, जिन्हें हम नीम करौली बाबा के रूप में जानते हैं, वहाँ एक बड़ा परिवार है और एक समय में कुछ समय के लिए इस गाँव के मुखिया हुआ करते थे। महाराजजी के परिवार ने इस गाँव में लड़कियों के लिए एक स्कूल की स्थापना की है।

राम राम राम राम राम राम राम राम राम राम राम राम

अन्य आश्रम

महाराजजी के आश्रम ऋषकिेश, शमिला, कानपुर और लखनऊ में भी हैं, इलाहाबाद में चर्च लेन पर एक घर है, और महाराजजी द्वारा भारी संख्या में स्थापति छोटे हनुमान मंदरि हैं। मुझे बताया गया था कि महाराजजी ने 108 से अधकि हनुमान मंदरि स्थापति कयि जो कि व्यापक रूप से भारत भर में फैले हुए हैं। महाराजजी ने उत्तर प्रदेश में नीब करौरी में, गुजरात में बवानयिा में, कैंची और जागेश्वर के बीच की सड़क पर काकड़ीघाट में हनुमान मंदरि बनवाये। [107]

ताओस - हर जगह सुन्दर लोग

कई वर्षों से हमने ताओस में देखा है कि भक्त जितने अधिक महाराजजी के साथ होते हैं, वे उतने अधिक सुन्दर बन जाते हैं। यह देखना बहुत ही गूढ़ और अद्भुत है। महाराजजी भक्तों को एक अलग वास्तविकता के लिए खोल देते हैं और जैसे-जैसे समय बीतता है वैसे-वैसे इसका प्रभाव उनके चेहरों पर नज़र आता है ।

उत्तरी अमेरिका में यह मंदिर सबसे अधिक दर्शन किया जाने वाला हनुमान मंदिर हो सकता है। दुनिया भर से लोग हनुमानजी के

दर्शन के लिए ताओस आते हैं। और यह मुख्य धारा से दूर, बहुत ही गंवई, छोटे से रिसोर्ट शहर और कलाकार कॉलोनी में है।

ताओस अमेरिका में महाराजजी का स्थान है। हज़ारों लोग महाराजजी और हनुमान जी के पास प्रार्थना करने, पूजा, कीर्तन, आरती करने, धन्यवाद देने, और मार्गदर्शन और मुक्ति के लिए प्रार्थना करने आते हैं। जो भी महाराजजी के पास ताओस आता है, उसे वह दिया जाता है जिस चीज़ की उसे जरुरत होती है और जब वह वापस जाता है, उसका अगला कदम हमेशा सही रास्ते पर होता है। यह एक नया काम रिश्ता हो सकता है या एक खत्म होता हुआ रिश्ता या उनके जीवन में एक नयी व्यवस्था का एहसास हो सकता है।

राम राम राम राम राम राम राम राम राम राम राम राम

ताओस आश्रम [108] अपने आप में एक "गुरु भक्त" प्रतिष्ठान है जो महाराजजी नीम करौली बाबा को समर्पित है। आश्रम अनिवार्य रूप से हिन्दू नहीं है, हालाँकि यह महाराजजी के मानक 'सभी के लिए सेवा और करुणा' की पुष्टि करता है। जो पूरी तरह से हिन्दू है, वह है, इस आश्रम के भीतर हनुमान मंदिर। यह मंदिर श्री ताओस हनुमान जी का घर है, जो एक बहुत बड़ी 750 किलो की हनुमान जी की मूर्ति रामचूड़ामणि प्रदायक (राम की अंगूठी लाने वाले) के रूप में है। हालाँकि ताओस हनुमान उड़ते हुए दिखाए गए हैं वह सागरोत्तारक (सागर को उछलकर पार करने वाले) रूप नहीं हैं। क्योंकि वे श्री राम की वह अंगूठी लिए हुए हैं जिसे वे लंका में सीता को देने जा रहे हैं। यह मूर्ति, जो हनुमान का मूर्त रूप है, जयपुर, भारत, में गढ़ी गयी थी और महाराज जी के भक्तों द्वारा अमेरिका लायी गयी थी।

अमेरिका में यह हनुमान मंदिर महाराजजी के नाम से हनुमान की पूजा के लिए हनुमान विश्वासियों, पश्चिमी लोगों और अमेरिका में हज़ारों भारतीयों द्वारा बनाया गया था जो लोग ताओस हनुमान का तीर्थ उनका आशीर्वाद और उनकी कृपा पाने के लिए करते हैं चाहे वे महाराजजी से परिचित हों या न हों। इन हिन्दू भारतीयों की सेवा का सम्मान पश्चिमी भक्तों को दिया गया है, आश्रम के वासी हैं या भारतीय दर्शनार्थियों की सेवा में स्वयंसेवी हैं। बिलकुल उसी तरह जिस तरह भारत में इतने सालों से पश्चिमी लोगों की सेवा होती आयी है।

राम राम राम राम राम राम राम राम राम राम राम राम

कई वर्ष पहले शविाय बाबा, जगदीश और जय राम ने ताओस आश्रम के 108 असूचबिद्ध नयिमों की सूची बनाने में कई घंटे लगाए। संयोग से इन सभी नयिमों में "न" शब्द शामलि था। उनमें इस तरह की बातें शामलि थीं: मंदरि के कमरे में जूते न लाएँ, मंदरि के कमरे में कंधे नंगे न रखें भोजन को पकने के दौरान न चखे, कोई भी भोजन महाराजजी को अर्पण कयि बनि‍ा न खाएँ, खाने में अंडा, प्याज या लहसुन न हो [109], पूरी तरह से शाकाहारी के अलावा अन्य खाद्य पदार्थ न हो, सचिाई के नालों में न चलना, केंद्रीय क्षेत्रों में कोई धूम्रपान न करना, कोई कुत्ते न हों, कोई वरिोध न हो, धूनी [110] पर कोई जूते न लाएँ इत्यादि। ये नयिम अधकिशंत: महाराज जी के वरषि्ठ मंदरिों और भारत में आश्रम के नयिमों को दर्शाते हैं।

राम राम राम राम राम राम राम राम राम राम राम राम

के सी तिवारी को यह कहते हुए उद्धृत किया गया था, "महाराजजी ने सिखाया कि मंदिर भगवान का स्थान है, और हर एक के लिए खुला होना चाहिए। मूर्ति की सफाई और रंगीन कपड़ों से सजावट मंदिर की शुद्धता और पवित्रता बनाए रखने के लिए और भक्तों और श्रद्धालुओं को आकर्षित करने के लिए आवश्यक है। अगर वे लोग जिनका ये कर्तव्य है इन व्यवस्थाओं को नहीं देखते तो ये मंदिर शुद्धि का स्थान नहीं रह जायेंगे और लोग वास्तव में इनसे घृणा करेंगे। आंतरिक पवित्रता एक अशुद्ध और प्रतिकूल वातावरण [111] में नहीं आ सकती। हमारे समुदाय के हर सदस्य को आश्रम के भीतर अपनी उपस्थिति के लिए जिम्मेदार बनने दें। हर सदस्य को यह पूर्व ज्ञान होना चाहिए कि हमारा उद्देश्य प्यार, सेवा, भक्ति, सच्चाई और भगवान का एक स्थान बनाने का है। महाराजजी की इच्छाओं के प्रति हमारा निरंतर सम्मान, हमारी सेवा की गुणवत्ता तथा भगवान की तरफ अधिक लोगों को आकर्षित करने में सहयोग देता है।

दो के बीच में नाच

राम दास ने वर्णन किया है "एक में रहने वाले और दो में नृत्य करने वाले। "इस खूबसूरत वाक्यांश का मतलब है निराकार और साकार और वह भी जो भौतिक तल पर सकेंद्रित है या नहीं है। ऐसा नहीं हो सकता कि हम दो की दुनिया में खो जायेंगे क्योंकि हम अनंतकाल से एक की दुनिया में रह रहे हैं। यहाँ हमें शारीरिक रूप (दो) में सकेंदित चेतना के रूप में होने के लिए केवल एक सीमित समय प्राप्त है। क्योंकि मानव शरीर एक छोटी सी अवधि के लिए यहाँ होते हैं। यहाँ तक कि महान संत देवरिया बाबा जो मुख्यतः वृन्दावन में रहते थे, उन्हें भी अधिकतम केवल 250 साल मिले थे।

यह एक प्राकृतिक, चलता हुआ चक्र है। स्पष्ट परिस्थितियाँ चाहे कुछ भी हों, जब तक आप यहाँ हैं, आप अपना जीवन कैसे बिता सकते हैं, इसे एहसास करने के लिए यह समझना बहुत सहायक हो सकता है। नृत्य एक "अनुभव है।"

महाराजजी हमेशा एक में रहते हैं और नीम करोली बाबा के रूप में दो में नाच रहे थे। वह निश्चित रूप से अभी भी दो में नाच रहे हैं यहाँ तक कि अपने नीम करोली बाबा रूप में और अन्य रूपों में भी।

हमारे अनुकरणीय व्यक्ति के रूप में महाराजजी के साथ, इस वास्तविकता की सच्चाई अब हमारे लिए महसूस करने की बात है कि हमारी चेतना का सार हमारी जीवात्मा हमेशा एक में है लेकिन हम दो में नाच और खेल रहे हैं। यह बिल्कुल आसान नहीं है, लेकिन जितना ही हम यह समझते हैं, उतना ही अधिक हमें फायदा होता है।

हम एक से आये थे और एक में वापस चले जायेंगे। यह जानने के लिए मस्तिष्क की जरुरत नहीं है। तथ्य यह है कि दिमाग (जो पूरी तरह से दो में आधारित है) आपको समझाने की हर कोशिश करेगा कि यह सच नहीं है। तथापि यह हम सब के लिए परम सत्य, सबसे बड़ा सत्य है। यह सब कैसे होता है इसका मानसिक अभिप्राय देने के लिए मस्तिष्क जीता है। फिर भी मस्तिष्क दो तक सीमित है। महाराजजी ने कहा कि भगवान (एक) को देखने के लिए आपके पास "विशेष आँखें" होनी चाहिए।

राम राम राम राम राम राम राम राम राम राम राम राम

तो आप एक बड़े व्यापारी हैं और बहुत सारा पैसा बनाते हैं। एक दम बढ़िया। क्या आपको वह समय याद है आपको अस्तित्व में होने के लिए या जीतने के लिए भाग्य की ज़रुरत पड़ी ? आप उस भाग्य का श्रेय किसे देते हैं ? क्या आपको लगता है कि भाग्य पूर्व

निर्धारित था या सिर्फ एक सहसा उत्पन्न क्रिया या शायद यह सौभाग्य से हुआ ? कितनी बार आप भाग्यशाली रहे हैं ? क्या आपके कर्म हो सकते हैं ? या ये सब आपने कड़ी मेहनत के साथ किया है ? या आप इसका श्रेय भगवान को देते हैं ? या देवताओं को? अपने गुरु को ? बहुत अच्छा।

90 के दशक के शुरू में, मैं एक आदमी के साथ एक सत्संग सभा में बैठा हुआ था। मैंने उससे पूछा कि उसे महाराजजी के बारे में कैसे पता चला। उसने मुझे एक बहुत ही दलिचस्प कहानी सुनाई जो व्याख्या करती है एक और तरीके कि कैसे महाराजजी भक्त एकत्रति करते थे। उस आदमी ने बताया कि 70 के दशक में, वह आदमी गांजे की छोटी थैलयिाँ बेचने के अपराध में तीसरी बार जेल गया था। जब वह जेल से बाहर नकिला तो उसे पैसे कमाने की जरुरत थी इसलिए वह अपने पुराने धंधे में चला गया। उसने एक बड़े व्यापारी से कुछ चरस ली और सड़क पर कुछ बेच दी। सड़क के पार, एक खुफिया पुलसि ने सड़क के उस पार से यह लेनदेन देख लयिा और वह उस के पीछे आ रहा था। वह सड़क पर तेज़ी से चला और एक व्यस्त कतिाबों की दुकान में छुप गया। उसने डसि्प्ले से एक कतिाब बनिा देखे ही उठाई और उसे बलि चुकाने वालो की लाइन में बहुत मासूम सा बनकर खड़ा हो गया। इस बात से पुलसि अधकिारी मूर्ख नहीं बना और जैसे ही वह आदमी दरवाज़े से बाहर नकिला, उसे गरिफ्तार कर लयिा। उन्होंने उसे जेल में बंद कर दयिा, हमेशा की तरह उससे सब कुछ ले लयिा लेकनि वह कतिाब उसके पास रहने दी। कतिाब थी 'मरिकिल ऑफ़ लव: नीम करोली बाबा की कहानयिाँ' (Miracle of Love:Stories of Neem Karoli Baba)। जब जेल की कोठरी में उसने कहानयिाँ पढ़ीं, उसके तो होश उड़ गए। उसने कभी नहीं सोचा था कि महाराजजी की तरह का एक व्यक्ति

का अस्ततिव् भी हो सकता था। वह भक्त बन गया और बाद में आईटी क्षेत्र में उसने काफी पैसा बनाया। उसके दो बेटे थे और एक अच्छा पारिवारिक जीवन था। बाद में वह काफी सज्जन किसान बन गया। महाराजजी ने उसे ढूँढ लिया और उसका ख्याल रखा। "भाग्यशाली आदमी," जैसा कहिम भारत में कहते हैं। "लकी मैन"

राम राम राम राम राम राम राम राम राम राम राम राम

गोचर और अगोचर

चेतना द्वारा बनाये गए भौतिक तल में गोचर और अगोचर सम्मिलित हैं। मनुष्य, शरीर द्वारा स्वीकृत धारणाओं के भीतर चीज़ें देख सकते हैं फिर भी यह कहा गया है कि स्पंदन[112] के नक्षत्रीय, प्रेरणार्थक, मानसिक और आकाशीय क्षेत्र हैं। ये भी आत्मा चेतना द्वारा बनाये गए भौतिक तल में हैं। तथापि, बाद वाले चार स्तर, भौतिक स्तर की तुलना में विभिन्न आवृत्तियों पर और वेग पर काम करते हैं इसलिए हम उन्हें देख नहीं सकते, हालाँकि हम में से कई कभी-कभी उन्हें अनुभव कर सकते हैं। कई महान लोगों ने भौतिक तल के अन्य अनदेखे स्तरों के साथ काम किया है फिर भी यह विश्वास करने के लिए कि चेतना के द्वारा बनाए गए इन स्तरों के भीतर खेलना भौतिक दुनिया में फँसे रहने के लिए एक अंतिम जवाब है।

हम अपनी जीवात्मा के माध्यम से और वास्तव में कुछ निपुण लोगों के माध्यम से इन स्तरों के बारे में जानते हैं और इन्हें इस्तेमाल करते हैं और इनसे शक्तियाँ लेते हैं। यह बताया जा रहा है क्योंकि पाठक समझ जाएँ कि हम महाराजजी के बारे में भौतिक तल के तथ्य की बात नहीं कर रहे हैं। कृपया भौतिक तल के इस आदर्श से न जुड़े।

महाराजजी ने यह आदर्श नहीं सिखाया। महाराजजी इस सबसे परे हैं। महाराजजी की चेतना सीधे उच्चतम स्तर तक, सभी तरंगीय स्तरों के माध्यम से आत्म चेतना से जुडी हुई है। हमारे मन नहीं जान सकते कैसे। भक्ति एक मानसिक अभ्यास, एक मानसिक खोज नहीं है। बस एहसास कीजिए कि यह सब संसार है। प्रेम में सर्वस्व बसता है। महाराज जी प्रेम का चमत्कार हैं।

राम राम राम राम राम राम राम राम राम राम राम राम

चक्र, कुंडलिनी, ध्यान, योग, ज्योतिष, पूर्वबोध, दूरानुभूति, टेलिकाइनेसिक, साइकोकाइनोसिस, टैरो, आई चिंग, ओइजा, जिरिया, चैनलिंग - ये भौतिक तल की बातें हैं जो अन्य अगोचर तरंगीय स्तर के भीतर कार्य करती हैं। हालाँकि, कुछ का एक घटक है जिसमें बहुत उच्चतम वृतिक परमात्मा के साथ एक सीधा संपर्क बना लेते हैं यहाँ तक कि चेतना द्वारा बनाये गए अनदेखे तल के परे भी। यह दुर्लभ से भी परे है और वास्तव में बिलकुल असंभव है। भैतिक तल पर दोनों देखे और अनदेखे मायनों में इन अन्य स्तरों के भीतर बहुत कुछ है जो मन की इच्छा से बनाया गया है।

मैंने हाल ही में एक जिरिया चैनलिंग सत्र में भाग लिया जहाँ बोर्ड के माध्यम से आने वाली इकाई ने महाराजजी होने का दावा किया। मुझे इस बात पर संदेह हुआ। तथापि, सत्र शक्तिशाली था और वास्तव में जानकारी पूर्ण। अगर महाराजजी जिरिया के माध्यम से आपको एक संदेश भेजना चाहते हैं तो वे निश्चित रूप से एक जिरिया सत्र में जाने के लिए आपका मार्गदर्शन करेंगे, उतने ही निश्चित रूप से जितना वे आपको एक टेलीफोन कॉल करेंगे। यह सब उनकी लीला है। आपको यह समझना चाहिए कि आप आतंरिक रूप से उनके साथ जुड़े हुए हैं। गुरु बाहरी नहीं है।

ज्योतिष के मामले में, अंतरिक्ष में बड़े खगोलीय पिंडो की गतिविधियाँ हर किसी को प्रभावित कर रही हैं। इस बात का कोई सवाल ही नहीं है। E = mc2 से यह साबित होता है। ऊर्जा बराबर द्रव्यमान गुणा प्रकाश की गति के वेग का वर्ग खगोलीय पिंडों के बीच प्रकाश की गति से दुगुनी गति पर बड़े पैमाने पर द्रव्यमान यात्रा कर रहा है और आप खगोलीय पिंड के ऊपर खड़े हैं। इस तथ्य की व्याख्या है (ज्योतिषियों द्वारा) जिस पर सवाल किया जा सकता है। हमें भरोसा करना होगा कि तारों और ग्रहों की गति के अर्थ का सार निकालने के लिए ज्योतिष के प्रभावों का निरीक्षण किया गया होगा, अध्ययन किया गया होगा और कई सदियों तक ये दर्ज किये गए होंगे। वह एक अलग मामला है।

राम राम राम राम राम राम राम राम राम राम राम राम

जैसा कि हम सभी जानते हैं, भौतिक तल के बारे में बहुत सी बातें बिल्कुल कमाल की हैं। यही कारण है कि यह चेतना द्वारा बनाया गया था। हम लगातार भौतिक तल की खोज करते रहते हैं। हाँ, इसीलिये यह बनाया गया था और हम कई जन्म लेते रहते हैं। लेकिन महाराजजी हमारी अपनी जीवात्मा के भीतर हमें एक शांत तथा अधिक केंद्रित वास्तविकता दिखा रहे थे, दुनिया को देखने के लिए उचित प्रेक्षण स्थल।

राम राम राम राम राम राम राम राम राम राम राम राम

महाराजजी आंतरिक रूप से बोलेते हैं

महाराजजी आतंरिक रूप से आपकी सोच में उस जगह से बोलते हैं जो सामान्य विचारों की जगह से अलग लगती है। महाराजजी बाहरी रूप से संकेतों और लीलाओं के माध्यम से बोलते हैं। हमें

वास्तव में यह कभी नहीं पता चलता कि कौन या क्या संचारित बोल रहा है। हममें से जिनके लिए महाराजजी गुरु हैं, हर चीज़ को, उनकी किसी प्रकार की अभिव्यक्ति के रूप में देखते हैं, इसलिए हमारे लिए जिरिया, आयी चिंग आदि उनकी लीला की अभिव्यक्ति हैं। ऊबाऊ दिन या रोमांचक दिन-किसी भी तरह से यह सिर्फ महाराजजी की लीला की एक मिसाल है। दिन धूप का हो या बरसात का ये समान हैं। यह महाराजजी के और खेल हैं। मेरी राधा ने एक दिन कहा, "मैं नहीं मानती कि महाराजजी मौसम को नियंत्रित करते हैं।" मैंने कहा, "सच में खैर, मैं मानता हूँ l" सुनो, यह सब सिर्फ एक होलोग्राफिक भ्रम है। महाराजजी ने बस उसमें किसी एक या अनेक प्रकार से प्रवेश किया है।

यह मौसम के ऊपर महाराजजी के नियंत्रण का एक उदाहरण है। महाराजजी की बेटी गिरिजा एक कहानी बताती हैं, जब वह छोटी थीं, वे छत पर सोना चाहती थीं। भारत में लोग छत पर सोने के बहुत शौक़ीन हैं। उन्होंने अपनी माता जी से पूछा कि क्या वे ऐसा कर सकती हैं ? उनकी माँ ने उन्हें महाराजजी से अनुमति लेने को कहा। महाराजजी ने कहा कि वे छत पर सो सकती हैं लेकिन अगर बारिश होगी तो उन्हें नीचे आना पड़ेगा। यह एक रात का आसमान पूरी तरह साफ था, इसलिए कुछ बिस्तर लेकर गिरिजा खुशी-खुशी छत पर चली गयीं और लेट गयीं। वहाँ लेटे हुए उन्होंने दूर से एक छोटे से बादल को आते हुए देखा। यह बादल करीब आते हुए बड़ा होता गया। जब तक वह बादल उनके सिर के ठीक ऊपर पहुँचा, काफी अँधेरा हो चुका था और बारिश शुरू हो गयी, ओले भी गिरने लगे। उन्हें नीचे आना पड़ा।

ऐसा हो सकता है की महाराजजी हमें तब ढूँढ लें जब हम खो चुके हों। या हो सकता है कि हम इसलिए खो गए हों ताकि हम महाराजजी को ढूँढ सकें। अगर आप एक आध्यात्मिक साधक हैं, तो

आप कुछ खोज रहे हैं। वह क्या हो सकता है ? शायद आप व्यापारिकता, सतहीपन और सांसारिक खोज के विचारहीन समानुरूपता के जंजाल से बहुत थक गए हों। हो सकता है कि आपने एक लंबे समय तक दुनिया में अच्छा प्रदर्शन किया था, हो सकता है कि आपको अपनी पसंद का कभी कुछ ज़्यादा मिला ही न हो। हो सकता है कि आतंरिक रूप से आप चुपचाप पीड़ा में रोये हों और महाराजजी आपके पास आ गए हों। ये जो कुछ भी हुआ कैसे हुआ इससे फर्क नहीं पड़ता। महाराजजी यहाँ आप के लिए हैं और आप अब महाराज जी की सेवा में हैं। आप सब कुछ महाराजजी को दे सकते हैं और महाराजजी आपको सब कुछ वापस कर देंगे। इसके बाद, आप जानते हैं कि यह सब उनका प्रसाद है।

राम राम राम राम राम राम राम राम राम राम राम राम

अब तुम मेरे लिए इसे चलाओ

भारत में एक बड़े राज्य के राजा की कहानी है जो एक विशाल महल में रहता था। उसका गुरु एक साधु था जो महल के बगल में एक कुटिया में रहता था। एक दिन राजा महल से बाहर अपने गुरु से उनकी कुटिया में मिलने गया। राजा ने अपने गुरु को एक दस्तावेज़ दिया जिसमें पूरा राज्य उन्हें दे दिया। गुरु ने दस्तावेज़ स्वीकार किया और कहा, "ठीक है, अब तुम ये राज्य मेरे लिए चलाओ।" यह इस तरह काम करता है। और तुम्हें यह सबको विज्ञापित करने की ज़रुरत नहीं है।

मैंने अक्सर महसूस किया है कि अपने सार्वजनिक शब्दों के बावजूद, स्टीव जॉब्स ने एप्पल के साथ ऐसा किया। उन्होंने सब कुछ महाराजजी को दे दिया और महाराजजी ने उन्हें कंपनी चलाने को कहा। ऐसा माना गया है कि शायद स्टीव जॉब्स ने कभी दान न किया

हो पर उन्होंने पृथ्वी के सब लोगों को दुनिया के सबसे बड़े उपहार दिये हैं। स्टीव की कंपनियों ने हमारे लिए सब कुछ बदल दिया है। बात का कुल योग यह है कि अपने जीवन में स्टीव ने सुपर कंप्यूटर बनाये और उन्हें अक्सर एक प्यारे से छोटे डिब्बे के रूप में आम जनता को बेचा। फिर डेस्क से परे उन्होंने वस्तुतः संगीत उद्योग को बदल दिया, पूरे संचार उद्योग के लिए प्रतिस्पर्धा पूरी तरह से बढ़ाई और एनीमेशन का उत्पादन पूरी तरह से बदल दिया।

बहुत सालों तक जब से मैंने पहली बार महाराजजी के सत्संग के साथ, स्टीव के संबंध के बारे में सुना, स्टीव जॉब्स और एप्पल के पीछे महाराजजी के "जादू" को मैंने माना। देखिये कैसे सब चीजें विकसित हुईं। महाराजजी ने सब तरह से स्टीव का ख्याल रखा। और ये क्या ! युवा हिप्पी जिसने पढ़ाई छोड़ दी, जो कुछ समय के लिए एक आध्यात्मिक साधक के रूप में, महाराजजी के कैंची आश्रम में रहा, अंत में अरबों डॉलर में खेल रहा था और अरबों लोग सकारात्मक रूप से प्रभावित हुए।

मुझे लगता है जैसे महाराजजी ने स्टीव को एप्पल की प्रारंभिक अवधारणा दी और सारे मार्ग में उसे विचार दिए फिर उन्होंने वे ले लिये (लेकिन उसे बहुत सारे पैसों के साथ छोड़ दिया) और उसे काम करने के लिए खेल के एक अन्य क्षेत्र में लगा दिया और फिर वे स्टीव को, वास्तव में दुनिया में एक सच्चे नेतृत्व की भूमिका निभाने के लिए एक बड़ा कदम उठाने के लिये वापस लाये l यह सब कितना महाराजजी जैसा है l

राम राम राम राम राम राम राम राम राम राम राम राम

महाराजजी को ढूँढना

महाराजजी के भक्त उनकी तस्वीरों से पूरी तरह से सम्मोहति हैं।
113 लगता है हमें बस वे पर्याप्त मात्रा में नहीं मलितीं। भक्त महाराजजी की तस्वीरें लगभग वैसे ही एकत्र करते हैं जैसे हम बेसबॉल के कार्ड एकत्रति कयिा करते थे, जब हम बच्चे थे। महाराज जी की ये छवयिाँ हमें प्यार से भर देती हैं। हम जानते हैं कि वे हम पर नज़र रखे हुए हैं। मैं हमेशा वहाँ अधकि सहज महसूस करता हूँ जसि कमरे में महाराजजी की तस्वीरें होती हैं।

जब महाराजजी यहाँ हमारे बीच थे, भक्तों को कभी पता नहीं था कि उन्हें कहाँ खोजें। उन्हें वास्तव में जासूस की तरह उनके सुराग ढूंढने पड़ते थे। महाराजजी को ढूंढना सचमुच में मुश्कलि था। क्या वे वृंदावन में हैं या कैंची, या आगरा, या इलाहाबाद, या मथुरा, या कसिी के घर में हैं ? वे कहाँ हैं ? महाराजजी ने कहा कि उन्हें याद करने से वे आ जाते हैं। भक्तों की उनके साथ असम्भाव्य समक्रमकिता और असम्भाव्य समय में मनोहर भेंट होती थी। अगर वे उन स्थानों पर पहुँच भी जाते थे जहाँ पर महाराजजी का होना नशि्चति था, कभी-कभी महाराजजी वस्तुतः खुद को अदृश्य बना लेते थे। हे भगवान्! अगर महाराजजी नज़र नहीं आते थे तो कसिी को पता भी कैसे चल पाया ? उन्हें पता चल पाया क्योंकि महाराजजी के साथ लोग थे, जन्होंने बाद में सूचना दी कि महाराजजी ने उन्हें भी अदृश्य कर दयिा था। और वास्तव में, अदृश्य होने के अलावा, उन्हें सुना भी नहीं जा सकता था। हालाँकि जो लोग वहाँ थे, वे न उन्हें सुन सकते थे, न देख सकते थे। कल्पना कीजयि कि जसि समय महाराजजी ने ऐसा कयिा आप वही व्यक्ति थे जो उस समय महाराजजी के साथ थे। क्या आपके मन में

इसे समझाने के लिए कोई आदर्श सिद्धांत होगा ? यह एलएसडी के प्रभाव में होने की तरह होगा।

अभी भी हमें नहीं पता कि उन्हें कहाँ ढूँढें लेकिन वे अभी भी यहीं कहीं है। जिस समय में नीम करौली बाबा बहुत ज़्यादा सत्संग को दर्शन दे रहे थे, महाराजजी के कई शरीर होने की संभावना लगती है। इसके अलावा महाराजजी के कुछ भक्तों का अतिरिक्त दावा है कि महाराजजी एक समय यात्री हैं।

हम शायद 2010 में वृंदावन आश्रम में थे। हनुमान दास, लक्ष्मी, गोविंदा, कैंची से गिरीश, और मेरा मानना है कि सितरूपा भी वहाँ थीं। रात के खाने के बाद, हम सभी ऊपर एक कमरे में थे, चाय पी रहे थे और महाराजजी के बारे में बात कर रहे थे। यह एक साथ बड़ा प्यारा आरामदेह सत्संग का समय था। गिरीश ने बताया कि पिछिले साल 15 जून के कैंची भंडारे के समय, महाराजजी शरीर में , कैंची आश्रम की सड़क के पार उनके घर आये और कई लोगों को दर्शन दिए। उन्होंने आगे बताया कि वे व्यक्तिगत रूप से महाराजजी के साथ उस कमरे में थे और उन्होंने महाराजजी के दर्शन किये थे। हम सभी इस जानकारी से पूरी तरह से हैरान थे।

राम राम राम राम राम राम राम राम राम राम राम राम

मैं हर दिन महाराजजी को हर कहीं ढूँढता हूँ । मैं ऐसे कई श्रद्धालुओं को जानता हूँ, खासकर भारत में, जो मेरी तरह महाराजजी को लगातार ढूँढते हैं हालाँकि महाराजजी को दुनिया में कहीं भी देखा जा सकता है। अवश्य यह एक सूक्ष्म खोज है । यह महाराजजी की एक झलक के लिए बाध्य होकर हर चेहरे को देखने की तरह नहीं है । मैं हर किसी में महाराजजी को देखता हूँ । मैं महाराज जी, जो

समय यात्री हैं, उनके नीम करोली बाबा रूप के बारे में बात कर रहा हूँ। क्या भक्तों को महाराजजी को देखने में सफलता मिली है ? हाँ ...., लेकिन यह निजी है।

यह कंबोडयिा की एक महलिा द्वारा बताई गई महाराजजी की लीला की एक अद्भुत कहानी है। वह वहाँ एक गाँव में एक घर में रह रही थी। नयिमति रूप से कुछ समय तक एक आदमी उससे मलिने आता था। वह बहुत अच्छा था और महलिा उसे बहुत पसंद करती थी। एक दनि वह आदमी उसके घर पर आया और उसे अपना सामान बाँध लेने को कहा। उस आदमी ने कहा जतिनी जल्दी हो सके घर से नकिल जाए क्योंकि उसके घर पर आकाश से बमबारी होने वाली थी। उसने उस आदमी की बात पर वशि्वास कर लयिा और गाँव छोड़ दयिा। ऐसा घटति हुआ! अगले दनि उसका घर एक हवाई जहाज़ द्वारा गरिाए गए बम द्वारा नष्ट हो गया। केवल बाद में भारत में महाराजजी की तस्वीर देखने पर उसे महसूस हुआ कि महाराजजी वही आदमी थे जो उसके पास आये थे। उसने यह बात वृन्दावन आश्रम में कई लोगों को बताई।

तो, अभी एक और विसंगति पैदा होती है। महाराजजी ने कहा कि वे अपने पुराने शरीर को छोड़ कर एक नया शरीर प्राप्त करेंगे। तथापि, जैसा कि कहा गया है, ऐसी सम्भावना है कि महाराजजी के दो या दो से अधिक शरीर थे क्योंकि वे दो से अधिक स्थानों पर एक साथ प्रकट होते थे सिवाय इसके कि इसे समय यात्रा द्वारा समझाया जा सकता।

राम राम राम राम राम राम राम राम राम राम राम राम

नियम कौन बनाता है ?

हमारे आस पास हर समय छोटी-छोटी लीलाएँ चल रही हैं। जय राम एक कहानी बताते हैं, "मध्य 90 के दशक में, नीम करौली बाबा आश्रम, ताओस, न्यू मेक्सिको, यू. एस. ए. में कई भक्त सगिरेट और बीड़ी [114] पीते थे। आश्रम में बाहर के कुछ क्षेत्र थे जहाँ धूम्रपान की अनुमति नहीं थी। यह प्रथा अब उलट दी गयी है और वहाँ लगभग कोई ऐसे क्षेत्र नहीं हैं जहाँ धूम्रपान की अनुमति हो और अब लगभग कोई भी सत्संग वहाँ बीड़ी और सगिरेट नहीं पीता। इस ओर एक कदम के रूप में आश्रम के नदिशक बोर्ड ने एक नया नयिम बनाया कि 'महाराजजी के कार्यालय,' के ठीक बाहर के क्षेत्र में, जसि अक्सर महाराजजी का बरामदा कहा जाता है, वह एक धूम्रपान नषिध क्षेत्र होगा। फरि भी, वहाँ कई स्थानीय भक्तों ने उन आस पास के इलाकों में धूम्रपान करना छोड़ने से मना कर दयिा। मैंने कुछ समय तक इस नयिम का पालन कयिा, लेकनि कुछ महीनों के बाद, मैंने स्वयं वहाँ पर कभी-कभी धूम्रपान करना शुरू कर दयिा। एक दनि शायद बोर्ड के फैसले के दो साल बाद मैं वहाँ एक भक्त के साथ बात करते हुए एक पुरानी रॉकगि चेयर पर बैठा था। हम ठीक महाराजजी के डबल डोर वाले प्रवेश द्वार के बाहर ही थे। महाराजजी का वह बरामदा बैठने के लिए एक अद्भुत स्थान है और यह उस खेत के पार दखिने वाले अद्भुत सूर्यास्त के लिए वख्यिात है। हमारा मुँह खेतों की तरफ था। मैंने एक बीड़ी नकिाली। जैसे ही मैंने बीड़ी सुलगाई, मैंने दूसरे भक्त से कहा, "उन्होंने एक नयिम बनाया कि यहाँ धूम्रपान नहीं कर सकते लेकनि कोई भी इसका पालन नहीं करता है, इसलिए मैं धूम्रपान करता हूँ"। हमने अपनी बातचीत जारी रखी। शायद एक मनिट के बाद, हमने अपनी दाहनिी

तरफ सब्ज़ी के बगीचे की ओर देखा। मैं अपने चेहरे से करीब एक फुट दूर अपने हाथ में जलती हुई बीड़ी पकड़े हुए था। जैसे ही हम घूमे, बीड़ी अचानक मेरे हाथ से उछलकर , ऊपर उड़ती हुई सीधे मेरी जीभ के सरि पर गरिी। इस चोट ने मुझे असहनीय दर्द पहुँचाया। मेरा मतलब है कि मुझे वास्तव में बहुत दर्द हो रहा था। मेरी आँखें आँसुओं से भर गयीं। और मैं एक मनिट तक कुछ भी कहने की हालत में नहीं था। दूसरा भक्त उद्यान क्षेत्र में कोई गतविधि दिख रहा था और मैंने अपना तीव्र दर्द जताया नहीं। यह बहुत स्पष्ट था कि महाराजजी ने वह नयिम स्वयं लागू कयिा था। इसीलयि मैं कभी भी महाराजजी के कार्यालय के पास और बरामदा क्षेत्र में धूम्रपान नहीं करता।" [115] मैंने महसूस कयिा है उनके आश्रमों में जो भी होता है, उसे महाराजजी पूरी तरह से नयिंत्रति करते हैं (और वसि्तार से, बाकी सब कुछ, है न ?) छोटी से छोटी जानकारी तक। फरि से, यह कैसे संभव है ? यह हमारे तर्क से काफ़ी परे है, हमारे मन की सोच क्षमता से परे।

राम राम राम राम राम राम राम राम राम राम राम राम

महाराजजी संयुक्त राज्य अमेरिका में देखे गए

यह एक कहानी है जो 80 के दशक के अंत में ताओस में हुई। मुझे यह बलि्कुल इसी तरह एक साल के बाद बतायी गयी था। हनुमान दास (एच डी) तब आश्रम के प्रबंधक थे। उन्होंने अपनी कार एक भक्त को कुछ काम करने के लए उधार दी थी। शहर में एक भक्त ने लाल बत्ती पार कर ली और पुलसि ने उसे रोक लयिा। पुलसिकर्मी ने अपने रेडयिो पर फ़ोन कयिा तो पता चला कि एचडी अपनी टकिट का

शुल्क भरना भूल गए थे। तो इसलिए उनके लिए एक वारंट था। पुलिसकर्मी ने कहा कि वह लाल बत्ती अतिक्रमण के बारे में भूल जाएगा अगर वह भक्त उसे एच डी के पास ले जाएगा।

तो पुलिस हनुमान मंदिर पहुँची। पुलिसकर्मी घर के दरवाजे पर आया और पुराने टिकिट के बारे में एच डी के साथ बात की और कहा कि उसे एच डी को पुलिस स्टेशन ले जाना होगा। यह गर्मियों का वक्त था और एच डी बिना शर्ट के सिर्फ शॉर्ट्स पहने हुए थे। उन्होंने पुलिस वाले से अपने कमरे में जाकर कुछ और उपयुक्त कपड़े पहनने की अनुमति माँगी। पुलिसकर्मी ने कहा कि उसे कोई समस्या नहीं थी।

जब एच डी रसोई घर में लौट गए, पुलिसकर्मी दीवार पर लटकी महाराजजी की एक बड़ी सी तस्वीर को घूर रहा था। उसने एच डी से कहा, "वह कौन है ?" एचडी ने कहा, “वे नीम करौली बाबा हैं, हमारे गुरु।” उन्होंने 1973 में अपना शरीर छोड़ दिया था। पुलिस वाले ने कहा, "तुम्हारा क्या मतलब है "शरीर छोड़ दिया" ? "शरीर छोड़ दिया" स्पष्ट तौर पर ऐसा वाक्यांश नहीं जो एक अमेरिकन पुलिसकर्मी अच्छी तरह समझ नहीं सके। एच डी ने कहा, “वे मर गए।” पुलिस वाले ने कहा, "नहीं, वे नहीं मरे "। एच डी ने कहा, “उनकी मृत्यु 1973 में हुई।” पुलिसकर्मी ने दोहराया, “नहीं, वे मरे नहीं हैं। मैं उन्हें शहर में रात में घूमते हुए देखता हूँ। वे कम्बल पहनते हैं और कोई जूता नहीं पहनते। जब मैं उनके पास जाकर पता लगाने की कोशिश करता हूँ कि वे क्या कर रहे हैं, वे हमेशा एक कोने में चले जाते हैं और गायब हो जाते हैं।”

राम रानी ने हमें बताया कि कुछ सालों बाद यही पुलिसकर्मी उनके छोटे लड़कों की किसी हरकत की वजह से उनके घर आया। घर के अंदर, पुलिसकर्मी ने मेज़ पर पड़ी महाराजजी की तस्वीर की ओर इशारा किया और कहा, "मुझे यह आदमी बहुत पसंद है।"

राम राम राम राम राम राम राम राम राम राम राम राम

महाराजजी ने कहा था, "महान साधुओं का एक मानव शरीर नहीं होता। वे सर्ववयापी हैं। यदि एक संत रूप बदलता है, तो ज़रूरी नहीं कि वह मानव शरीर धारण करे। आत्मा छोटा रूप है और मानव शरीर विशाल रूप है।"

राम राम राम राम राम राम राम राम राम राम राम राम

अमरकंटक में महाराजजी

महाराजजी की महासमाधि के कुछ सप्ताह बाद, लखनऊ के हनुमान मंदिर में एक अजनबी आया। उसने कहा कि वह महाराजजी को जानता था और सोचता था कि वे एक महान आत्मा थे। पुजारी को एहसास हुआ कि उस आदमी को महाराजजी की महासमाधि के बारे में नहीं पता था। उसने उस आदमी को बताया कि कलश में महाराजजी की अस्थियाँ थीं। आदमी ने कहा कि यह असंभव था क्योंकि उसने कुछ ही दिनों पहले महाराजजी को अमरकंटक में देखा था। उसने कहा कि महाराजजी ने कमर में एक टाट की बोरी पहन रखी थी बस, और कोई अन्य कपड़ा नहीं पहना हुआ था। महाराजजी ने उससे कहा था कि वे अपना कंबल कैंची में छोड़ आये थे और अब से वे महँगी धोती नहीं पहनेंगे। उन्होंने कहा था कि आश्रम जेल जैसे थे और वे जिन साधुओं के मस्तिष्क आसक्ति से मुक्त होने चाहिए उन साधुओं के मस्तिष्क में आसक्ति का दबे पाँव प्रवेश होने देते हैं। महाराजजी ने कहा था कि वह आश्रमों से दूर भाग आए थे, और वे वहाँ कभी वापस नहीं जाएँगे। अब से वे जंगल में रहेंगे और उनके पास बिना किसी व्यवधान के गाना गाने

के लिए और प्रार्थना करने के लिए, बहुत समय होगा। पुजारी आदमी के खुलासे से दंग रह गया। एक पल के बाद जब वह अजनबी से सवाल करने के लिए मुड़ा तो पता चला कि अजनबी गायब हो गया था।[116]

राम राम राम राम राम राम राम राम राम राम राम राम

अकबरपुर में मंदिर की प्राणप्रतिष्ठा में बाबा सी एस शर्मा ने मुझे बताया था कि जो लोग सादगी चाहते हैं, उन लोगों के लिए महाराजजी ने यह बहुत आसान बना दिया था। जानने लायक सब कुछ महाराजजी के बारे में लिखी गयी पहली तीन किताबों के शीर्षक में है। अगर "आप अब यहाँ हों" (Be Here Now) तो आप यहाँ "एकमात्र नृत्य" कर रहे हैं (The Only Dance There Is) यदि आप एकमात्र नृत्य कर रहे हैं (The Only Dance There Is) तो आप "महाराजी के प्यार के चमत्कार" (Miracle Of Love) में हैं। आपको इस पथ पर चलने के लिए इससे अधिक पता होने की आवश्यकता नहीं है।

वृन्दावन में गुरु दत्त शर्मा ने मुझे सलाह दी कि अगर आप महाराजजी के दिव्य विभूति होने पर शंका कर रहे हैं, आपको उनके भगवान् की अभिव्यक्ति होने पर शंका है, तो वह इसलिए क्योंकि वे हमेशा बचने की कोशिश कर रहे हैं। आप महाराजजी की इस चाल से मूर्ख मत बनिए।

मुकुंदा ने लिखा है, "जो कुछ भी हुआ, बाबाजी की अलौकिक शक्ति की वजह से था। एक व्यक्ति जिसका विशेष रूप से महाराजजी की ओर झुकाव नहीं था, वह मूक और स्तब्ध होकर महाराजजी की ओर और उनकी लीलाओं को देखता था। अन्य लोग अकथनीय परमानंद का अनुभव करते थे और हर्षित व उल्लसित[117] महसूस करते थे।

मैं सीधे उनके पीछे भागता

बहुत से लोगों को प्रेरित करने वाले और कितने सारे दिलों को महाराजजी के प्रेम से भरने वाले,

महान कीर्तन गायक कृष्ण दास ने राधा फॉर्नियर के साथ एक रेडियो साक्षात्कार के दौरान कहाः

"क्योंकि हम भौतिक प्राणी हैं, और क्योंकि हम अपने भौतिक शरीर से पहचाने जाते हैं हमें लगता है कि गुरू एक वास्तविक गुरु भी एक भौतिक शरीर है। लेकिन ऐसा नहीं है।

"और हालाँकि उन्होंने अपना विशेष भौतिक शरीर छोड़ दिया है फिर भी उनकी उपस्थिति कहीं ज़्यादा मज़बूत है। और मेरे लिए, वे ही यह उपस्थिति हैं। आप जानते हैं। वे मेरे अपने दिल में एक जीवित उपस्थिति हैं और जब मैं अपने आप को याद करता हूँ मैं उन्हें याद कर रहा हूँ। जब मैं अवगत हूँ, मैं उनकी उपस्थिति से अवगत हूँ, यह हैं वे मेरे लिए। यह लगभग ऐसे है मानो कि वे हवा हों। और वह स्थल जिसमें हम रहते हैं।

"और वे कभी कहीं भी नहीं जाते हैं। हम देखते नहीं हैं। जब भी हम देखते हैं, वे वहाँ होते हैं। इसलिए, जब हम देखते **भी नहीं सैं** हैं, वे वहाँ होते हैं। लेकिन हम नहीं देखते। तो मेरी पूरी आध्यात्मिक साधना जागरूक रहने के लिए है और उन्हें हर समय देखते रहने के लिए है। आप जानते हैं जितना कि मैं जान सकता हूँ। और जब हमारा दिल उत्तेजित और उत्साहित होता है उसी समय आपको पता होता है कि आप उनकी उपस्थिति से अवगत हैं। यह हैं अब वे मेरे लिए - समस्त ब्रह्माण्ड।

"अगर मैं उन्हें सड़क पर भागते देखता तो मैं भी उनके पीछे भागता। मैं एक पल में सब कुछ छोड़ देता। सिर्फ इसलिए कि हम उनका भौतिक शरीर नहीं देख रहे, इसका मतलब यह नहीं है कि वे हैं

नहीं। उन्होंने हमारे अनुभव पर पूरा नियंत्रण कर रखा है और वे इस लीला को पूरी तरह से चला रहे हैं।

"जब आप असली मालिक के प्रति समर्पण कर देते हैं, यह समर्पण केवल उनकी कृपा से होता है। यह आपकी खुद की निजी इच्छा का कार्य नहीं है। एक बार जब आत्मसमर्पण हो जाता है, तो आपके जीवन में सब कुछ आपका गुरु, आपका स्वामी आपका प्रियतम बन जाता है। ऐसा कोई स्थान नहीं है जहाँ आप जाएँ और वे न हों। ऐसा कुछ नहीं है जो आप सोच रहे हैं उसकी वह योजना (एक तरह से) वे न बना रहे हों। वे नहीं चाहते कि अभी हम उन्हें देखें , ऐसा इसलिए है कि वही हमारे लिए सबसे अच्छा है। क्योंकि असली गुरु केवल वही कर सकते हैं जो हमारे लिए सबसे अच्छा है। कोई संभावना नहीं है। लेकिन असली मालिक सद्गुरु की कोई व्यक्तिगत इच्छाएँ बाकी नहीं होती हैं। कुछ नहीं है ...., वे ब्रह्माण्ड हो जाते हैं। उनके चाहने के लिए क्या रह जाता है ? या ज़रूरत के लिए ?

" तो, एक असली मालकि, बोधसित्व, ही वह कर सकता है जो हर कसिी के सर्वोत्तम हति में है। यदि हम उन्हें और उनके भौतकि शरीर को अभी नहीं देख रहे हैं, इसका मतलब है कि इसी में अब हमारा सर्वोत्तम हति है, और जसि तरह भी वे चाहते हैं, हमें इसे पूरी तरह से स्वीकार करना होगा। क्योंकि वे अभी इस कमरे में प्रकट हो सकते हैं, और वहाँ उस कुरसी पर बैठ सकते हैं। कौन कहता है वे यहाँ नहीं हैं ? मैं सरि्फ उन्हें देख नहीं सकता।

"हमारे लिए हमारा काम है उस प्रेम को याद रखना, यह याद रखना कि वे कौन हैं, और उनकी उपस्थिति में जितना हो सके उतना रहना

| 118

राम राम राम राम राम राम राम राम राम राम राम राम

मुझे लगता है कि महाराजजी के सत्संग एक विशिष नस्ल के लोग हैं। महाराजजी हमेशा हर किसी की मदद करते हैं। यदि आप तैयार नहीं हैं तो महाराजजी आपको नहीं चुनते। अगर आप तैयार नहीं हैं तो आप केवल भक्त नहीं बनते। आप तैयार कैसे होते हैं ? इसमें कई जन्म लग जाते हैं। बेशक, अगर आप यह पढ़ रहे हैं, तो इसकी संभावना है कि आप जानते हैं कि आपने कई जन्म चैतन्य जीवात्मा के रूप में पाए हैं। यह एक बार में होने वाला काम नहीं है। महाराजजी के सेवकों ने कई जन्मों से और कई शरीरों में एक बहुत लंबी यात्रा की है। महाराजजी हमारे सत्संग परिवार में हमेशा गुरु भाइयों और गुरु बहनों को चरित्रों की उस सूची में जोड़ते रहते हैं जो किसी न किसी तरह से महाराजजी की सेवा करते हैं। इसे पूरी तरह से “समझने” की सबमें क्षमता नहीं है लेकिन सब आगे बढ़ रहे हैं।

इस नई सहस्राब्दी में, मनुष्य की समझ पहले की तुलना में अलग हो जायेगी। दुनिया की आबादी 1900 में 1.65 अरब से बढ़कर 2002 में 6 अरब हो गई, इसी के साथ लगभग ऐसा लगता है मानो मानव जाति में एक प्रमुख उत्परिवर्तन हुआ हो। फिर भी अब यह है कि मानवों में परिवर्तन स्पष्ट होता जा रहा है। लोगों के लिए बहुत कुछ हो रहा है लेकिन उसमें से थोड़ा सा भी आध्यात्मिकता पर आधारित नया आंतरिक ज्ञान नहीं है। जल्द ही "बेबी बूम" के ये बच्चे अपना काम खत्म कर लेंगे और वे सभी इस ग्रह को, जब वे पैदा हुए थे उससे बहुत अलग दिखता हुआ छोड़कर, इस दृश्य से रवाना हो जायेंगे।

राम राम राम राम राम राम राम राम राम राम राम राम

उत्तरी अमेरिका और यूरोप की पश्चिमी संस्कृति में आध्यात्मिकता और विश्वास बदल गए हैं । उस क्षेत्र के अधिकांश हिस्सों में ईसाई धर्म की पकड़ एक धारणा संरचना के रूप में टूट गयी है, जबकि यीशु द्वारा बोली गयी सच्चाई में विश्वास बना हुआ है और अक्सर श्रद्धेय है । हालाँकि चर्चों के पास बहुत पैसा और शक्ति और अनुयायी हैं, पढ़े-लिखे व्यक्तियों को एहसास हो गया है कि आध्यात्मिकता को देखने का एक अलग तरीका है । नयी पीढ़ी का आंदोलन यह अच्छी तरह समझने की कोशिश कर रहा है कि दुनिया में प्रेम और शांति का प्रचार करने वाली महान आत्माओं की शिक्षा के मूल में क्या है ।

ऐसे कुछ लोग होंगे जो कहेंगे कि महाराजजी का उदाहरण एक "हास्यास्पद कल्पना" है, लेकिन वह असत्य होगा । यह सत्य के प्रसार के माध्यम से है कि जनता को वशीभूत करने के लिए कई धार्मिक नेताओं द्वारा की गयी असली हास्यास्पद कल्पनाओं का पता चल रहा है । सत्य के प्रसार से पृथ्वी के लोगों को इस बात की बेहतर समझ आएगी कि हममें से प्रत्येक, उस सब में, जो था, जो है और जो कभी होगा, कहाँ सही बैठता है । अगली पीढ़ियाँ, जो अज्ञानता के चंगुल से निकल गयी हैं, उनमें से ही, कुछ सही मायने में महान आध्यात्मिक नेता उभरेंगे ।

दिमाग के लिए भौतिक तल की और "मैं" की वृहत्तर चेतना की अनदेखी दुनिया के बारे में हास्यास्पद कल्पनाएँ बनाना बहुत संभव है, लेकिन ऐसी कोई रचना नहीं है जो कभी भी वास्तविकता जितनी सच और अद्भुत होगी । उस वास्तविकता तक पहुँचना सृजन के विपरीत है । यह सही है । सत्य का मार्ग मन के सृजन के विपरीत है । यह सब समझाने के लिए सृजन का कोई तंत्र नहीं है । आध्यात्मिक

मान्यताओं को लागू करने के लिए किसी बड़ी संस्था की आवश्यकता नहीं है । इस समझ का विकास हुआ है कि धर्म के पुराने प्रतिरूप में इतनी सारी हास्यास्पद कल्पनाएँ शामिल हैं कि संस्थापकों की मूल शिक्षा लंबी अवधि में इतने सारे साधारण प्राणियों द्वारा दफ़न कर दी गयी हैं, जो अपने दिमाग, वास्तविकता की सच्चाई और हमारी आत्माओं के स्वभाव को समझने में कठिन बनाने में उपयोग कर रहे हैं ।

ये इन साधारण प्राणियों और तथाकथित नेताओं के दिमाग हैं जिनके कारण सदियों से उनके विसंगत तर्क के माध्यम से और मूर्खतापूर्ण कारणों से इतने सारे युद्ध और नरसंहार और अकाल और पीड़ा हुई है । दिमाग द्वारा चलायी जानेवाली ऐसी कोई संस्था नहीं है जो इस अनैतिकता को रोक सके ।

भविष्य का नया रास्ता यह है कि दुनिया के नए लोग सामूहिक रूप से यह समझना शुरू करें कि सच उनके भीतर है, दिमाग में नहीं, बल्कि प्रत्येक मनुष्य के दिल में है । यानी पृथ्वी के सभी लोगों की जीवात्मा आत्माओं के भीतर ।

महाराजजी अपने नीम करौली बाबा रूप में हमारे सामने यह लाये । पूर्णतः साधित गुरु, महाराजजी किसी न किसी शरीर में, हमें यह याद दिलाने के लिए, हमेशा हमारे बीच मौजूद रहेंगे । हम उनके बच्चे हैं और वे हमसे दूर कभी नहीं जाएँगे । हमारे बीच वे सबसे छोटे और सबसे विनम्र हैं और इस भौतिक तल पर जो भी प्रकट हुआ है, उससे वे बहुत ज़्यादा बड़े हैं ।

राम राम राम राम राम राम राम राम राम राम राम राम

महाराजजी सब जानते हैं

ऊषा जी ने मुझे और राधा को उसके बारे में दो कहानियाँ बतायीं जो कि महाराजजी ने उन्हें दखिाया जब वे लोग बद्रीनाथ में थे। उन्होंने कहा कि वे दूर पहाड़ को देख रही थीं और उन्होंने वहाँ एक वशिाल घोड़े को चलते हुए देखा। घोड़ा इतना बड़ा था कि उसका पेट ऊँचे देवदार के पेड़ों से ऊँचा था। महाराजजी ने कहा कि उस घोड़े पर भगवान् शवि सवारी करते हैं।

एक रात वे महाराजजी के साथ बैठी हुई थीं। कभी- कभार छोटी सी चमकती हुई सफेद रौशनी पहाड़ से उभर कर आती और दूर अंतरक्षि में गुम हो जाती। कभी-कभी, रौशनी अंतरक्षि से आती और पहाड़ में गायब हो जाती। महाराजजी ने उन्हें बताया कि ये गुफाओं में योगयिों के प्रकाशमान शरीर थे, जब वे बाहर ब्रह्माण्ड में यात्रा के लिए गए थे।

जाहरि है, महाराज जी भ्रम की माया के माध्यम से देखते थे और दूसरों को दखिा सकते थे।

राम राम राम राम राम राम राम राम राम राम राम राम

'डवािइन रयिलटिी' में राजीदा महाराजजी के मन पढ़ने की इस कहानी को बताते हैं: "कशिन लाल साह, रामगढ़, नैनीताल से एक शक्षिक, अक्सर बाबा के दर्शन करने के लिए कैंची जाया करते थे। उनकी भक्ति ऐसी थी कि बाबा उनके गुरु भी थे और भगवान् भी। अपनी गहरी आस्था के बावजूद, कशिन लाल उदास महसूस कर रहे थे।वे दुनयिा में बुराई देखकर और स्वयं में आध्यात्मकि प्रगति की कमी से परेशान थे। एक दनि वह कैंची यह सोच कर गए कि बाबा के साथ इस

मामले पर चर्चा करेंगे। जब वे पहुँचे, कशिन लाल ने बाबा को नदी पर लकड़ी के पुल के एक छोर पर बैठे देखा। वे उनके पास गए और उन्होंने श्रद्धा से सरि झुकाया।

"इससे पहले कि वे कुछ भी पूछ सकते, बाबा ने कहा, “आप दूसरों को माया में फँसे देखते हैं। नारद और भरत माया में फँसे हुए थे। ये महान संत भी इसके द्वारा फँसाए गए थे तो दूसरों का क्या कहना है ?” कशिन लाल ने महसूस कयिा कि आगे बाबा से पूछताछ करने की कोई ज़रूरत नहीं थी।

"एक अलग अवसर पर साह आध्यात्मिकता पर अनगिनत सवालों के साथ बाबा के पास गए। उन्होंने बाबा का अभिवादन किया , जो अपनी कुटी में लेटे हुए थे , लेकिन किशन लाल को यह समझ नहीं आ रहा था कि कौनसा सवाल पहले पूछें। बाबा ने अव्यक्त सवालों में से एक महत्वपूर्ण सवाल का चयन किया और बिना पूछे ही जवाब दे दिया। बाबा ने कहा, 'यह मंदिर, और जो कुछ भी मानव आँखों से देखा जाता है सब भ्रम हैं। आप इसके बारे में क्या कर सकते हैं?' इससे किशन लाल के मन में अन्य सवाल और संदेह पैदा हुए। बाबा ने फिर से बिना पूछे ही उनका जवाब दे दिया। बाबा ने कहा, ‘भ्रम के कारण सब कुछ असली लगता है।’ किशन लाल ने सोचा कि कोई तो रास्ता होना चाहिए। बाबा ने उत्तर दिया," आसक्ति केवल कृपा से दूर की जा सकती है।” साह के दिमाग में आया कि अनुग्रह कैसे प्राप्त किया जा सकता है। बाबा ने कहा, ‘भगवान के नाम का निरंतर जाप, चाहे भक्ति की भावना के बिना ही हो, क्रोध या सुस्ती में भी उनकी कृपा लाता है। एक बार यह एहसास हो जाता है तो वहाँ आशंका के लिए कोई जगह नहीं रहती।”

इस तरह से बाबा ने साधक को, उसके महत्वपूर्ण अव्यक्त सवालों के सरल जवाब देकर, संतुष्ट कर दयिा। जैसा क रिामायण में कहा गया है, “सत्य, चेतना, और आनंद के अवतार राम उसी तरह आसक्त िको दूर करते हैं जसि तरह सूर्य अन्धकार को।”[119]

उपर्युक्त कहानी उतनी सरल नहीं है जितनी प्रतीत होती है। यह कुछ बहुत महत्वपूर्ण दर्शाती है। महाराजजी जानते हैं कि आप क्या सोच रहे हैं। जवाब सहित आपके भीतर के सवाल, वे सब जानते हैं।

राम राम राम राम राम राम राम राम राम राम राम राम

महाराजजी यह जानते हैं क भिक्त क्या सोच रहे हैं, इस बारे में द्वारका ने मुझे नम्निलखिति कहानी बतायी । 70 के दशक की शुरुआत में दक्षणि भारत में एक युवक था। उससे कहा गया था क किसी भी समय में, पृथ्वी पर 5 पूर्ण साधति आध्यात्मकि गुरु होते हैं जो कसिी के लिए भी अज्ञात होते हैं, और 5 पूर्णसाधति आध्यात्मकि गुरु जनिको सब लोग जानते हैं। बाद में वह उत्तर भारत गया और महाराजजी के दर्शन पाने की उम्मीद में बैठा हुआ था । महाराजजी युवक से दूर हो गए और उस पर बलिकुल ध्यान नहीं दयिा तो वह युवक 5 ज्ञात और 5 अज्ञात गुरुओं के बारे में बहुत अधकि सोचने लगा। महाराजजी मुड़े और उस युवक की ओर देखने लगे। महाराजजी ने एक-एक करके अपनी उँगलयिाँ उठायीं 1-2-3-4-5। फरि महाराजजी ने अपनी मुट्ठी बंद कर ली और एक उँगली उठाई। महाराजजी हमेशा कहते थे “सब एक”। जैसा क महाराजजी की प्रत्येक शक्षिा के साथ है हम सब उनका अलग-अलग अर्थ नकिाल सकते हैं लेकनि मेरा मानना है क इिस संकेत से महाराजजी कहना चाहते

थे कि सब गुरु वास्तव में एक हैं और मुझे लगता है कि वह "एक" महाराजजी हैं।

राम राम राम राम राम राम राम राम राम राम राम राम

महाराजजी के आसपास कोई गोपनीयता नहीं है। आपके बारे में वे सब कुछ जानते हैं। वे वैसे भी आपको प्यार करते हैं। भगवान् के साथ ऐसा ही होता है। वे सर्वज्ञ हैं।

राम राम राम राम राम राम राम राम राम राम राम राम

कोई और अनियमितता नहीं है

हमारे जैसे गुरु के साथ आप महसूस करते हैं कि कोई और अनियमितता नहीं है, कोई और संयोग नहीं है। अगर आप लाटरी जीतते हैं, यह महाराजजी की तरफ से उपहार है। वास्तव में, एक कहानी है कि महाराजजी ने एक भारतीय जोड़े को लॉटरी टिकेट खरीदने को कहा और वे जीत गए। जो कुछ भी और सब कुछ जो आपके साथ घटित होता है, उसका श्रेय महाराजजी को जाता है।

गुरुदत्त जी ने मुझे बताया कि अगर आप महाराजजी के पास एक उद्देश्य से आते हैं तो वे आपको स्वीकार नहीं करेंगे। लेकिन अगर आप सरल, खुले हुए और प्यार करने वाले हैं तो वे आपको सीधे अपनी शरण में ले लेंगे। कुछ लोग एक उद्देश्य या एक आसक्ति के साथ आया करते थे। जैसा कि राधा और मुझे कैंची में बताई गयी निम्नलिखित कहानी दर्शाती है, महाराज जी के साथ आपके लगाव के अनपेक्षित परिणाम हो सकते हैं।

"एक बहुत अमीर महिला महाराजजी के पास एक बड़े से मिठाई के डिब्बे के साथ आयी। वह अपने लिए और अपने दोस्तों

के लिए मिठाई बाहर लेकर जाना चाहती थी l उसने डिब्बा महाराजजी की ओर बढ़ाया ताकि जब वे उसे छुएँ वह प्रसाद बन जाए l

“महाराजजी ने डबि्बा ले लयिा और उस महलिा ने वह छोड़ा नहीं। वह डबि्बा पकड़े रही और महाराजजी से खींचने की कोशशि की। लेकनि महाराजजी ने दोबारा खींचा और फरि महलिा ने भी खींचा। यह फरि से हुआ। बार-बार।

“फरि महाराजजी ने इतनी ज़ोर से खींचा कि उस औरत से डबि्बा ले लयिा। फरि महाराजजी ने तुरंत कहा, 'तुम अब जा सकती हो।'

"औरत बहुत दुःखी हो गयी। महाराजजी ने मठिाइयाँ बाँटनी शुरू कर दीं, लेकनि ऊषा ने कहा, ‘महाराजजी आप ऐसा नहीं कर सकते। इस औरत को जाने से पहले दलि का दौरा पड़ जाएगा और उसका शरीर कौन उठाएगा ?’ महाराजजी और ऊषा उस औरत को आश्रम छोड़कर अपनी कार की तरफ जाते हुए देखने लगे। जब वह अपनी कार में बैठकर चली गयी, तब महाराजजी ने प्रसाद वतिरति कयिा। वे बहुत देर तक हँसते रहे।[120]

राम राम राम राम राम राम राम राम राम राम राम राम

स्वामी राम बताते हैं कि वे एक दनि महाराजजी के साथ नैनीताल में महाराजजी के भक्तों के घरों का दौरा कर रहे थे। प्रत्येक घर में महाराजजी को जो भोजन दयिा गया, उन्होंने ग्रहण कयिा। अंतमि घर में जब महाराजजी को भोजन दयिा गया, तब स्वामी राम ने महाराजजी से कहा कि वे उस दनि 40 बार भोजन ग्रहण कर चुके हैं। महाराजजी चकति लगे और उन्हें एहसास ही नहीं हुआ था कि उन्होंने ऐसा कयिा

था। बेशक महाराजजी को एहसास था (वे सब जानते थे) लेकनि वे अपने भक्तों द्वारा इतने प्रेम से प्रस्तुत कयिा गया भोजन ग्रहण करने से मना नहीं कर सके।[121]

कई साल पहले महाराजजी के वृन्दावन (भारत) आश्रम में मैंने अपने गुरु गुरुदत्त शर्मा से कहा कि एक दनि पहले मैंने मनु स्मृत पिढ़ना ख़त्म कयिा और मैं वेदों का अध्ययन शुरू करने वाला हूँ। उन्होंने कहा, " सारे वेद पढ़ने वाले ऐसे बहुत से लोग हैं जो नरक में जलते हैं लेकनि नीम करौली बाबा की कहानयिाँ पढ़ने वाला कोई व्यक्त निरक में नहीं जलता।" खैर, यह इस बात का अंत हो गया। मैंने कतिाब ताओस के आश्रम में रह रहे एक पश्चमिी युवा, राम दास, को दे दी। काफ़ी स्वाभावकि रूप से, मैं महाराजजी की लीलाओं के अध्ययन में वापस डूब गया।

राम राम राम राम राम राम राम राम राम राम राम राम

भारत में सब कुछ रहस्य है, 33 करोड़ देवताओं की धुएँ की परत के पीछे छपिा हुआ रहस्य। ऐसा कहा जाता है कि अधकितर पश्चमिी लोग यह कभी नहीं जान सकते। हनि्दू के रूप में जन्म लेना ही एकमात्र तरीका है।

राम राम राम राम राम राम राम राम राम राम राम राम

अहंकाररहित लोग पृथ्वी के उत्तराधिकारी होंगे

मध्य पूर्व के धर्मों के साथ इतना युद्ध जुड़ा हुआ है। वहाँ लगभग निरंतर द्वंद्व है। यह बाइबल के समय से चला आ रहा है, तो यह सब बहुत गंभीर है। महाराजजी के भक्त पाते हैं कि महाराजजी के आस पास सब कुछ बहुत हल्का-फुल्का और प्रेममय है। युद्ध कोई मुद्दा नहीं है। आधे से ज़्यादा समय महाराजजी के आस पास लोग ख़ुशी के आँसुओं के साथ हँस और रो रहे होते थे। जो द्वंद्व होते हैं वे सत्संग पर्यावरण के भीतर भक्तों की अपरिपक्वता के कारण या व्यक्तिगत कर्मों के कारण होते हैं। ये निश्चित रूप से युद्ध का रूप नहीं ले सकते थे। नीम करौली बाबा के समय में, भारत अंग्रेजों के साथ आजादी के लिए संघर्ष कर रहा था और महाराजजी के बहुत सारे भक्त स्वतंत्रता सेनानी थे, लेकिन महाराजजी की शिक्षा में ऐसा कुछ भी नहीं है जो युद्ध और द्वंद्व का समर्थन करे, जीतना तो दूर की बात है। प्रेम, प्रकाश और आनंद सर्वोच्च चेतना है। महाराजजी के आस-पास इसी का अनुभव किया जाना चाहिए।

महान बाबा यीशु की भविष्यवाणी थी कि "अहंकाररहितों को धरती का उत्तराधिकार प्राप्त होगा।" जब उन्होंने 2000 साल पहले यह कहा था, वे कितने सही थे। हो सकता है कि ऐसा अभी नहीं लग रहा लेकिन यह सच है। जो लोग अब जीवित हैं, वे पुराने समय के लोगों की तुलना में बहुत अधिक संतोषी हैं। पृथ्वी के सात अरब लोगों में से अधिकांश ऐसा सोचते हैं कि दूसरे व्यक्ति को मारना पूरी तरह से अस्वीकार्य है। मीडिया की रिपोर्ट इन घटनाओं को प्रचलित दिखा सकती हैं, लेकिन वे हैं नहीं। इस तरह की हिंसा और क्रमिक हत्याएँ 500 साल पहले की तुलना में बहुत कम हैं।

मानव व्यवहार पर एक सूक्ष्मदर्शी लगा दिया गया है। अब बहुत अधिक देखना संभव है।

ठगों और हत्यारों से किनारा कर लेना चाहिए, उन्हें हाशिये पर रखना चाहिए और उनका पुनर्वास होना चाहिए । उन्हें सबसे अधिक सुधार की आवश्यकता है । युद्ध उसका विस्तार है । ऐसा करना बिलकुल मूर्खता का काम है । बौद्ध लोगों के इस बारे में सही विचार हैं। थाईलैंड में, एक युवा बौद्ध भिक्षु सड़क पर से गुजर रहा था जब राजनीतिक प्रदर्शनकारियों के एक गिरोह ने बिना सोचे-समझे उसे पीटा और लात मारी। वह जमीन पर गिर गया और निष्क्रियतापूर्वक पिटाई सहता रहा । स्थानीय दुकानदारों और राहगीरों ने युवा भिक्षु का हमलावरों से बीच-बचाव किया और से उसे दूर खींचकर ले गए । भिक्षु ने अपने आप को संभाला, अपने कपड़े ठीक किये, धूल झाड़ी और चुपचाप अपने रास्ते चल दिया ।

राम राम राम राम राम राम राम राम राम राम राम राम

अगली पीढ़ियों के लिए

भविष्य (भौतिक तल घटनाक्रम पर) की हमारी जीवात्मा आत्माएँ एक पूरी तरह से बदली हुई दुनिया में जन्म लेंगी । अपनी गलत मान्यताओं और बेकार कल्पनाओं वाली पुरानी दुनिया खुद को जला रही है । इस जलने और तपस्या में सब नकारात्मकता उभर कर सामने आ रही है । इस आग से डरिये नहीं क्योंकि यह लालच, घृणा, संघर्ष, धोखा, असत्य, मनोवैज्ञानिक नियंत्रण, दमन, गुलामी, पुरुष वर्चस्व, भ्रष्टाचार, हत्या, अहंकार, दवा व्यसन, पशु प्रवृत्तियों इत्यादि की हास्यास्पद मानव की कल्पनाओं के बीजों को पका रही है।

यह एक बलि्कुल अद्भुत शानदार जादुई दुनयिा है जो मानव मन ने अगली पीढ़यिों के लएि रची है। बच्चे एक तकनीकी दुनयिा में जीते हैं जो कपिहले के समय में "भवषि्यवादी" कही जा सकती थी। अब हम ग्रह के चारों ओर उड़ते हैं। हम सब ग्रह के सभी तरफ के समाचार पढ़ते हैं, खाना खाते हैं और सामान खरीदते हैं। अब हम सभी जानते हैं कि हम एक ग्रह पर भी हैं। इन चीज़ों को सार्वभौमकि रूप से दुनयिा में सभी जानते हैं। और हम सभी के अंदर हमारी जीवात्मा की खोज हो रही है। जसि तरह इस ग्रह का आश्चर्यलोक बाहरी तल पर मौजूद है उसी तरह हम सब एक ही भीतरी आश्चर्यलोक से जुड़े हैं। भवषि्य की एक नई दुनयिा में आपका स्वागत है। इमेजनि (Imagine) में जॉन लेनन (John Lennon) ने गाया था, " कसिी भी धर्म की कल्पना मत करो।" एक नयी आध्यात्मकिता में आपका स्वागत है। इस नई आध्यात्मकिता की खोज हम में से प्रत्येक के भीतर की जा रही है।

गाँधी जी के गहन बयानों में से एक है, " दुनयिा में हर कसिी की जरूरत के लएि पर्याप्त है, लेकनि हर कसिी के लालच के लएि पर्याप्त नहीं है।" यह एक प्रमुख बोध है जो सबको होना चाहएि। नशि्चति रूप से अब हम इन अमर शब्दों को समझने लगेंगे।

यदि आप पुराने लोगों में से एक हैं, इस वर्तमान युग के पुराने डायनासोर, आपका वर्तमान शरीर जल्द ही चला जाएगा, लेकिन जब आपकी जीवात्मा वापस आएगी और आपके पास एक युवा शरीर होगा, आप इस भौतिक तल पर इस नए आश्चर्यलोक में मौजूद रहेंगे। बच्चों को विरासत में एक ऐसी भौतिक और आध्यात्मिक दुनिया मिल रही है जिसका पृथ्वी पर पहले कभी कोई अस्तित्व ज्ञात नहीं है। चेतना इस नयी दुनिया को कई सदियों से बनाने की तैयारी कर रही है। अब समय आ गया है। है न? ज़रूर। अपने भीतर की गहरायी में

आप जानते हैं कि यह सच है। मार्गदर्शन के लिए किसी भी प्रकार के माध्यम का सहारा न लें। झूठ में विश्वास न करें। अपने दिल में झाँकें जहाँ आपकी जीवात्मा आत्मा चेतना रहती है और दूसरों को देखें, जो आप के साथ इस समझ को साझा करते हैं। बस आप वहाँ जाएँ ....महाराजजी के साथ।

जैसा कि महाराजजी ने कहा, "सब ठीक हो जायेगा।" यह ठीक हो जायेगा। और यह ठीक है। आनंद लें।

राम राम राम राम राम राम राम राम राम राम राम राम

पुष्पांजलि

काहू को पठायौ ठेलि, काहू को भगायौ बेगि ।
काहू को बुलायो टेरि, टेरि कें बिठायौ है ॥
काहू को बतायौ नेम, काहू को सिखायौ प्रेम ।
काहू के हिये में ज्ञान, दीपक जरायौ है ॥
कोई कोई सोयौ योग, निद्रा में चिरकाल ।
कोई कोई निशिदिन, महीनन जगायौ है ॥
काहू कों तौ दुःख तैनें, छीन लियौ छिन माहिं ।
काहू कें हिये में प्रेम, पीड़ा कूं बढ़ायौ है ॥
काहू कों बखानों भूत, काहू कों तू वर्तमान ।
काहू कों भविष्य अति, नीकौ बतायौ है ॥
भक्तन की जय को, उद्घोष कियौ बार बार ।
घनी बेर तैने डंका, जीत कौ बजायौ है ॥
काहू कौ बढ़ायौ कोष, काहू कौ घटायौ रोष ।
कोई कोई दिव्य, संतोष धन पायौ है ॥
कोई कोई इष्ट रूप, पायौ दर्श तेरे द्वार ।
काहू के हिये में रूप, वानरी समायौ है ॥
गहि लियौ जाको हाथ, छोडौं नहीं ताको साथ ।
काहू के श्रवण सुधा, शब्द सरकायौ है ॥
काहू कें तौ झांकौ नहीं, टेरें ते हू बार बार ।
काहू कें तू टेरें बिन, अलख जगायौ है ॥
काहू पे तो रीझौ नहीं, व्यंजन अनेक धरे ।
काहू कें तू रुचि रुचि, रूखौ सूखौ खायौ है ॥
तेरौ गूढ़ लाड़ नेह, बरषौ जैसे घोर मेंह ।
भक्तन के नेत्र, नेह - नीर छलकायौ है ॥
कोई कोई पीकें घूँट, हीये बिलखाय रह्यो ।

कोई कोई हियौ, फूटी - फूटी डकरायौ है ll
कोई कोई ग्यानी लखि, पायौ न समीप आय l
कोई कोई कहै, घट-घट में समायौ है ll
कोई कोई मूक भयौ, प्रेम रस पान कियें l
कोई कोई गुण गाय, गाय न अघायौ है ll
कोई कोई भूप भयौ, तेरी कृपा बिंदु पाय l
कोई कोई तेरे पीछें, जग बिसरायौ है ll
कोई कोई भूप हू, न पायौ दरश दर पै आय l
कोई कोई रंक अनायास दर्श पायौ है ll
बाबा तेरे लीला गुन, जानि नहीं पायौ कोऊ l
जानों है वही जाकूँ, तैने ही जनायौ है ll
काहू कों धरायौ धीर, काहू कों मिटायौ पीर l
भक्तन कूं हीर -हीर, प्रेम नीर प्यायौ है ll
बाजौ बाजौ बूड़तौ, बचायौ भव बारिधि सों l
बाजौ बार बार बाढ़, लाड़ की बहायौ है ll
काहूं कों उछारौ दैकें, प्यार कौ सहारो तैनें l
कोई घेरि घेरि, ढेरि - नेह में दबायौ है ll
कोई कोई अंक बैठो, लाड़िलौ लड़ैतो तेरौ l
कोई तेरी झांकी झींकी, झींक झांकि पायौ है ll
कोई कोई बार बार, पूछि पूछि गयौ हार l
भयौ न रुझान तेरौ, ऐसों दर्शायौ है ll
कोई दियौ झकझोर, हिये के किवार तोरि l
हिये धरौ गूढ़ भाव, हाथ में थमायौ है ll
कोई दियौ झकझोरि हिये की दिवारि तोरि l
हिये भयौ गूढ़ प्रश्न पूछे बिन बतायौ है ll
हाथ पकरौ जब्बर कौ, तौ भय का है कब्बर कौ l
काहू सों यह कहि के बैन, भय कूं मिटायौ है ll

जै जै हे कृपा के धाम, तेरौ रूप तेरौ नाम।
महिमा अपार कोई, कहां कूति पायौ है॥
मो सौ जड़ जीव जंतु, जानें कहां तेरौ तंतु।
श्रद्धा के सुमन तेरे, चरनन चढ़ायौ है॥
लिख रह्यो झींक झींक, मांगू हूँ कृपा की भीख।
श्रद्धा के सुमन नित, नूतन चढ़ायौ करूँ॥
गायौ करूँ गीत तेरे, भक्त होइ मीत मेरे।
नेह नदिया में नित, डुबकी लगायौ करूँ॥
पायौ करूँ भोग तेरौ, नाशै भव रोग मेरौ।
चरनामृत पाय तेरौ, हिये हुळसायौ करूँ॥
धन की न कीर्ति कामिनी की हिय इच्छा होय।
बार बार तेरे द्वार दर्शन कूँ आयौ करूँ॥
जिव्हा हरि नाम लहै, चित्त निष्काम रहै।
पद नख ज्योति को, प्रकाश हिये पायौ करूँ॥
श्रद्धा भक्ति की हो डोरी, जामें झूलै छबि तोरी।
झोटा देय मति मोरी, तापै जीवन धन वारौ करूँ॥
मान अपमान कौ न, भान हिय मेरे रहै॥
समदृष्ट है कें सारे, विश्व कूं निहारौ करूँ॥
आयौ हूँ मैं तेरे द्वार, नैय्या तू लगैयौ पार।
आस रहै तेरी सारौ, जग विसरायौ करूँ॥

पुष्पांजलि 122

राम राम राम राम राम राम राम राम राम राम राम राम

श्री गुरु वंदना

बंदउँ गुरु पद कंज कृपा सिंधु नररूप हरि।
महामोह तम पुंज जासु बचन रवि कर निकर।।

बंदउँ गुरु पद पदुम परागा। सुरुचि सुवास सरस अनुरागा।।

अमिअ मूरिमय चूरन चारू। समन सकल भव रुज परिवारू।।

सुकृति शंभु तन बिमल विभूती। मंजुल मंगल मोद प्रसूती।।

जन मन मंजु मुकुर मल हरनी। किएँ तिलक गुन गन बस करनी।।

श्रीगुरु पद नख मनि गन जोती। सुमिरत दिव्य दृष्टि हियँ होती।।

दलन मोह तम सो सप्रकासू। बड़े भाग उर आवइ जासू।।

उघरहिं बिमल बिलोचन ही के। मिटहिं दोष दुख भव रजनी के।।

सूझहिं राम चरित मनि मानिक। गुपुत प्रगट जहँ जो जेहि खानिक।।

राम राम राम राम राम राम राम राम राम राम राम राम

विनय चालीसा

मैं हूँ बुद्धि मलीन अति श्रद्धा भक्ति विहीन।
करूँ विनय कछु आपकी हौं सब ही विधि दीन।।

जै जै नीम करौली बाब। कृपा करहु आवै सद्भावा।।

कैसे मैं तव स्तुति बखानूँ। नाम गाम कछु मैं नहिं जानूँ।।

जापै कृपा-दृष्टि तुम करहु। रोग शोक दु:ख दारिद हरहू।।

तुम्हरौ रूप लोग नहिं जानैं। जापै कृपा करहु सोइ भानैं।।

करि दे अरपन सब तन मन धन। पावै सुख अलौकिक सोई जन।।

दरस परस प्रभु जो तव करई। सुखसम्पति ताके घर भरई।।

जै जै सन्त भक्त सुखदायक। रिद्धि सिद्धि सब सम्पति दायक।।

तुम ही विष्णु राम श्री कृष्ण। विचरत पूर्ण करन हित तृष्णा।।

जै जै जै जै श्री भगवन्ता। तुम हो साक्षात् हनुमन्ता।।

कही विभीषन ने जो बानी। परम सत्य करि अब मैं मानी।।

बिनु हरि कृपा मिलहिं नहिं सन्ता। सो करि कृपा करहिं दुख अन्ता।।

सोई भरोस मेरे उर आयो। जा दिन प्रभु दर्शन मैं पायौ।।

जो सुमिरै तुमको उर माहीं। ताकी विपति नष्ट ह्वै जाहीं।।

जै जै जै गुरुदेव हमारे। सबहिं भाँति हम भये तिहारे।।

हम पर कृपा शीघ्र अब करहू। परम शन्ति दै दुःख सब हरहू।।

रोग शोक दुःख सब मिट जावें। जपैं राम रामहिं को ध्यावें।।

जा विधि होई परम कल्याना। सोइ सोइ आप देहु वरदाना।।

सबहि भाँति हरि को पूजें। राग द्वेष द्वन्द्वन सों सूझें।।

करैं सदा सन्तन की सेवा। तुम सब विधि सब लायक देवा।।

सब कुछ दै हमको निस्तारौ। भवसागर से पार उतारौ।।

मैं प्रभु शरण तिहारी आयौ। सब पुण्यन को फल है पायौ।।

जै जै जै गुरुदेव तुम्हारी। बार बार जाऊँ बलहारी।।

सर्वत्र सदा घर घर की जानों। रूखौ सूखौ ही नित खानों।।

भेष वस्त्र है सादा ऐसे। जानें अहिं कोउ साधू जैसे।।

ऐसी है प्रभु रहनि तुम्हारी। वाणी कहौ रहस्यमय भारी।।

नास्तिक हूँ आस्तिक ह्वै जावैं। जब स्वामी चेटक दिखलावैं।।

सब ही धर्मनि के अनुयायी। तुम्हें मनावें शीश झुकायी।।

नहिं कोउ स्वारथ नहिं कोउ इच्छा। विचरण करि देउ भक्तन भिच्छा।।

केहि विधि प्रभु मैं तुम्हें मनाऊँ। जासौं कृपा प्रसाद तव पाऊँ।।

साधु सुजन के तुम रखवारे। भक्तन के हौ सदा सहारे।।

दुष्टउ शरण आनि जब परई। पूरण इच्छा उनकी करई।।

यह सन्तन करि सहज सुभाऊ। सुनि आश्चर्य करइ जानि काऊ।।

ऐसी करहु आप अब दाया। निर्मल होइ जाइ मन अरु काया।।
धर्म कर्म में रुचि होइ जावै। जो जन नित तव स्तुति गावै।।

आवे सद्गुन तापै भारी। सुख सम्पति सोइ पावै सारी।।

होइ तासु सब पूरन कामा। अन्त समय पावै विश्रामा।।

चारि पदारथ है जग माँहीं। तव प्रसाद कछु दुर्लभ नाहीं।।

त्राहि-त्राहि मैं शरण तिहारी। हरहु सकल मम विपदा भारी।।

धन्य धन्य बड़ भाग्य हमारौ। पायौ दरस परस तव न्यारो।।

कर्महीन बल बुद्धि विहीना। तब प्रसाद कछु वर्णन कीना।।

दोहा – श्रद्धा के यह पुष्प कछु चरनन धरे संभार।
 कृपा सिन्धु गुरुदेव प्रभु करि लीजै स्वीकार।।

इस पुस्तक के बारे में

महाराजजी अपने भक्तों के लिए परम शिक्षक हैं। हमने महाराजजी के साथ इतने वर्षों के दौरान बहुत कुछ सीखा है। हमें विश्वास है कि जो महाराजजी ने हमें दिखाया है वह विश्वविद्यालयों में अध्ययन के एक सौ पाठ्यक्रमों से भी संभवतः सीखा नहीं जा सकता था। बार बार महाराजी ने हमें बहुत कुछ दिखाया और प्रदर्शित किया है जैसा कि बहुत से अन्य भक्तों के साथ किया है। उन्होंने हमारे भीतर अन्य प्रश्न और हैरानियाँ पैदा की हैं। महाराजजी ने लगातार हमें सवालों के जवाबों तक पहुँचाया है। हाँ, यह सब सही मायने में अद्भुत गुरु भाइयों और गुरु बहनों के लिए भी सच है। प्रत्येक का अपना खुद का मार्ग है और महाराजजी परम शिक्षक हैं।

मैंने हमेशा इनको महाराजजी अपने व्यक्तगित उपहार के रूप में लयिा है। मुझे कभी ऐसा नहीं लगा क िकुछ वर्षों बाद महाराजजी मुझे यह सब जो मैंने सीखा है एक कतिाब में लखिने की प्रेरणा देंगे। मैंने ऐसा करने का कभी नहीं सोचा जब तक क िमैं वशिेष क्षण तक नहीं पहुँच गया जहाँ बहुत से कारण जमा नहीं हो गए - मैं, चयिांग माई (Chiang Mai) थाईलैंड में एक जंगली ग्रामीण जगह पर उपवास कर रहा था, शुद्धकिरण और नरि्विषकिरण कर रहा था। मैं माता जी के दर्शन करने के बाद और महाराजजी के सत्संग के साथ दलि खोलकर समय व्यतीत करने के बाद भक्तअिवस्था में भारत से लौटा था।

थाईलैंड के एकांत स्थान में मैंने एक आदमी के साथ ईमेल का आदान-प्रदान किया था जो एक आध्यात्मिक वेब साइट चलाता है। एक बिंदु पर, उन्होंने पूछा कि क्या मैं इस साइट के ब्लॉग के लिए महाराजजी के बारे में कुछ लिख सकता हूँ, और मैंने कुछ लिखना

शुरू किया। दो दिनों के बाद मुझे एहसास हुआ कि मैं महाराजजी के बारे में जानकारी और परिप्रेक्ष्यों से भरा हुआ था, और ऐसी बहुत सी बातें जो मुझे महाराजजी ने समझने के लिए निर्देशित किया था l

क्योंकि मैं थाईलैंड में इस एकांत स्थान पर कई महीनों तक रहा, मैं बस लिखता रहा और महराजजी के लिए अपने प्रेम और विस्मय को इस परियोजना में उँडेलता रहा l इस लेखन में कभी कभी मुझे ऐसा महसूस हुआ कि मैं एक टूथ पेस्ट की ट्यूब हूँ जो 30 सालों में ऊपर तक भर गयी है और अब इस लेखन के रूप में सब बाहर निचोड़ा जा रहा है l

कुछ कहानियों और परिप्रेक्ष्यों के लिए "मैं" शब्द का उपयोग करना आवश्यक था। इसे टाला नहीं जा सकता था l फिर भी इस किताब में मेरे बारे में कुछ भी नहीं है l मैं तो कुछ भी नहीं हूँ। महाराज जी सब कुछ हैं। प्यार हो।

राम राम राम राम राम राम राम राम राम राम राम राम

इस अनुवाद के बारे में

दसिम्बर 2015 में दो महीनों तक मैं भारत के पहाड़ों में कैंची आश्रम में रहा। वहाँ पर कुछ लोग मुझसे कहने लगे कि It All Abides in Love का हन्दिी में अनुवाद होना चाहिए।

भारत में ऐसे अनुवादक को बहुत ढूँढने के बाद महाराजजी ने मेरा मार्गदर्शन करते हुए मुझे नीलम बोहरा सिंह से मिलवाया जो जयपुर में अमेरिकन इंस्टीट्यूट ऑव इंडियन स्टडीज़ के हिन्दी भाषा कार्यक्रम में हिन्दी की अध्यापिका हैं।

नीलम बोहरा सिंह मूलतः वाराणसी की निवासी हैं, उनकी मनोविज्ञान में स्नात्कोत्तर तक की शिक्षा बनारस हिन्दू विश्वविद्यालय

से हुई है। सन् 1990 से वे अमेरिकन इंस्टीट्यूट ऑव इंडियन स्टडीज़ में कार्यरत हैं।

समर्पण

यह पुस्तक, पृथ्वी पर दुर्गा स्वरूपा, सबसे प्रयि श्री सद्धि माँ को समर्पति है।

एक सच्ची भक्त, भगवान कृष्ण की प्रेमी और एक जादुई माँ, मेरी दविंगत पत्नी राधा रानी रोज़ को भी यह पुस्तक समर्पति है।

और महाराजजी के पुत्र, धर्म नारायण शर्मा मेरे गुरु भाई और विशेष दोस्त को समर्पित है।

गुरुदत्त शर्मा, बाबा सी. एस. शर्मा, आर. के. "रब्बू" जोशी, जगदीश और गिरजा भटेले, संदीप "बॉबी" भटेले, ऊषा बहादुर, और विनोद जोशी को समर्पित है।

महाराजजी की राह पर चल रहे पश्चिम के गुरु भाइयों और गुरु बहनों – हरि दास, कृष्णा, गंगाराम फ़िन, गौरी करौली, हनुमान दास काने, द्वारका, राम रानी, दया, गौरी दासी, सतरूपा, मोहन बाबा, सीता शरण, कबीर दास, राम चरण बिहारी लाल, उमा और विश्वरनाथ, विष्णु ह्यटन, रामेश्वर दास, जय उत्तल को समर्पित है। बिल्कुल सही क्षणों में हमारी राहें मिलती थीं।

आभारोक्ति

दुबई (और अब सैन डएिगो) से मेरी प्रयि मत्रि अमीराह हॉल (Amirah Hall) को वशिष धन्यवाद। कई साल पहले, बैंकॉक में मुलाकात के बाद से, उन्होंने राधा की कमी से उबरने में मेरी बहुत मदद की, और एक जादुई तरीके से उस बदिु तक ले आयीं, जहाँ मैं इस पुस्तक

को लखिने के लिए तैयार हो गया। जब से मैं अमीराह से मलिा मैंने हमेशा यह महसूस कयिा कि उन्हें महाराजजी ने मेरे पास भेजा था। वे एक शक्तशिाली क्वांटम चकित्सिक, अतीन्द्रयिदर्शी और ईश्वर के साक्षात दर्शन की अभलिाषी हैं। (amirahhall.com)

ली बूथबी (Lee Boothby) को मेरा वशिेष धन्यवाद। लीला के प्रोत्साहन और सलाह (थाईलैंड और ताओस के बीच स्काइप के माध्यम से), तथा जब मैं अमेरिका वापस लौटा तब पांडुलपि के पहले संस्करण को संपादति और सही करने में उनके अतरिक्ति प्रयास की वजह से इस पुस्तक को संभव बनाने में मदद मलिी।

इस पुस्तक के अंग्रेज़ी संस्करण के अंतमि पक्षों को पूरा करने में मेरी मदद करने व पुस्तक को   मुद्रति पुस्तक और ईबुक   रूपों में उपलब्ध   करवाने के लिए, तथा इस पुस्तक के हिंदी संस्करण की अंतमि शुद्धयिों को व्यवस्थति करने में मेरी मदद के लिए Quilts of India: Timeless Textiles के लेखक पैट्रकि जे फ़नि को वशिेष धन्यवाद।

उर्वशी भाटिया जी को इस अनुवाद के आरंभिक पक्षों पर काम करने के लिए धन्यवाद।

बाबूलाल बुनकर जी, जो इस समय अमेरिकन इंस्टीट्यूट ऑव इंडियन स्टडीज़ के हिन्दी भाषा कार्यक्रम में अधयापनरत हैं, को इस पुस्तक की अंतिम प्रूफ़ रीडिंग करने के लिए विषेश धन्यवाद।

श्रद्धालुओं की समृति में

साधु माँ, शिवाय केन, दशरथ मार्कस, जेफ़्री गोर्डन, श्याम दास, बो लाज़ॉफ़, स्वामी राम तीर्थ, स्वामिनी लक्ष्मी टियरनेन, लिलियन नॉर्थ तथा भास्कर भट्ट की स्मृति में।

राम राम राम राम राम राम राम राम राम राम राम राम

"आपको अपना काम करना चाहिए, हर किसी के लिए अनुकूल होना चाहिए और किसी के साथ झगड़ा कभी नहीं करना चाहिए । जो लोग आप से ईर्ष्या करते हैं, विभिन्न तरीकों से आपका विरोध करेंगे लेकिन इसे दिल से न लगाएँ। एक महान नायक की तरह अपना काम करें और आपके लिए सब कुछ अच्छा हो जाएगा।"
महाराजजी

राम राम राम राम राम राम राम राम राम राम राम राम
राम राम राम राम राम राम राम राम राम राम राम राम
राम राम राम राम राम राम राम राम राम राम राम राम
राम राम राम राम राम राम राम राम राम राम राम राम
राम राम राम राम राम राम राम राम राम राम

अंतिम टिप्पणियाँ

राम राम राम राम राम राम राम राम राम राम राम राम

1 More information about Maharajji's Vrindavan Ashram: http://maharajji.com/Vrindavan/vrindavan-ashram.html.

2 In Hinduism, an avatar /ˈævətɑr/ (Hindustani: [əʊˈt̪aːr], from Sanskrit अवतार avatāra "descent") is a deliberate descent of a deity to Earth, or a descent of the Supreme Being (e.g., Vishnu for Vaishnavites), and is mostly translated into English as "incarnation," but more accurately as "appearance" or "manifestation." - excerpt from Wikipedia under Creative Commons license. More about avatar here: http://en.wikipedia.org/wiki/Avatar.

3 A kōan is a story, dialogue, question, or statement, which is used in Zen-practice to provoke the "great doubt," and test a student's progress in Zen practice. Source: Wikipedia under Creative Commons license. More about Koan here: http://en.wikipedia.org/wiki/Kōan.

4 More information about Akbarpur, the birthplace of Maharajji: http://maharajji.com/Akbarpur/akbarpur-maharajjis-birthplace.html.

5 Excerpt from "Prem Avatar" by Mukunda. This book is published in Hindi. Some of this book is published in small booklets in Hindi and English under title "Prem Avatar." Text herein is excerpted from unpublished English manuscripts. Online excerpts at: http://maharajji.com/Premavatar/prem-avatar.html.

6 From Wikipedia under Creative Commons License. More about Siddhis here: https://en.wikipedia.org/wiki/Siddhis.

7 Written by Jai Ram, from http://maharajji.com/About-Maharajji/what-about-maharajjis-names.html.

8 The term "sādhanā" means spiritual exertion towards an intended goal. A person undertaking such a practice is known as a sādhu or a sādhaka. The goal of sādhanā is to attain some level of spiritual realization, which can be either enlightenment, pure love of God (prema), liberation (moksha) from the cycle of birth and death (saṃsāra), or a particular goal such as the blessings of a deity as in the Bhakti traditions.

Sādhanā can involve meditation, chanting of mantra (sometimes with the help of a japa mala), puja to a deity, yajna, and in very rare cases mortification of the flesh or tantric practices such as performing one's particular sādhanā within a cremation ground.

from Wikipedia under Creative Commons License. More about Sadhana here: http://en.wikipedia.org/wiki/Sadhana.

9 Excerpt from "By His Grace: A Devotee's Story" by Sudhir 'Dada' Mukerjee; Publisher: Hanuman Foundation; ISBN-10: 0962887870; ISBN-13: 978-0962887871.

10 Reference to Bhagavad Gita. Recommended Reading: For further study, an excellent version is "The Bhagavad Gita" translated by Eknath Easwaran, Publisher: Knopf Doubleday, ISBN-13: 9780375705557.

11 Excerpt from "I and My Father are One" by Rabboo Joshi. Publisher: Rabindra Kumar Joshi, New Delhi India; ISBN: 978-81-908843-0-3.

12 Excerpts From: Bart D. Ehrman. "How Jesus Became God." Publisher: Harper One, ISBN-10: 0061778184, ISBN-13: 978-0061778186.

13 Aarti is part of puja. Aarti is performed during almost all Hindu ceremonies and occasions. It involves the circulating of an 'Aarti plate' or 'Aarti lamp' around a person or deity and is generally accompanied by the singing of songs in praise of that deva or person (many versions exist). In doing so, the plate or lamp is supposed to acquire the power of the deity. The priest circulates the plate or lamp to all those present. They cup their down-turned hands over the flame and then raise their palms to their forehead – the purificatory blessing, passed from the deva's image to the flame, has now been passed to the devotee. For more about aarti, consult: http://en.wikipedia.org/wiki/Aarti.

14 About Nishkam Karma: The opposite of Sakam Karma (Attached Involvement) or actions done with results in mind, Nishkam Karma has been variously explained as 'Duty for duty's sake' and as 'Detached Involvement', which is neither negative attitude or indifference…, from Wikipedia. For more about Nishkam Karma, consult: http://en.wikipedia.org/wiki/Nishkam_Karma.

15 Excerpt from "The Divine Reality of Sri Baba Neeb Karori Ji Maharaj (A Translation of Alokik Yathartha)" by Rajida. Publisher: Sri Kainchi Hanuman Mandir & Ashram; ISBN-10: 819031050X, ISBN-13: 978-8190310505.

16 "lilas and kathas" - is unclear because the transcriber could not discern what was said on the recording and used these words as an approximation.

17 Excerpt from "Prem Avatar" by Mukunda. This book is published in Hindi. Some of this book is published in small booklets in Hindi and English under title "Prem Avatar." Text herein is excerpted from unpublished English manuscripts. Online excerpts at: http://maharajji.com/Premavatar/prem-avatar.html.

18 The schools of Vedānta seek to answer questions about the relation between atman and Brahman, and the relation between Brahman and the world.

The schools of Vedanta are named after the relation they see between atman and Brahman: According to Advaita Vedanta, there is no difference. According to Dvaita the jīvātman is totally different from Brahman. Even though he is similar to brahman, he is not identical. According to Vishishtadvaita, the jīvātman is a part of Brahman, and hence is similar, but not identical.

Sivananda gives the following explanation: Madhva said: "Man is the servant of God," and established his Dvaita philosophy. Ramanuja said: "Man is a ray or spark of God," and established his Visishtadvaita philosophy. Sankara said: "Man is identical with Brahman or the Eternal Soul," and established his Kevala Advaita philosophy.

Excerpt from Wikipedia under Creative Commons License. More about Vedānta here: https://en.wikipedia.org/wiki/Vedanta.

19 Excerpt from Wikipedia under Creative Commons License. More about Nirvana here: http://en.wikipedia.org/wiki/Nirvana.

20 Dea has five aspects: existence, consciousness, bliss, name and form (*sat-chit-ananda-nama-rupa*). *Sat, chit, ananda* are the real aspects (*satya amsas*), *nama and rupa* are the unreal aspects (*mithya amsas*). The three real aspects can be likened to gold, the true substance or reality (*vastu*), while the latter two can be likened to ornaments made from gold. Whereas gold is permanent and unchanging, its names and forms, the ornaments, are transient and subject to change.

The difference between the one who is ignorant, the *ajnani*, and the one who knows, the *jnani*, is that in the experience of the *ajnani*, the "I" is limited to the measure of the body, that is, to the *nama* and *rupa*, the name and form of the body, whereas in the experience of the *jnani*, the "I" shines as the limitless Dea, without whom the body cannot exist. The *ajnani* thinks that the body alone is "I," like the one who thinks that the ornament alone is gold, whereas the *jnani* experiences that the body is also "I," like one who understands that the ornament is also gold. From: http://eternalfeminine.wikispaces.com/The+Five+Aspects+of+Dea.

21 As told to Jai Ram, from http://maharajji.com/Experiences-With-Maharajji/from-gurudat-sharma.html.

22 Excerpt from "Be Love Now: The Path of the Heart" by Ram Dass and Rameshwar Das, Publisher: HarperCollins; ASIN: B003VIWO3Y.

23 Max Karl Ernst Ludwig Planck was a German theoretical physicist who originated quantum theory, which won him the Nobel Prize in Physics in 1918. Planck made many contributions to theoretical physics, but his fame rests primarily on his role as originator of the quantum theory. This theory revolutionized human understanding of atomic and subatomic processes, just as Albert Einstein's theory of relativity revolutionized the understanding of space and time. Together they constitute the fundamental theories of 20th-century physics. — http://www.goodreads.com/author/show/107032.Max_Planck and http://en.wikipedia.org/wiki/Max_Planck.

24 Excerpt from: Dr. Larry Dossey, Huffington Post, http://www.huffingtonpost.com/dr-larry-dossey/is-consciousness-the-cent_b_645069.html.

25 More information about Baba Ram Dass can be found at ramdass.org.

26 The Vedas (Sanskrit véda वेद, "knowledge") are a large body of texts originating in ancient India. Composed in Vedic Sanskrit, the texts constitute the oldest layer of Sanskrit literature and the oldest scriptures of Hinduism. The Vedas are apauruṣeya ("not of human agency"). They are supposed to have been directly revealed, and thus are called śruti ("what is heard"), distinguishing them from other religious texts, which are called smṛti ("what is remembered"). In Hindu tradition, the creation of Vedas is credited to Brahma. - More about the Vedas here: http://en.wikipedia.org/wiki/Vedas.

27 Reference to "Seth Speaks," as channeled by Jane Roberts.

28 Reference to: "The Seth Material" by Jane Roberts.

29 Reference to: "Autobiography of a Yogi" by Paramahansa Yogananda.

30 Kriya Yoga, as taught by Lahiri Mahasaya, is traditionally exclusively learned via the Guru-disciple relationship and the initiation consists of a secret ceremony. He recounted that after his initiation into Kriya Yoga, "Babaji instructed me in the ancient rigid rules which govern the transmission of the yogic art from Guru to disciple."

As Yogananda describes Kriya Yoga, "The Kriya Yogi mentally directs his life energy to revolve, upward and downward, around the six spinal centers (medullary, cervical, dorsal, lumbar, sacral, and coccygeal plexuses) which correspond to the twelve astral signs of the zodiac, the symbolic Cosmic Man. One half-minute of revolution of energy around the sensitive spinal cord of man effects subtle progress in his evolution; that half-minute of Kriya equals one year of natural spiritual unfoldment."

In Kriya Quotes from Swami Satyananda, it is written, "Kriya sadhana may be thought of as the sadhana of the "practice of being in Atman."

Source: Wikipedia under Creative Commons license. More about Kriya Yoga here: http://en.wikipedia.org/wiki/Kriya_Yoga.

31 Sorry. The author can neither find nor remember who said this, but it's relevant, as well a rather beautiful.

32 A chillum is a cone shaped clay pipe in which a hashish and tobacco blend is smoked.

33 Excerpt from http://www.druglibrary.org/schaffer/hemp/history/first12000/1.htm.

34 "Lama Foundation is a spiritual community, educational facility, and retreat center adjacent to the Carson National Forest about 30 miles south of Colorado near the town of Taos, New Mexico. Designed as a community that embraces all spiritual traditions, it has strong ties to Taos Pueblo, the Hanuman Temple in Taos, NM, Sufi Ruhaniat International, Dervish Healing Order, The Church of Conscious Harmony, St. Benedict's Monastery in Snowmass, CO, and dozens of other communities, spiritual teachers, and thousands of pilgrims from nearly all religious heritages who call Lama their home." - from Lama Foundation Web site, http://www.lamafoundation.org/.

35 Excerpt from "By His Grace: A Devotee's Story" by Sudhir 'Dada' Mukerjee; Publisher: Hanuman Foundation; ISBN-10: 0962887870; ISBN-13: 978-0962887871.

36 From Lee Boothby, author of "Mind Power" and a most helpful sevak in preparing this book for publication.

37 Excerpt from "By His Grace: A Devotee's Story" by Sudhir 'Dada' Mukerjee; Publisher: Hanuman Foundation; ISBN-10: 0962887870; ISBN-13: 978-0962887871.

38 Excerpt from Wikipedia under Creative Commons License. More about Advaita here: https://en.wikipedia.org/wiki/Advaita_Vedanta.

39 from Mukunda's Book "Prem Avatar," http://maharajji.com/Premavatar/maharajji-cures-kehar-singhji.html.

40 Laozi (also spelled Lao-Tzu; Lao-tze) was a philosopher and poet of ancient China. He is best known as the reputed author of the Tao Te Ching and the founder of philosophical Taoism, but he is also revered as a deity in religious Taoism and traditional Chinese religions. From Wikipedia under Creative Commons License. More about Lao Tzu here: http://en.wikipedia.org/wiki/Lao_Tsu.

41 More information about HWL Poonja (Papaji): http://avadhuta.com/.

42 http://www.nytimes.com/2014/02/16/opinion/sunday/is-the-universe-a-simulation.html?_r=0.

43 Refers to a story in "Miracle of Love: Stories About Neem Karoli Baba" by Ram Dass, First Publisher: Plume; ISBN-10: 0525482504; ISBN-13: 978-0525482505, Second Publisher: Hanuman Foundation; ISBN-10: 1887474005; ISBN-13: 978-1887474009, Third Publisher: Penguin Books; ISBN-10: 0140193413; ISBN-13: 978-0140193411.

44 As my mentor, Gurudat Sharma is one of the five people whose feet I touch in India.

45 Excerpt from: http://www.iloveindia.com/indian-traditions/touching-feet.html.

46 Excerpt from "By His Grace: A Devotee's Story" by Sudhir 'Dada' Mukerjee; Publisher: Hanuman Foundation; ISBN-10: 0962887870; ISBN-13: 978-0962887871. Taken from: http://maharajji.com/By-His-Grace/kainchi.html.

47 Excerpt from http://maharajji.com/Experiences-With-Maharajji/from-gurudat-sharma.html.

48 Excerpt from "It's Here Now (Are You?)" by Bhagavan Das, Publisher: Harmony; ISBN-10: 076790009X; ISBN-13: 978-0767900096.

49 Kirtan or kirtana (In Hindi: कीरतन) - Kirtan practice involves chanting hymns or mantras to the accompaniment of instruments such as the harmonium, tablas, the two-headed mrdanga or pakhawaj drum and hand cymbals (karatalas). It is a major practice in Vaisnava devotionalism, Sikhism, the Sant traditions and some forms of Buddhism, as well as other religious groups. It is often suggested as the form of religious activity best suited to the present age. - except from Wikipedia under Creative Commons License. More about kirtan here: http://en.wikipedia.org/wiki/Kirtan.

50 From Gurudat Sharma - http://maharajji.com/Experiences-With-Maharajji/from-gurudat-sharma.html.

51 Reference to: "Jesus Lived in India: His Unknown Life Before and After the Crucifixion" by Holger Kersten. Publisher: Penguin, ISBN-10: 0143028294, ISBN-13: 978-0143028291. Publisher: Element Books, ISBN-10: 0906540909, ISBN-13: 978-0906540909.

52 More information about Taos Hanuman Temple at Neem Karoli Baba Ashram, New Mexico can be found at: http://www.nkbashram.org/.

53 More information about Kashi Ashram, Florida can be found at: http://www.kashi.org/.

54 Excerpt from "The Sacred Wanderer" by Ravi Das, Publisher: Sacred Wanderer Productions; Page Numbers Source ISBN: 0615344887, ASIN: B003XKNWFO.

55 More information about Masaru Emoto here: http://www.masaru-emoto.net/english/.

56 Excerpt from "The Near and the Dear" by Dada Mukurjee, Publisher: Hanuman Foundation; ISBN-10: 1887474021; ISBN-13: 978-1887474023.

57 Excerpt from Wikipedia under Creative Commons License. More about seva here: http://en.wikipedia.org/wiki/Selfless_service.

58 Puri is an unleavened deep-fried Indian bread, commonly consumed on the Indian subcontinent. It is eaten for breakfast or as a snack or light meal. It is usually served with a curry or bhaji, as in Puri bhaji. Puri is most commonly served at breakfast. It is also served at special or ceremonial functions as part of ceremonial rituals along with other vegetarian food offered in prayer as prasadam. The name puri derives from the Sanskrit word पूरिका (pūrikā), from पुर (pura) "filled." from Wikipedia under Creative Commons License. More about Puri here: http://en.wikipedia.org/wiki/Puri_(food).

59 From Gurudat Sharma - http://maharajji.com/Experiences-With-Maharajji/from-gurudat-sharma.html.

60 Excerpt from Wikipedia under Creative Commons License. More about tapasya here: http://en.wikipedia.org/wiki/Tapasya.

61 Khir is a delicious sweet made from rice, milk and spices, usually served warm.

62 Braj (Hindi/Braj Bhasha: ब्रज) (also known as Brij or Brajbhoomi) is a region mainly in Uttar Pradesh of India, around Mathura-Vrindavan. Braj, though never a clearly defined political region in India, is very well demarcated culturally. It is considered to be the land of Krishna and is derived from the Sanskrit word vraja. The main cities in the region are Mathura, Bharatpur, Agra, Hathras, Dholpur, Aligarh, Etawah, Mainpuri, Etah, Kasganj and Firozabad. More about Braj here: http://en.wikipedia.org/wiki/Braj.

63 Japa (Sanskrit: जप) is a spiritual discipline involving the meditative repetition of a mantra or name of a divine power. The practice can also involve the repetitious writing of names of God, as Maharajji wrote Rams.

64 Excerpt from "It's Here Now (Are You?)" by Bhagavan Das, Publisher: Harmony; ISBN-10: 076790009X; ISBN-13: 978-0767900096.

65 From Gurudat Sharma - http://maharajji.com/Experiences-With-Maharajji/from-gurudat-sharma.html.

66 "quote or bhagvad" - is unclear because the transcriber could not discern what was said on the recording and used these words as an approximation.

67 Excerpt from "Prem Avatar" by Mukunda. This book is published in Hindi. Some of this book is published in small booklets in Hindi and English under title "Prem Avatar." Text herein is excerpted from unpublished English manuscripts. Online excerpts at: http://maharajji.com/Premavatar/prem-avatar.html.

68 Excerpt from "Prem Avatar" by Mukunda. This book is published in Hindi. Some of this book is published in small booklets in Hindi and English under title "Prem Avatar." Text herein is excerpted from unpublished English manuscripts. Online excerpts at: http://maharajji.com/Premavatar/prem-avatar.html.

69 Maharajji's kutir in Kainchi was jokingly called "Maharajji's Office" by the young Western devotees. Due to this, there is a semi-private meditation room at Maharajji's Taos Ashram in USA that is referred to as "Maharajji's Office" by devotees.

70 Excerpt from "It's Here Now (Are You?)" by Bhagavan Das, Publisher: Harmony; ISBN-10: 076790009X; ISBN-13: 978-0767900096.

71 Excerpt from "I and My Father are One" by Rabboo Joshi. Publisher: Rabindra Kumar Joshi, New Delhi India; ISBN: 978-81-908843-0-3.

72 "And to the angel of the church in Philadelphia write; These things saith he that is holy, he that is true, he that hath the key of David, he that openeth, and no man shutteth; and shutteth, and no man openeth." - The Revelation of St, John the Divine. 3:7.

[73] I salute the dust of the feet of the Guru, I remember the pure name of the Guru, I adore the beautiful form of the Guru, I sing the glorious evil-destroying praises of the Guru. – Sri Guru Stotra. http://maharajji.com/Sri-Guru-Stotra/sriguru-stotra-english.html.

[74] Excerpt from "Barefoot in the Heart: Remembering Neem Karoli Baba" edited by Keshav Das. Publisher: Sensitive Skin Books, ISBN-978-0-9839271-3-6.

[75] Excerpt from "Miracle of Love: Stories About Neem Karoli Baba" by Ram Dass, First Publisher: Plume; ISBN-10: 0525482504; ISBN-13:978-0525482505, Second Publisher: Hanuman Foundation; ISBN-10:1887474005; ISBN-13: 978-1887474009, Third Publisher: Penguin Books; ISBN-10: 0140193413; ISBN-13: 978-0140193411.

[76] "Mas" is a general term referring to groups of older devotee ladies, often widows. Ma is derived from Mataji, or Mother. This term is very much in use today.

[77] Buti is sacred flame made with cotton and ghee held in an aarti lamp.

[78] Written by Jai Ram, from http://maharajji.com/Experiences-With-Maharajji/from-gurudat-sharma.html.

[79] More information about Practice at Maharajji's temples can be found here: http://maharajji.com/Table/Practice/.

[80] For complete versions in English, Hindi and transliteration of Jaya Jagadish Hare, go to: maharajji.com/Practice/Jaya-Jagadisha-Hare/.

[81] For complete versions in English, Hindi, transliteration and word by word Hindi/English translation of Hanuman Chalisa at: http://maharajji.com/Practice/Hanuman-Chalisa/.

[82] For complete versions in English, Hindi and transliteration of Hanuman Astoka at: http://maharajji.com/Practice/Hanuman-Astaka/.

[83] For complete versions in English, Hindi and transliteration of Vinaya Chalisa at: http://maharajji.com/Practice/Vinaya-Chalisa/.

[84] For complete versions in English, Hindi and transliteration of Sri Guru Stotra at: http://maharajji.com/Practice/Sri-Guru-Stotra/.

[85] Kali Yuga (Devanāgarī: कलियुग [kəli jugə], lit. "age of [the demon] Kali," or "age of vice") is the last of the four stages the world goes through as part of the cycle of yugas described in the Indian scriptures. The other ages are Satya Yuga, Treta Yuga and Dvapara Yuga. Kali Yuga is associated with the apocalyptic demon Kali, not to be confused with the goddess Kālī. The "Kali" of Kali Yuga means "strife," "discord," "quarrel" or "contention." from Wikipedia under Creative Commons License. More about Kali Yuga here: http://en.wikipedia.org/wiki/Kali_Yuga.

[86] Learn More at: http://www.krishnadas.com/chanting.cfm.

[87] Learn More at: http://jaiuttal.com/kirtan/.

[88] Sri Prabhudayal Sharma R/O Mathura -Agra.

[89] Pukka (Hindi प2का, Urdu پکا pakkā) is a word of Hindi and Urdu origin, literally meaning "cooked, ripe" and figuratively "fully formed," "solid," "permanent," "for real" or "sure." In UK slang, it can mean "genuine" or simply "very good." - from Wikipedia under Creative Commons License.

[90] Excerpt from Wikipedia under Creative Commons License. For more about Ishta Devata, visit: http://en.wikipedia.org/wiki/Ishta_Devata.

[91] Source: from Wikipedia under Creative Commons License. From Keshavadas, SadGuru Sant (1988). "Aranya Kanda." Ramayana at a Glance. Motilal Banarsidass. p. 124. ISBN 978-81-208-0545-3.

[92] Kainchi means "scissors" in Hindi, so named because the road immediately approaching Maharajji's ashram from Bhowali has sharp a "hairpin" turn.

[93] Excerpt from "The Divine Reality of Sri Baba Neeb Karori Ji Maharaj (A Translation of Alokik Yathartha)" by Rajida. Publisher: Sri Kainchi Hanuman Mandir & Ashram; ISBN-10: 819031050X, ISBN-13: 978-8190310505.

[94] Excerpt from "The Essential Alan Watts."

[95] Yātrā (Sanskrit: यात्रा, 'journey', 'procession'), in Hinduism and other Indian religions, generally means pilgrimage to holy places such as confluences of sacred rivers, places associated with Hindu epics such as the Mahabharata and Ramayana, and other sacred pilgrimage sites. Source: Wikipedia, used under Creative Commons License. More about yatra here: http://en.wikipedia.org/wiki/Yatra.

[96] In 1940, French statesman Baron DePonnat stated "Roman Catholicism was born in blood, has wallowed in blood, and has quenched its thirst in blood, and it is in letters of blood that its true history is written." Indeed, the history of papal Rome has been one of brutal torture, slaughter, and mass murder. During the six centuries of papal Inquisition that began in the 13th century, up to 50 million people were killed. - excerpt from http://rekindlingthereformation.com/RTRArticles-Papal-Rome-Timeline.html.

[97] Excerpt from Wikipedia under Creative Commons License. From http://en.wikipedia.org/wiki/Ahimsa.

[98] Excerpt from Wikipedia under Creative Commons License. From http://en.wikipedia.org/wiki/Emperor_Ashoka.

[99] Excerpt from "Prem Avatar" by Mukunda. This book is published in Hindi. Some of this book is published in small booklets in Hindi and English under title "Prem Avatar." Text herein is excerpted from unpublished English manuscripts. Online excerpts at: http://maharajji.com/Premavatar/prem-avatar.html.

[100] To read the full story: http://maharajji.com/Near-and-the-Dear/story-of-theleaf-plates.html.

[101] Excerpt from "The Divine Reality of Sri Baba Neeb Karori Ji Maharaj (A Translation of Alokik Yathartha)" by Rajida. Publisher: Sri Kainchi Hanuman Mandir & Ashram; ISBN-10: 819031050X, ISBN-13: 978-8190310505.

[102] More information about Maharajji's Kainchi Ashram: http://maharajji.com/Kainchi/kainchi-ashram.html.

[103] Written by Jai Ram, from http://maharajji.com/Experiences-With-Maharajji/from-usha-bahadur.html.

[104] More information about Maharajji's Paniki Hanuman Temple: http://maharajji.com/Kanpur/paniki-hanuman-temple-in-kanpur.html.

[105] Vrindavan Parikrama is a spiritual walk undertaken by devotees around Vrindavan town in Uttar Pradesh. It has no particular start or end place. As long as you end at the same place you start, the purpose is served. - Source: Wikipedia under Creative Commons License. More about Parikrama here: http://en.wikipedia.org/wiki/Parikrama

[106] The Chota Char Dham (Devanagari: चार धाम) (literally translated as 'the small four abodes/seats', meaning 'the small circuit of four abodes/seats'), is an important Hindu pilgrimage circuit in the Indian Himalayas. Located in the Garhwal region of the state of Uttarakhand (formerly the northwestern section of Uttar Pradesh), the circuit consists of four sites—Yamunotri (Hindi: यमनोऽी), Gangotri (Hindi: गऽगोऽी), Kedarnath (Hindi: ːदारनाथ), and Badrinath (Hindi: ब=ीनाथ).[1] Badrinath is also one of the four destinations (with each destination being in different corners of the country) of the longer Char Dham from which the Chota Char Dham likely draws its name. - Source: Wikipedia under Creative Commons License. More about Chota Char Dham here: http://en.wikipedia.org/wiki/Chota_Char_Dham.

[107] Information about Maharajji's ashrams and temples: http://maharajji.com/Ashrams-Temples/.

[108] More information about Taos Hanuman Temple at Neem Karoli Baba Ashram, New Mexico can be found at: http://www.nkbashram.org/.

[109] No Eggs/Garlic/Onions in food - EGO: these present a "hurdle" on the path to the effects the ashram is to achieve in you.

[110] A dhuni is (according to the dharmic religions such as Hinduism, Buddhism, Jainism, etc.) a sacred site represented as a cleft in the ground. This cleft is emblematic of the yoni or female vulva and generative organ. A dhuni therefore represents a site of worship dedicated to Shakti. A dhuni is worshipped by spiritual intention and the kindling of a flame inside it. Suitable materials are offered to the dhuni and consumed by the heat or flame. This represents the eternal process of change and transformation on all levels of existence. "Like a river, a dhuni is always changing. Each dhuni also has its own personality that is as much subject to moods as a person. The glow of the dhuni is both a receiver and a transmitter, and like a screen on which Rorschach-like images are projected, it delivers a code." As the yoni is the nexus from which all manifest beings come into this world, the worship of the dhuni represents a sacred nexus for the path of return from the physical to spiritual level. This is an intentional process of inversion or return to our spiritual source. The dhuni is a sacred site and focal point for this form of spiritual exertion or sadhana. Aside from the offering of sacred fuel to a dhuni, mantras are also offered, as well as the sounds of diverse musical instruments and ecstatic dance and gesture. Although several cultures retain traditions of fire worship (out of which the zorastrianism is perhaps the most famous), a unique feature of the dhuni tradition is that it is the dhuni, the actual site itself which is considered sacred, not exclusively the fire kindled within it. Sai Baba of Shirdi is certainly the most influential modern "Supersoul" to tend the Dhuni which he kept lit at that place until October 15, 1918 when he moved on. Source: Wikipedia under Creative Commons License. More about dhuni here: http://en.wikipedia.org/wiki/Dhuni.

[111] From The Near and the Dear, K.C. Tewari about Maharajji. http://maharajji.com/Near-and-the-Dear/k-c-tewari-chapter.html.

[112] This is an Eckist teaching and is probably loosely derived from Hinduism

[113] Gallery of Photos of Maharajji: http://maharajji.com/photos-of-maharajji.

[114] A beedi (/ˈbiːdiː/; from Hindi: बीड़ी; also spelled bidi or biri) is a thin, Indian cigarette filled with tobacco flake and wrapped in a tendu or possibly even Piliostigma racemosum leaf tied with a string at one end. - from Wikipedia under Creative Commons License.

[115] Written by Jai Ram, Taos, from http://maharajji.com/Recent-Devotees-Experiences/why-i-dont-smoke-on-maharajjis-porch.html."

[116] Excerpt from "Miracle of Love: Stories About Neem Karoli Baba" by Ram Dass, First Publisher: Plume; ISBN-10: 0525482504; ISBN-13:978-0525482505, Second Publisher: Hanuman Foundation; ISBN-10:1887474005; ISBN-13: 978-1887474009, Third Publisher: Penguin Books; ISBN-10: 0140193413; ISBN-13: 978-0140193411.

[117] Excerpt from "Prem Avatar" by Mukunda. This book is published in Hindi. Some of this book is published in small booklets in Hindi and English under title "Prem Avatar." Text herein is excerpted from unpublished English manuscripts. Online excerpts at: http://maharajji.com/Premavatar/prem-avatar.html.

[118] Transcript of Krishna Das [krishnadas.com] speaking in a radio interview with Radha Fournier, Heart of the Islands Satsang [http://www.heartoftheislandssatsang.com] 2012.

[119] Excerpt from "The Divine Reality of Sri Baba Neeb Karori Ji Maharaj (A Translation of Alokik Yathartha)" by Rajida. Publisher: Sri Kainchi Hanuman Mandir & Ashram; ISBN-10: 819031050X, ISBN-13: 978-8190310505.120 From http://maharajji.

[120] From http://maharajji.com/Experiences-With-Maharajji/from-usha-bahadur.html

[121] Reference to "Living with the Himalayan Masters" by Swami Rama; Publisher: Himalayan Institute Press; ASIN: B002RHONU2.

[122] "Pushpanjali to Maharajji}, written by Sri Prabhudayal Sharma R/O Mathura -Agra. From: http://maharajji.com/Practice/Pushpanjali/.

Pushpanjali is an offering of flowers to Indian Gods. In Sanskrit, pushpam means "flower" and anjali means "offering with folded hands." Thus, Pushpanjali means "offering of flowers with folded hands."

www.ingramcontent.com/pod-product-compliance
Lightning Source LLC
LaVergne TN
LVHW051545070426
835507LV00021B/2419
* 9 7 8 0 9 9 0 7 1 8 2 4 6 *